文化融合思维与英语教学研究

刘缘媛　洪　颖◎著

贵州大学出版社
Guizhou University Press

图书在版编目（CIP）数据

文化融合思维与英语教学研究／刘缘媛，洪颖著
. －－贵阳：贵州大学出版社，2023.1
ISBN 978 −7 −5691 −0704 −3

Ⅰ . ①文… Ⅱ . ①刘… ②洪… Ⅲ . ①英语 −教学研
究 −高等学校 Ⅳ . ①H319.3

中国国家版本馆 CIP 数据核字（2023）第 010700 号

WENHUA RONGHE SIWEI YU YINGYU JIAOXUE YANJIU

文化融合思维与英语教学研究

出 版 人：闵　军
责任编辑：葛静萍

出版发行：贵州大学出版社有限责任公司
　　　　　地址：贵州市花溪区贵州大学北校区出版大楼
　　　　　邮编：550025 电话：0851—88291180
印　　刷：三河市天润建兴印刷有限公司
开　　本：787mm ×1092mm　1/16
印　　张：11.5
字　　数：266 千字
版　　次：2024 年 3 月第 1 版
印　　次：2024 年 3 月第 1 次印刷

书　　号：ISBN 978 −7 −5691 −0704 −3
定　　价：68.00 元

前　言

　　随着交通工具和通讯手段的发展，不同国家、不同种族、不同民族的人能够频繁地接触和交流，跨文化交流成为我们时代的一个突出的特征。对于 21 世纪的大学生来说，学英语不再是用来应付考试，而是要真正地实现英语交流。由此可知，英语教学的根本目的就是为了实现跨文化交际，就是为了与不同文化背景的人进行交流。英语作为一种语言，在一定程度上反映出其特定的文化背景，这种特定的文化背景给异国语言学习者带来了一定的困难，并极有可能在国际交往中引起误解。在我国，大多数人都是通过学习英语来了解异国文化的，这使得英语教学在学习异国文化中占有不可取代的重要地位。

　　传统的英语教学更加重视语言知识的传授，而忽视语言所依托的文化背景。实际上，文化与语言的关系是密切的，语言含有丰富的文化内涵。语言既是文化的载体、文化的积淀，又是文化的重要组成部分。因此，学习语言的过程其实就是了解和掌握该语言文化知识的过程。接触和了解英语国家的文化，有益于增强学生对英语的理解，有益于提高学生综合运用英语的能力，英语教学从一定程度上来说就是文化教学。本书以跨文化交际文化融合思维的基本理论为指导，探讨中西文化差异的方方面面，揭示文化与英语教育的关系。同时，对英语教育中的文化教学给予了充分的关注，旨在推动英语教育中的文化教学。

　　作者在撰写过程中参阅了大量关于文化和英语教学融合与渗透的资料和文献，并且为了确保论述的全面与合理，引用了诸多学者、专家的观点。在此，谨向相关作者表示诚挚的谢意。因作者写作水平有限，书中难免存在疏漏之处，恳请广大读者不吝指正。

　　本书由湖州职业技术学院刘缘媛和西华大学洪颖著。刘缘媛负责第一章至第四章的编写（共计10.5万字），洪颖负责第五章至第十章的编写（共计16.1万字）。刘缘媛负责全书的统稿和修改。

目　录

第一章 文化与思维的基础认知

第一节 语言与文化的关系

不同的文化是影响跨文化交流的重要环节，语言研究的首要问题是语言的定义，对一种语言本质上的认识直接影响到大学英语教学原则的制定，以及教学方法的规划等。文化交融是在交际能力的前提下，对交际能力的拓展。文化、交际、语言这三者之间的关系是文化交融研究的重中之重。

一、文化的定义及特征

在研究跨文化之前，首先要研究文化的概念，了解如何界定文化。泰勒（Edward Tylor）是文化人类学的奠基者，他在 19 世纪 70 年代发表了著作《原始文化》，在该书中他提到较为广泛、精确的文化定义：文化或文明，就其广泛的民族学意义来说，乃是包括知识、艺术、信仰、道德、法律、习俗和任何人作为一名社会成员而获得的能力和习惯在内的复杂整体。人类学家认为，文化代表了一个民族的一种生活方式，是他们习得的行为模式、态度和物质材料的总和。而作为跨文化交际学的奠基者霍尔（Edward T. Hall）在他的《无声的语言》一书中指出，文化便是交流，交流就是文化；文化并不是单一的事物，它是多种事物的融合体；人和人之间靠文化这条纽带连接，同时它也是一种媒介。人们在显性、隐性和技术性三个层面上运行，有学者采用特殊定义的方法来定义文化，他们认为文化是以各种现有的规范，通过显性和隐性的方式呈现出来，社会群体又和文化相关，文化影响着人们的行为和对行为的各种解释；文化是在人和人的互动中建立起来的。

（一）文化的基本内涵

文化是很多人文学科的研究范畴之一，如：语言学、哲学、社会学、人类学等。而要对人类文化现象进行全面研究的任务则属于文化学。文化学主要研究人类文化现象的产生，人类文化各个层面或子系统之间的相互联系和关系，以及文化现象和自然现象之间的相互联系和关系；综合考察，揭示人类文化的整体结构、特征及其发展演变规律，发现这些文化现象背后的共同本质与普遍规律。文化学的研究成果为跨文化交际研究及语言文化研究提供了理论依据。要想理解文化的本质就必须了解文化的定义、特点、分类等基本内涵。

人们从不同，的角度对文化的理解各不相同。人们对这个词最通常的理解是：形容受教育的程度——有文化或没文化，描述某种现象——流行文化，概括某种思潮——朋克文化。文化的定义是学者们长期以来争论的话题，至今也没达成共识。下面列出几种有代表性的说法。

1. 字典释义

《辞海》将文化分为广义文化和狭义文化。具体定义是：广义文化指人类社会历史实践过程中所创造的物质财富和精神财富的总和狭义文化指社会的意识形态，以及与之相适应的制度和组织机构，有时也特指教育、科学、文学、艺术等方面的精神财富。《现代汉语词典》中文化的定义为：文化是指人类社会历史发展过程中所创造的物质财富和精神财富的总和，特指精神财富如文学、艺术、教育、科学等；指运用文字的能力及一般知识。《牛津双解词典》中文化的定义是：艺术或其他人类共同的智慧结晶。这一定义主要从智力产物角度阐释文化内涵，即所说的大写 C 所代表的高层次文化，如文学、艺术、政治等。《美国传统词典》中文化的定义是：人类文化是通过社会传导的行为方式、艺术、信仰、风俗，以及人类工作和思想的所有其他产物的整体。这一定义涵盖的范围较为宽泛，既包括大写 C 所代表的高层次文化，又涵盖小写 C 所代表的低层次文化，如风俗、传统、行为、习惯等。

2. 词源释义

英文中的"culture"，以及德语中"Kultur"源于拉丁语"Cultus"，而"Cultus"源于词干"Cor"。"Cultus"的词意包括耕种、居住、练习、留心或注意，以及敬畏的意思。从"Cultus"的词汇意义来看，文化所指不仅包括物质文化，而且还包括精神文化。因此，本义是土地开垦，植物栽培的"culture"引申为对人的身体和精神的开发和培养，进而泛指人们的生活方式、思维方式及人们在征服自然和自我发展中创造的物质财富及精神财富。

3. 爱德华·泰勒的定义

英国人类学家爱德华·泰勒（Edward Taylor）在其著作《原始文化》中对文化进行了定义：文化是一个复杂的综合体，包括知识、艺术、法律、风俗，以及人类在社会里所得一切的能力与习惯。很多学者认为这一定义忽略了文化在物质方面的要素。也有学者认为，泰勒的定义中虽然没有体现物质文化，但他在《原始文化》中使用很多物质文化的例子来解释他的理论。

4. 克鲁伯和克拉克洪的定义

人类学家克鲁伯和克拉克洪（Kroeber and Kluckhohn）在他们的著作《文化，关于概念和定义的评述》中，在总结了当时角度各异、内容或抽象或具体的文化定义之后，提出了他们自己对文化的看法。他们对文化的定义是：文化由外显和内隐的行为模式构成；这种行为模式通过象征符号而获得和传播；文化代表了人类群体的显著成就，包括它们在人造器物中的体现；文化的核心部分是传统观念，尤其是它们带来的价值观念；文化体系一方面可以看作是活动的产物，另一方面则是进一步活动的决定性因素。这一定义几乎涵盖了人类生活的方方面面，文化指导人们对待他物的态度和行为。每个人的生活、行为在绝大部分情况下，都渗透有他人的经验，而这正是文化的形式。克拉克洪甚至认为文化是人们行为的蓝图。

5. 萨姆瓦、波特等人的定义

萨姆瓦（Larry A. Samovar）、波特（Richard E. Porter）等人在其著作《跨文化交际》中将文化定义为：经过若干个世纪以来个人与集团的努力，被大多数人所继承的知识、经验、信念、价值观、态度、意义、阶级、时间观念、角色分工、空间的运用、世界观、物质财富等的总体。文化表现在居住在特定社会的人们的日常行为中，表现在作为交际形态的行为方式中；还表现在所使用的语言当中。在这个定义中，包括了时间观念、空间的运用、行为方式等交际中的重要内容。

6. 关于文化的比喻

有些学者将文化比喻成海上的冰山，显露在海面上的只是一部分肉眼所能看得见的东西，如物质生活、衣食住行、社会活动、言语行为、非言语行为、风俗礼仪等。而隐藏在海平面下的却是用肉眼难以看得到的东西，那就是价值观和世界观。轮船撞上冰山沉入海底，多半是撞到了海平面下的冰山。在跨文化交际中发生问题的时候，仔细观察和分析就会发现，它们往往是在价值观、世界观发生对立的时候。我们在平时的生活中几乎都没有意识到文化的影响，这是因为我们从小生长在自己国家的文化当中，文化的各种影响自然而然地扎根在我们的头脑里面。如果知道了文化就是我们的生活方式本身，就一定会感受到文化的存在。文化的定义和解释从抽象到具体，从物质到精神，可以说是林林总总，难以尽数。文化涵盖的内容应该作为教学内容渗透于语言教学之中，实现以培养语言应用技能为目的，以跨文化交际知识为内容的教学要求。

（二）文化的特征

对于文化的特征也是仁者见仁，智者见智。胡文仲认为文化既有传承的一方面，也有发展变化的一方面，一定历史时期有一定的文化形态。文化有相对固定的特点，但是也处于一种变化中。还有学者提出了文化的"二分法"，他们指出人类文明追求的目标就是文化的多元性，在今天全球化的大环境下，承认文化的多样性是实现文化平等的前提，文化之间要相互融合但是不能兼并，要积极地采取对话，承认彼此的不同，发现对方文化的优点，客观对待外来文化。每种文化都有其独特的民族性，它影响着一个民族的生活观和价值观及行为方式，而且民族文化没有高低贵贱之分，不同的民族使用着本民族的语言，用不同的交流方式和规则向别人传递自己的文化价值观念。

萨姆瓦等学者认为，无论人们给文化下个多少不一样的定义，但对于文化的特点，绝大多数人观点是一致的。萨姆瓦等学者列出了七个被认可的特点：文化是习得的，文化是世代传承的，文化是以文字符号为基础的，文化是变化的，文化具有整体性，文化具有民族中心主义倾向，文化具有适应性。文化学研究者还指出了另外一个重要特点，即文化是社会成员所共有的。下面将简要介绍文化的八个特点：

1. 文化不是与生俱来的，而是后天习得的一个人具有什么文化并不取决于他的种族、肤色，而是取决于他生活的文化环境。例如，人有食欲要吃饭是天生的，而对什么样的食物产生食欲、如何烹饪食物、如何吃，却是在自己的社会文化中学习掌握的。人的姿势和动作有许多是和文化相关联的。日本人见面时喜欢鞠躬致意，美国人喜欢拥抱亲吻，拉美人常用脱帽致意。中国人的孩子如果在美国长大的话，行为举止和美国人一样；美国人的孩子如果在中国长大的话，则和中国人一样。这样看来，人的大部分行为是后天学习的结果。

2. 文化是传承的，是社会的遗产

文化要存在并延续下去，前提条件是它必须保证其关键信息能传承下去。如果社会的一些核心价值观念存在了多年，那么就应该让它们代代相传。文化和交际是紧密联系着的，交际能使文化延续。文化能将现代人与祖先和后代联系到一起。

3. 文化是以文字符号为基础的

在没有文字的社会，人们通过口头语言将自己的经验、知识、信仰、观念一代一代地传下去。有了文字以后，则通过文字的形式将文化记录下来传给后代。由于文化的传承性，任何一个社会的文化都包含了历史的积淀。

4. 文化是可以变化的

文化是一个动态系统，它不是存在于真空状态下，所以会变化。文化不断地遭受外部思想观念的冲击，产生变化在所难免。文化通过三种机制产生变化：文化革新，文化渗透，文化移入。

5. 文化具有整体性

文化是一个系统，是一个整体。正如霍尔（Hall）所说："你只触碰文化的某一个点，其他所有部分都会受到影响。"例如：人权是文化的一个方面，而美国的人权运动却改变了美国人的态度、价值观、和行为方式。

6. 文化具有民族中心主义倾向

民族中心主义是指某一种族以自己的文化标准来判断事物，或评价其他文化。每一种民族都具有自我中心倾向。每一种文化中都存在民族中心主义。不少学者认为，人们从自己的文化角度看待世界是很自然的事，如果不极端化，民族中心主义倾向会产生正面效果。不过，当本族文化与外族文化发生冲突时，民族中心主义倾向有极大的负面作用。"我们正确，他们错了"的感觉遍布文化的每一个方面。

7. 文化具有适应性

所有的文化都有很强的生存能力，这是因为他们具备的自我调节功能足以保证他们适应新的形势。过去几个世纪中发生的一些历史事件使犹太人分散到世界各地，但犹太文化并没有就此消失，相反它适应了新的环境并完好地保存下来。

8. 文化是社会成员所共有的

人的行为方式，只有变成了社会普遍现象才能算得上是文化。即使某个人掌握了特殊的行为方式，如果不为广大的社会成员认可并且共有的话，那就不是文化。在中国社会，绝大部分人都是以大米或面粉为主食，他们用筷子吃饭，这构成了我们饮食文化的主体，因而说它是文化。如果有一个人，他不吃米饭，光吃鸡，那不是文化，那仅仅是他个人的嗜好。

二、语言的定义与特征

（一）语言的定义

语言研究的首要问题是语言的定义，所有和语言相关的研究或者相似的研究都是在对语言的根本性问题基础上进行的解答。对于语言的本质的理解直接影响到大学英语教学目标的制定、教学手段的运用方面。语言的定义多种多样，一般存在三种观点：工具论、结构论和功能论，三种观点从不同的角度定义语言。结构论将语言认为是一个完整的符号系统，是有结构的系统；工具论认为语言是一种工具，专门用来交流思想，是一种沟通的途径，是一种用来交际的手段；功能论则认为语言承担了社会文化的功能，语言具有社会性和文化性的特征。语言是人类认知世界及进行表达的方式和过程，这个概念直接强调了"过程"的重要性，认为语言是一种社会现象，是人和人之间进行交流的工具，是人和文化进行融合的一种媒介。语言是随着人类的发展而发展的，随着人类的变化而变化，语言和人类社会与文化有着非常密切的联系。

（二）语言的特征

语言的本质特征一般有四点。第一，语言是人们进行交际的重要工具，语言只有在社会交往中才有生命可言，人们在使用语言的过程中才能真正学会使用某种语言。第二，语言是一个完整的符号系统，它由外在形式和内在意义组成。第三，语言是人类的文化载体和思维工具，思维是依赖于语言的，语言也是思维的过程和结果的一种表现形式，文化信息的代码是语言，一种语言的历史，也是该民族思维活动和文化发展的历史。最后，语言具有特殊的生理基础。这些特征从另一方面也可以认为语言有规则性、符号的表征性和意义出自说话者的变化性。具体来说，语言是一种符号，是一种实体的指示物，任何语言的结构都受制于一组规则，语法就是语言的规则。语言规则的差异，在跨文化交际过程中会产生无法想象的结果。

（三）语言的功能

语言具有文化、思维和社会功能。语言是人类思维最重要的载体，人们通过语言认识、把握外部的世界，同时又在一定程度上受到语言的制约，语言具有文化的功能，即承载、传承、构建文化的功能；语言既是人的本质属性又是人的社会属性；人类不是以单纯的个体存在的，而是以文化的、社会的人存在的，语言作为人的本质属性存在着必然也决定其作为人的社会属性而存在。语言、教育和社会三者密切相连，是人类社会进步的重要保障。

因此，本书认为，语言是人类的交际工具和思维工具，是文化的载体，是人和社会融为一体的媒介；语言是一种符号系统，具有交际性，规则性和文化特征；同时语言具有交际、思维、文化和社会这些功能。

三、文化交际能力

对于交际的定义多种多样，交际一般是指社会交往的方式，具有创造性和不可预测性，出现在文章或者社会文化的情景中，有一定的目的性，使用真实的内容和材料，通过看结果来决定交际是否成功；交际是一种动态的，系统化的过程，意义在人们相互交往中通过符号被创建和反射。交际是人们相互交流信息、相互影响、共同构建意义和身份的过程。交际具有交互性，是一个动态的、互动的发展过程。交际与文化之间紧密联系，交际就是文化，文化也是一种交际过程。交际行为的本身具有文化特性，交际是文化的交际和传承及发展。本书认为，交际是人和人之间信息的交流，相互交往的动态过程。每时每刻人们都在进行交际，只要有人生存的地方，就有交际发生。日常生活中交际的例子数不胜数。人们谈话、打电话、网上聊天属于最典型的交际。婴儿啼哭是交际，它在向母亲传递"我饿了"或"我渴了"的意思。汽车驾驶员看到红灯立即停车，也是一种交际。交际无所不在，它是人类所有活动的基础。交际指的是人与人之间相互往来和交流信息的过程。不少学者对交际进行了定义，对交际过程提出了自己的看法。交际的定义基本上可以分为两个派别，一个是"说服"派，认为交际是传送者传递信息以影响接收者行为的过程；另一个是"共享"派，认为交际是信息共享的过程，即将少数人享有的信息化为多数人共有的信息的过程。

（一）交际的要素

交际能力是一种与人处世的能力，包括语法、心理、社会文化和概率等方面的判断，是一个人对潜在语言能力和知识的运用。交际能力是由三个方面构成的，社会语言、语法能力和策略能力。在交际的过程中，有几个因素十分重要，即信息发送者、信息接收者、编码与解码、反馈、交际渠道和语境。

1. 信息发送者

信息发送者指的是发出信息的主体。发送者既可以是个人，也可以是组织或国家。

2. 信息接收者

信息接收者指的是接受信息的主体。接收者既可以是个人，也可以是组织或国家。

3. 编码与解码

在交际的过程中，发送者需要通过一定的符号系统，将要传达的信息转化为符号后才能传递给对方，而接收者在接受到信息后，也必须通过相应的符号系统将信息转化为意义，才能够理解。发送者根据符号系统把信息转化为可被传递的符号的过程就是编码。传达信息的符号既可以是言语，也可以是非言语。

4. 反馈

反馈是指信息接收者反应的一部分，即信息发送者发出的信息返回到发送者的过程。

反馈是评价和判断交际是否有效的一个重要尺度。不同的读者阅读同一本书后会有不同的反应，但是只有读者参与了某项调查，或者是给作者写信谈了自己的感受，反馈才发生。反馈对交际有十分重要的意义，交际者可以通过反馈来检验是否有效地传达和分享了信息，以便及时对自己的行为做出调整。面对面的交流往往能取得最好的效果，就是因为信息的发送者能够获得最及时、准确的反馈。

5. 交际渠道

渠道是交际过程中必不可少的因素。渠道指的是将信息源和信息接收者连接起来的物理手段或媒介。渠道可以分为直接渠道和间接渠道两种。直接渠道指的是交流者面对面地将信息传递给对方。由于是面对面交流，交流者可以获得最丰富的信息和最直接、及时的反馈，因此，信息传递的准确率也很高。在各种信息传递手段十分发达的现代社会，各国领导人依然互访，就是为了从直接渠道获得最多的信息以相互了解。但是，直接渠道也有不足之处，即无法超越时空的距离，信息传播的对象较少。直接渠道的不足正是间接渠道的优势所在，通过间接渠道，人们可以跨越时间和空间的距离获得信息。例如，可以通过观看纪录片了解阿波罗号登月的情况，也可以用电话和远方的朋友交谈。然而，间接渠道的不足之处在于信息在传播过程中可能会部分丢失或变形。例如，书信可能会因为邮递员的错误投递而无法送到收信人手中，让某人捎的"口信"可能在捎信人的口里变形。在进行跨文化交流时，由于文化间差异较大，更需要通过信息量大、反馈迅速的直接渠道进行交流。

6 语境

所谓语境，就是交际发生的场所和情景。语境可以是物理的、社会的和人际的。交际发生的语境能够帮助人们更加深入地了解交际的内容和形式。一旦人们知道了交际即将发生的语境，在某种程度上就可以准确地预料所发生的交际。

（二）交际是一个复杂的过程

交际是一个包含诸多因素的复杂过程，了解交际的特点能够帮助人们加深对这一复杂过程的理解。

1. 交际是动态变化的过程

交际是一个连续的不断变化的过程。交际就像是一部动画，而不是一幅图片。交际中人们说出的话语和做出的行为很快就被其他的话语和行为所取代。在交际中，人们不断受到彼此发出的信息的影响，而且在交际过程中交际的各个构成要素之间彼此作用，所以交际处于不断的变化之中。

2. 交际是不可逆转的过程

一旦人们说了话，说出的话被别人听到并且赋予意义，我们就无法收回自己说出的话。交际一旦发生，就是一个完结的活动，就不能被收回，它是一个不可逆转的过程。

3. 交际具有符号性

符号是人们在交际过程中传达和分享意义的媒介。交际中符号是人们思想的载体。符号可以是语言的或非语言的，它可以是任何一个代表意义的词语、行为和物体。制造符号是人类特有的能力，动物之间也进行交际，但它们的交际与人类不同，不是以符号为媒介。符号的使用具有主观性，每一种文化的人们都使用符号，但是他们赋予符号不同的含义。符号与它所代表的含义之间的关系具有任意性。例如，语言符号"猫"与猫这个动物本身没有必然联系，在不同的语言中代表"猫"这个动物的符号并不相同。在英语中代表这个动物的符号是"cat"，在法语中它是"chat"，在德语中它是"katze"。同一个动物在中、英、法、德四种语言中的表意符号是不相同的。

4. 交际是系统的过程

交际不是孤立地发生的，而是处于一个庞大的系统中。这个系统包括：交际发生的场景、场所、场合、时间和参与交际的人数。任何的交际都是发生在一定的场景中。交际发生的场景或语境决定了人们可能产生的语言和行为，以及符号代表的意义。场景在某种程度上规定了交际的原则。服饰、语言及话题的选择等因素都要适合场景的要求。例如，即使天气很热，男士在参加重要的会议时，还是要穿西装打领带。交际发生的场所在某种程度上也对人们的交际行为做出规定。在礼堂、饭店或是学校，你的交际行为会呈现不同的特点。人们的行为，可能是有意识的或是无意识的，是深深根植于所在的文化中的。交际发生的场合也能够控制交际者的行为。人们都知道在礼堂中可能举行毕业典礼、话剧、舞蹈表演或者纪念活动。每一种场合都有其特定的行为模式，每一种文化所规定的行为模式又各不相同。时间对交际的影响不明显，常常被忽视。任何交际都发生在一定的时间区间，如正式的演讲和一般的谈话持续时间的长度会不同。人们也用时间进行交际。例如，在美国人们就经常使用时间表和备忘录等，因而人们总能感到时间的压力。交际中参与的人数也会影响交际的过程。当你与一个人讲话，或是在一群人面前讲话时，你的感受和行为一定有所不同。

5. 交际是自省的过程

人们不仅用符号来描述和思考发生在人们周围的事情，还用符号来反省自己的交际行为。这种特别的天赋使人们同时扮演着交际的参与者和交际的观察者两种角色。在交际的过程中人们同时观察、评价和调整自己的交际行为。从这个意义上来说，交际是一个参与者自省的过程。例如，在有些文化中人们更关注自己，在交际时，人们会花很多时间和精力观察自己，关注自己在交际中的表现。而在有些文化中人们更加关注他人，交际中也会进行自省活动，但是他们会更多地关注他人而不是关注自己的表现。

6. 交际是交互式的过程

交际的交互性体现在交际中所有的参与者共同发挥作用，共同创造和保持意义。交际中，每时每刻人们都在同时发送和接收着信息。交际有过去发生的，现在发生的和将来发生的区别。人们对某一情景的反应受到人们自身经验、情绪和期待的影响。例如，当我们很了解某人时，我们会根据我们过去的认识和经验对将要发生的交际做出预测。将来也会影响现在的交际，例如我们希望彼此的关系能够继续发展，就会自动地调节自己的言行，为将来能够实现自己的目的而做准备。所有的交际都发生在一定的语境中。交际发生的语境可以是物理的，社会的和人际关系的。物理语境指交际实际发生的地点：室内的或户外的、拥挤的或安静的、公开的或私人的、寒冷的或炎热的、明亮的或黑暗的地点。社会语境指交际发生的不同社会场合，如婚礼、葬礼、上课、看体育比赛。每一种社会场合都对人们的交际行为有不同的期待和规定。例如，在西方国家，婚礼上新娘穿白色的婚纱，其他的女宾不可以穿白色裙子，否则会被视为是不礼貌的行为。上课时学生要注意听讲，不能大声喧哗，而在看体育比赛时，大声呐喊为运动员加油就是得体的交际行为。人际关系语境指交际中交际双方所处的社会关系。人们对处于不同的社会关系的人之间发生的交际行为有不同的期待。例如，即使是发生在课堂以外的师生之间的交际行为也会与发生在好朋友之间的交际行为截然不同。同样，发生在同事之间、家庭成员，以及熟人之间的交际活动在话题的选择、说话的语气和态度等方面都会各不相同。

四、语言、文化、交际之间的关系

语言和文化关系密切。语言表达一种文化现实，同时体现一种文化现实，象征文化现实，文化则是语言形成和传承的基础，文化的发展和变化是语言形成和发展的动力。文化和语言是密切相关的，英语语言的学习与文化是不可分割的。语言和文化是整体与部分的关系，语言是文化的组成部分，是文化的一个方面，语言是学习文化的重要工具，人们在学习和使用语言的过程中获得了文化。文化和语言的关系可以概括为：语言和文化是整体和部分的关系，语言是文化的一部分，文化是语言的底座，语言是文化的载体，是传播文化的重要途径，语言反应社会文化现实，是文化的另一种呈现方式。

文化和语言的关系体现在各个方面。首先，语言习得和文化习得是相互作用的，学习一种语言就意味着学习一种文化，不同的语言表现了不同的世界观和不同的思维模式。学习英语不单单是掌握了一种工具，也不是简单的学习技巧，而是一种思维方式和习惯的转换。如果不了解一个国家的语言文化，是不可能学好这门语言的，文化因素始终存在于英语的学习过程之中。文化习得和语言习得是一个人认知过程中相互影响、相互促进的两个方面，语言的学习可以帮助文化习得，文化习得也可以促进语言的学习，文化的积淀同时也有助于人们更好地理解和运用语言。再者，不同的文化会产生不同的语言、不同的语言规则和交往风格。语言是一个结构系统，在语言的交往过程中需要一个赖以生存的文化系统，才能完成传递信息、交流思想的任务，交际风格受文化的影响，与深层次的文化密切相关。语言和文化的密切关系还可以在语言结构的语音、语法和词汇系统中明确地找到。在英语语言要素中，与文化关系最为密切的，最为直接的是词汇。词汇中的文化词汇是民族文化在语言词汇中直接或者间接的反映，文化词汇本身承载着明确的民族文化信息，包括了多种深层次的民族文化的含义。

文化决定了交际能力，它是交际的基础。文化的传播与发展由交际来决定，没有人与人之间的交往，文化就没有办法传承。社交言语行为受到文化理性的制约，受到文化合适性的限制，文化价值观对人的交际风格具有决定性的影响，非语言交际和语言交际都要受到价值观的支配，交际间接或直接反映人们的价值观。

综上所述，语言、交际和文化是不可分割的整体，三者之间是一种水乳交融的不能分割的三位一体的关系。语言和文化之间是一种相互依赖，相互影响，相互制约的关系。语言的使用反应了人们的价值观念和思维方式、生活方式，社会文化的变化发展是语言赖以生存和发展的基础。交际是语言和文化之间的纽带，人们通过社会交际活动习得的语言和文化，使得文化得以通过语言为人类所共享。

第二节　中西方思维方式的差异及影响

一、中西方思维方式的差异

（一）逻辑思维与形象思维的差异

中国人与西方人的思维有很大差异，首先从文化底蕴来看，形象思维是中国人的主要思维方式，而逻辑思维则是西方人比较重视的。中国人的形象思维很发达，这点在很多方面都有体现，渗透入了中国文化的方方面面，从汉字、汉语言文化，到中国传统哲学都充分体现了这样的特点。

（二）对立思维方式的差异

对立思维是人的思维方式中很奇妙的一部分，万物都有对立统一的两方面。中西文化都注意到了事物的矛盾对立。然而中国文化更加强调的却是"统一"，注重求同的思维方式，在天人关系即主客关系上以"天人合一"、主客不分的思维方式处理问题，强调天、地、人为万物一体，和谐共生。在伦理观上表现为顾全大局，在个人与社会的关系上注重整体主义，当个体的价值倾向与整体出现不协调时，个人往往采取否定自己以适应群体的态度。在中国文化中，一个人的人格应该是统一的，人格的分裂是不被理解的。而在西方文化中，求异，即强调矛盾的斗争性的思维方式则是普遍的，西方人追求个体生存的意义，在面对群体和整体时，认为那是一种异己的、压抑自我的力量，个人应该随时抗拒这种异己的力量对自我的吞噬。中国人对待善与恶的态度是乐观的，认为人性本善，后天对"善"的背离可以用"教化"来纠正；而西方人则认为人性本恶，因而人生处处是冲突，人格无时无刻不在分裂，人与命运的悲剧随时随地都在发生。因此，西方文化的历史也是一部"精神突围"的历史，人在对立中诞生，在矛盾中存在，在斗争中寻求生存，而斗争的结果却往往是面临更大的矛盾和冲突。

（三）整体和部分思维的差异

在对思维的基本的智力操作上，中国人偏向于综合思维和整体优先，而西方人则偏向于分析的思维模式。对于西方人而言，要弄清楚一件事物，必须要首先把事物进行分割和拆解，才能弄清内部的结构。西方的思维模式中处处充满了分析的特征，甚至早在希腊晚期，亚里士多德（Aristotle）就已经把已有的知识分为各个门类，如诗学、政治学、伦理学、物理学、修辞学、形而上学，等等。而在中国古代，各种知识统统糅合在一起被笼统地称为"学问"，并且以吟诗作赋、博通经史和安邦定国为一贯的价值取向，至于自然类的知识，则更是被排斥为茶余饭后的奇谈轶事。中国人这种整体优先的思维方式体现在文学、道德学、中医学等各个方面。中国人往往是以天才的猜测来从整体上把握不同事物的联系，比如中医学认为人体各部分是一个有机联系的整体，并用阴阳五行的学问来解释五脏之间的相互依存、相互联系，这才有头痛而从脚上寻找原因的"辨证施药"之说。总之，中国人在看待事物的时候，不是就事论事，把事物进行拆分、解析，而是把事物当成一个整体看待，充分注重该事物与其他事物的联系，并把以往对待其他事物的经验移植到这里，进行类比式的判断和猜测。这种方法能够从宏观上把握事物的全貌，并且有的时候还可能产生奇特的功效，甚至被西方人称为"东方神秘主义"。

（四）感性与理性的冲突分析

感性是生命的本能，生物的条件反射，是感性最初始化的形式，在生命形式的进化过程中，基于本能的感性，逐渐上升为理性，才有了生命形态的逐步完善。感性永远是理性的基础，离开了感性，也就谈不上理性。首先是作为理性对立而被理解，"感性"于"理性"对照，即成了"不理性"，感情用事，多愁善感。大家对"理性"的理解，即便是不准确，也不至于有太大的偏差，对于"感性"的理解可就千差万别了。认为感性就是不理性，感情用事，这就是对"感性"最大的偏见和误解了。"感性"一词的感情色彩，并不是非常消极的一个贬义词。

每个人对于感性的认识都由于自己的理解体会和在具体语境中的把握而有所不同，大致都有以下几个方面：第一，与冷漠和内敛相对，感性的人感情丰富、多愁善感，情绪外显、喜怒无常。第二，感性的人易感，它是情商的表现，有很强的移情通感能力，知道在什么场合应该表露出哪种情绪，可以让交流更加的融洽通畅。最后，感性体现了一种人性化的处事对人法则，是对功利的理性原则的反应，可以树立亲和型的另类权威。

所谓理性，就是基于感性，通过思考而升华的一种抽象的认知，它是对必然性的一种附和，分别为科学理性和哲学理性，前者是已经确认的结论，后者则是基于前者的预见。理性包括了思维本身的结论，也包括了以此为动机的行为判断。世上的人，因为感性和理性程度的差别，混沌地分为两大类，感性的人和理性的人。之所以混沌地区别，就在于人类再高级也还是动物，不存在纯粹的感性和理性，当然也就找不出纯粹感性或者理性的人。感性主导的人，一般号称自己是为感觉活着，他们的思维和行为方式，主要依靠自己的感觉或者直觉，很少考虑条件的约束，因此表现得另类，但他们实际上必须接受客观的限制，所以谈不上纯粹的感性。

理性主导的人，遇事三思而后行，主动地接受了自然和社会的约束，并清醒地考虑了客观条件的限制，所以很少出格，行为一般符合约定的规范。人类既然已经产生了社会，客观上个体就必须服从群体，所以理性的人，相对适应了环境，也是将来人类未来发展的方向。

一般来讲，中国人的判断力较容易受到情感的影响，中国人往往从伦理亲情出发来理解各种社会关系，在道德修养上注重内心的自省和发自真情实感的"彻悟"，能够推己及人，宽容地看待别人的过失；而西方则从古代就一直注重理性，甚至从知识论的角度来推演道德原则。中国人为了"一团和气"，可以"大事化小，小事化了"，西方人则必须要论辩出真理究竟在谁的手里；中国人为了对师长的尊重可以放弃自己的见解，西方人则信奉"我爱吾师，我更爱真理"；中国人对他人称"贵"而对自己称"鄙人"是为了获得对方的好感从而争取感情上的贴近，而在西方人看来这些没有丝毫意义；中国人孝敬父母和长辈，对父母之命唯唯诺诺，而西方人即使是对父母的话也一定要分出个高低上下。

（五）直觉与逻辑的差异

中国传统思维注重实践经验，注重整体思考，因而借助直觉体悟，既通过静观、体忍、灵感、顿悟的知觉，从总体上模糊而直接地把握认识对象的内在本质和规律。这一点在汉字"视"字中最完整地体现出来，它从"礻"可能与"示"相关，表示高尚、仪、礼，因此中国人特别重视视觉，凭直觉觉察到的东西是最实在的东西。直觉思维对中国哲学、文学、艺术、美学、医学等的影响尤为深远。西方思维传统注重科学、理性，重视分析、实证，因而必然借助逻辑，在论证、推演中认识事物的本质和规律。古希腊哲学家亚里士多德开创了形式逻辑，提出了整个形式逻辑体系，对人类思维产生了深远的影响，也使逻辑性成为西方思维方式的一大特征。西方人重视认识论与方法论，重视语言分析（包括语法、语义、语用分析），都与西方思维方式的逻辑性密切相关。而汉语语法出现较晚，这从一个侧面反映出中国传统文化中抽象思维不如印度和希腊文化，语法规则反映着人类思维的逻辑规律。英语思维重逻辑、分析，汉语思维重悟性、直觉，这使得英汉两种语言在句式结构上差别巨大，即英语重形合而汉语重意合。即英语句子以主谓结构为主干，控制句内各成分之间的关系，其他动词只能采用非限定形式，表示其与谓语动词的区别。英语句子虽然看起来烦琐累赘，实际上则是通过严整的结构表达出一种中心明确、层次清楚的逻辑意念。而汉语句子主要是连动句和流水句，不是突出以说明主语的谓语动词为中心，而是按时间先后顺序的客观事理的推移。陈安定先生举的一个例子可以生动地说明这一区别：The isolation of the rural world because of distance and the lack of transport facilities is compounded by the paucity of information media. 汉语的译文为："因为距离遥远，交通工具缺乏，农村与外界隔绝。这种隔绝又由于通讯工具的不足而变得更加严重。"比较这两句，英文句中只有一个主语和一个谓语动词，其他都用名词和介词的形式将句子连成一体；而汉语句子中采用了数个动词按照事理推移的顺序，一件件事交代清楚。如果让初学英语的中国人将这一汉语译文反译回去，常见的英文译文就更加清楚地显露中国人思维的特点了：Because there is a great distance and there are not enough transport facilities, the rural world is isolated. This isolation has become more serious because there are not enough information media. 英语语法是硬的，没有弹性；中国语法是软的，富有弹性。所以中国语法以达意为主。因此，汉语句子意连形不连，英语句子则以形连表意连。

（六）具体与抽象的差异

从思维的结构分析，整体思维似乎偏爱具象的思维模式，即人们可能以经验为基础，通过由此及彼的类别联系和意义涵摄，沟通人与人、人与物、人与社会，达到协同效应。而抽象思维是运用概念进行判断、推理的思维活动。从总体上看，传统的中国文化思维具有较强的具象性，而西方文化具有较强的抽象性。具象思维所依托的类比、比喻、象征等思维方式在汉语中被广泛使用，它们不仅是文学中常用的一种艺术手法，也是人们借以交流思想，表情达意的重要工具，对中国文化的影响极其深远。造成中国人具象思维突出的一个主要原因是中国的象形文字。作为象形文字，它的核心是模仿象形以指事会意，而不是笔画的准确无误。英语是拼音文字，以单词形式出现，而单词又是由一个个独立的、可分离的字母按照一定的规律组合而成，因而是可以重新分解的。而且，拼音文字距离形象比较远，是以声音通向语义，自然获得较高的抽象性。心理学的实验证明，象形的汉字对大脑的思维过程发生不同于拼音文字的影响。由于汉字是左右脑均势，促进了负责形象思维的右脑的发展。而拼音文字是左脑优先，促进了负责具象思维的左脑的发展。汉字与拼音文字在"义"与"形"的关系上截然不同，拼音文字中音、义之间没有直接的关系，形、音完全分离；而汉字的形、音、义是统一体，形、义之间的联系强于音、义之间的联系。我们在英语文字上很难在一个单词或短语上直接产生相关的形象感；而只要看到"玫瑰"二字，就能立即产生出玫瑰的形象甚至香味，一看到"雷电"二字，就能立即产生出关于雷电的感受。体现在语言上，汉语用词倾向以实的形式表达虚的概念，以具体的形象表达抽象的内容，不强求语言形式，少用连词，多无主句少被动语态句，形文求全面不怕重复，词句求平衡与对称。例如：知彼知己，百战不殆；不知彼而知己，一胜一负；不知彼不知己，每战必殆（《孙子兵法》）。句中只用了一个连词"而"，不用加上以下括号中的连词，因果关系就已很明确了。（若）知彼（而又）知己，（则）百战不殆；（若）不知彼而知己，（则）（将）一胜一负；（若）不知彼（且）不知己，（则）每战必殆。而英语倾向于使用表达同类事物的整体词来表达具体事物或现象，用词倾向于虚，大量使用抽象名词和介词。尤其在现代英语中，出现了介词替代动词、形容词、甚至一些语法结构的现象。试比较以下英汉表达："这本书太难，我看不懂。"译成"The book is above/beyond me."比"The book is too difficult for me to read."显得更简练，生动。"他骑车来此。"句中有两个动词：骑（ride）与来（come）。受汉语思维模式的干扰，英语学习者易将之译为：He rode a bike to come here。但更正确的译法应是：He came here by bike.

（七）归纳与演绎的差异

东方人说话写文章往往表现出把思想发散出去还要收拢回来，落到原来的起点上，这就使话语或语篇结构呈圆形，或呈聚集式。在谈论某个问题时，不是采取直线式或直接切题的做法，而是采取由次要到主要，由背景到任务，从相关信息到话题的发展过程，往往把诸如对别人的要求和意见，以及自己的看法等主要内容或关键问题保留到最后或含而不露，这是一种逐步达到高潮式。而演绎法不仅成为西方学者构建理论体系的一种手段，而且成了西方人比较习惯的一种思维方法。他们谈话写文章习惯开门见山，把话题放在最前面，以引起听话人或读者的重视。如果不了解中西思维的这一差异，在语言交往中就会受到影响。若把中国学生以"看电视的坏处"为题所写的作文，与所学的课文"关掉电视，清净一小时"加以对比，可以进一步看出中西这一思维差异对英语写作的影响。多数中国学生以"随着科技的发展，电视机越来越普及"开头，但在英语为母语的民族看来觉得离题，以"我想建议……所有的美国电视台都依法停播60至90分钟"开头，直入主题，在中间部分全是论证关掉电视后会给人们所带来的好处，成直线发展的趋势。中国学生语篇的发展呈螺旋式的趋势，在点题前往往要谈看电视的好处，然后才用"但是"一转，导入正文，而从西方的直线逻辑来看有欠严密清晰。另外，中式的主体思维主观性强烈，在结尾不少学生发出"让我们充分利用电视的好处，克服看电视带来的坏处"的呼承；而英语民族往往强调"物我分立"，追求最大限度的客观性，使读者确信作者并未掺杂个人观点为目标。

二、思维方式差异对跨文化交际的影响

（一）思维方式的差异对表达和言语的影响

文化是一个与人的存在问题密切相关的大圆圈，这个圆圈的圆心就是某种思维形式。任何文化的本质特征都会通过各自的思维形式反映出来，这是其他一切不同点的基础和来源。西方的心灵是分析的、个体的、客观的、普遍化的、概念化的、体系的，等等。与之相比，东方的特点则可以概述为：综合的、整体化的、主观的、独特的、直观的、非体系的，等等。有学者认为，东方和西方的思维方式从总体上看具有不同的特征，如东方人偏重人文，注重伦理、道德，西方人偏重自然，注重科学、技术；东方人重悟性、直觉、意象，西方人重理性、逻辑、实证。从主要差别来看，中西思维方式分别属于整体、直觉、具象、归纳思维与分析、逻辑、抽象、演绎思维。而语言是一种社会现象，是人与人的交际工具，也是使人与文化融合一体的媒介。语言随着人类的形成而形成，随着人类社会的发展而发展、变化而变化。语言与人类的社会、文化有着千丝万缕的关系。首先，语言是人类最重要的交际工具，语言在交际中才有生命，人们在使用语言的过程中才会真正学会使用语言。其次，语言是一个符号系统，由形式和意义两方面组成。再者，语言是人类的思维工具和文化载体，思维依赖语言，语言是思维过程和结果的体现，语言是文化信息的代码，一种语言的历史，也是该民族思维活动和文化发展的历史。另外，语言具有特殊的生理基础。比如说"看"这个字，在汉语里可以说看书，看电影，看见谁。但是在英语里，就要区分，不能说 read a movie，也不能说 watch a paper。在他们的世界里，这两种看是不一样的，衍生开来，在很多其他的事情上，不同的语言环境下的人，在认知和反应上也是大相径庭。

思维方式的差异首先造成的就是言语方式和表达方式的不同。在信息传达上，中国人

习惯于形象思维和联想，为了使文章生动、形象，经常使用华丽的词藻、大量的形容词和丰富的比喻，而且在切入正题之前往往还要运用浓墨重彩的词句来进行很多铺垫。而对于西方人来讲，这种做法只会减弱信息传播的效果，而且往往被认为是空洞和夸大其词。因为西方的写作风格，特别是英语的写作，比较注重逻辑的紧密和事实的陈述，一般来讲比较低调，即使是一些名人的著名演讲，也没有很多华丽的词藻。在文风上，中英文也有着不同的表达方式，比如对于记叙文，英语读者习惯于一种以直线式展开占主导地位的思维过程，而那种含蓄委婉、曲径通幽式的文风则只有中国人才会欣赏；对于议论文来说，中国人发达的形象思维对中国风格的议论文产生重大影响，在说理过程中，中国人往往用具体的物象来表达深奥、抽象的道理，这种"取象类比"的方法寓意于喻，使人在获得丰富的联想的同时深刻领悟到某种道理。而这种论说方法如果在西方人看来则是"一头雾水"，因为西方的议论文所采取的是冷静的逻辑论证，语言朴实、层层推进、结构清晰严谨，而且多用长句子，比如德国的古典哲学家们在写作时，有时一个标题就可以占一页纸。中国的表达和言语方式往往是诗意的，而西方的表达和言语方式则往往是冷静的、逻辑性的。因此，在跨文化交流中必须这些中西方的差别。

（二）思维方式的差异对人生观、世界观、价值观的影响

人生观是关于人生目的、态度、价值和理想的根本观点。它主要回答什么是人生、人生的意义、怎样实现人生的价值等问题。其具体表现为苦乐观、荣辱观、生死观等。人生观是一定社会或阶级的意识形态，是一定社会历史条件和社会关系的产物。人生观的形成是在人们实际生活过程中逐步产生和发展起来的，受人们世界观的制约。不同社会或阶级的人们有着不同的人生观。价值观是社会成员用来评价行为、事物，以及从各种可能的目标中选择自己合意目标的准则。价值观通过人们的行为取向及对事物的评价、态度反映出来，是世界观的核心，是驱使人们行为的内部动力。它支配和调节一切社会行为，涉及社会生活的各个领域。

价值观是人们对社会存在的反映。人们所处的自然环境和社会环境，包括人的社会地位和物质生活条件，决定着人们的价值观念。处于相同的自然环境和社会环境的人，会产生基本相同的价值观念，每个社会都有一些共同认可的普遍的价值标准，从而发现普遍一致的或大部分一致的行为定势，或曰社会行为模式。世界观是人对世界总体的看法，包括对自身在世界整体中的地位和作用的看法。又称宇宙观。哲学是其理论表现形式。世界观的基本问题是精神和物质、思维和存在的关系问题，根据对这两者关系的不同回答，划分为两种根本对立的世界观基本类型，即唯心主义世界观和唯物主义世界观。

中西方在人生观和价值观上最明显的不同就是集体主义与个人主义的区别。中国人由于采取整体优先与和谐至上的思维定势，因而认同集体主义。在中国人的社会氛围中，祥和、安宁、合作、顺从始终占主导地位，每个人既依赖和顺从于集体，同时又从集体中获得安全与关照。由于西方人由于主要采取分析思维与求异思维来看待事物，因而往往看到的是事物的对立面，强调个体与集体的对立和不协调，他们更注重个人的存在、个人的价

值和自我的实现，在逻辑上认为他人是自我实现的障碍。西方的民主思想就是建立在这样的思维基础上，他们在逻辑上把"人"隔离出来成为抽象的和孤立的存在，然后又运用"自然法学说"论证"人"应具有的自然权利，而当"人"们在自然权力所赋予的合理追求出现冲突和矛盾时，就以订立"社会契约"的形式加以解决，因而在西方，人们不崇信集体也不崇信任何权威，而认为任何个体都是平等的和崇高的，不论是集体还是权威都是由契约形成的，因而契约思想在西方的社会关系中获得相当广泛的认同。在西方人看来，个人的权力是神圣不可侵犯的，别人对自己的关心爱护有可能被认为是对自己自由的干涉。从这一点出发，西方人的自卫心理和危机意识比较强，他们的冷漠可能是出于对他人的尊重，而中国人的热情却有可能被看作是对其权利和自尊的侵犯。此外，中西方在对待科学的态度也是不同的，西方人从总体来说相信那些经过分析方法证明的东西，他们相信科学实验、相信问卷调查结果，而不轻易相信经验和直觉，对于中医学他们可能感到比较神奇，出于冒险和刺激心理，有些人可能会接受如针灸和汤药等中医疗法，但是多数人并不认同中医。

（三）思维方式的差异形成不同的行为方式和交往方式

中西方由于思维方式的差异而导致行为方式和交往方式的差异。英语中的"我"不论在任何语法结构中始终是大写的"I"，而中国人对别人往往自称"在下""不才""敝人"等，这样的说法会令西方人认为你非常不自信，而西方那种直来直去的说话方式也同样会让中国人觉得不舒服。西方人习惯于竞争，喜欢表现自我，崇尚冒险、刺激、新颖、花哨，而中国人则往往觉得西方人的这些表现过于张扬，为人肤浅，没教养。中国人由于注重整体优先的思维方式，人际交往时往往不分你我，工作一起干，吃饭付费谁付都一样，而且往往是抢着付钱，而西方人则是明确地分清是非和你我，不论做什么事情都是"先小人，后君子"，彼此之间保密隐私并不认为是不信任，相反，像中国人那样随便打听别人的收入、年龄和私生活，反而会被认为是极不礼貌的行为。中国人在处理各种事的时候，总是要注重"感情投资"，一旦感情破裂"撕破了脸"就再没有弥补的机会，而西方人可以在意见不和的时候跟你大吵大闹，过后却不再计较，在他们的观念里，真理和感情可以做不同的处理。总之，由于文化背景和思维方式上的差异，中西方人在行为方式和交往方式上的差异比比皆是，不一而足。但是，值得注意的是，随着中西方的交流逐渐增多，中国人和西方人之间的差距也在逐步减小，中国文化正在大量吸收外来文化和西方的思维方式、行为方式，而西方人到中国来之后也能"入乡随俗"，这就给跨文化交流提出新的问题，如果不熟悉这一点，往往也会造成新的误解。此外，伴随西方从现代社会步入后现代社会，很多传统的价值观和交往方式也正在悄悄发生变化，比如我们都认为西方人很遵守时间观念，而事实上在一些非正式场合，西方人也不一定如此，这就有可能给中国人带来某种尴尬。因此，所谓跨文化交往的研究也应该动态、宏观地把握，在实际的跨文化交往中，也必须以实事求是的态度来对待各种不同的问题。但是有一点是至关重要的，那就是宽容精神和求同存异的态度，只有这样，才能够以建设性的姿态处理好不同文化背景之间交往与合作的问题。

第二章 英语教学综述

第一节 英语教学的内涵

一、教学

教学应该包含三个方面的特性：①教学。②"教"与"学"。③教如何学习。

在教育的范畴中，教学是一个比较复杂的因素。究其原因，教学对教师而言是一种教育活动，但对学生而言则是一种学习活动。因此，教学既是教师教的过程，也是学生学的过程。在这样一个师生互动的过程中，学生在教师引导下不仅掌握知识与技能，而且获得能力、情感、态度及价值观等方面的成长，即学生在学习过程中得到了全面发展。可见，作为教与学的有机统一体，教学过程需要教师有计划地教与学生积极地学，与师生的共同参与密不可分。

教学是学校教育中最重要的教育活动形式，具有较强的目的性。此外，知识与技能的传递是教学活动的主要任务，这些传递的内容具体表现为课程内容与教学内容。从总体层面来分析，教学活动的计划性、系统性较强，因此常采取课程计划、教学计划的形式。一般来说，教育行政机构负责课程计划与教学计划的制订。在某些情况下，也可由教师或学校自行制订。

二、语言教学

语言教学是教育工作的重要组成部分，其根本目的是帮助学习者掌握一门具体语言并应用于具体交际活动中。

一般来说，语言教学主要包括以下两种。

（一）本族语教学

即第一语言教学。学者对第一语言教学的内容具有不同的看法。一些学者认为，语言教学是一种有计划、有目的、有特定方法的教学活动，但儿童第一语言的习得活动不具备这种特性，因此儿童的第一语言习得活动不属于语言教学的范畴。但在另一些学者看来，儿童语言的习得和学习都属于第一语言教学的范畴。

（二）英语教学

即第二语言教学。第二语言教学主要指对外国语言的教学，既包括我国内地对英语等外语的教学，也包括我国对外国学生进行的汉语教学。第二语言教学是对第一语言能力的一种扩大，是在第一语言教学的基础上进行的。

此外，除第一语言教学与第二语言教学之外，语言教学还包括双语教学和多语教学。

语言教学有其独立的理论体系，是一门独立的学科。但是，语言教学不仅仅局限于整个教学活动，它还对语言教学的原则、方法等理论进行研究。此外，语言教学的开展也离不开相关理论的支持，如应用语言学、教育学、心理学、教育技术学、学科教学论等。

三、大学英语教学的属性

从教育学的角度来说，大学英语教学是教育活动的一种。对于教师来说，教学主要是为了引导学生进行学习；而对于学生来说，教学是在教师的指引下进行学习。学生能否促进自身的发展是教学实现的目标。可见，教学是教师与学生的互动过程，教师负责教，学生负责学，共同实现自身目标的一项活动。关于大学英语教学的属性，可以从如下几点来理解。

（一）有目的的活动

教学的阶段不同，英语教学的目标也不相同。如果是中小学、高中阶段的学生，他们的英语学习主要是学习词汇、语法、听力、阅读等基础知识；而到了大学阶段，他们除了要继续学习基础知识外，还需要掌握听、说、读、写、译技能，并将这些技能与文化相结合，从而将英语知识运用到日常生活与工作中。

（二）具有系统性与计划性

大学英语教学具有系统性与计划性。说其具有系统性，主要体现在制订者上，包含教研部门、教育行政机构、学校教学管理者等。说其具有计划性，是指对英语知识展开计划性的教学，如语音、词汇、语法、听力、口语、阅读、写作、翻译等知识与技能的传递。

（三）需要采取合理的教学方法与技术

大学英语教学需要采取合理的教学方法与教学技术。随着英语教学的发展与进步，很多教学方法应运而生。再加上现代科技的辅助，尤其是网络多媒体的发展，使得大学英语教学更具有互动性、灵活性，且教学效果更加明显。

综上所述，可以将大学英语教学的属性总结为：教师从教学目标与教学内容出发，在有计划的、系统的教学过程中采用一些技术手段，以传授英语知识，并让学生掌握为基础，进而促进学生整体英语素质的提升与发展。

四、大学英语教学的定位

大学英语教学的定位问题在英语教学中尤为重要。如果定位准确，那么大学英语教学会不断满足国家、社会与学生个人的需求；如果定位不准确，那么大学英语教学将会被社会淘汰。

虽然大学英语教学属于我国外语教学的一部分，但是其拥有了外语教学的共性，既有优点也有缺点，优点在于规模比较大，具有多元化特点；缺点在于布局不合理，规划也不足，从而导致了大学英语教学中出现了明显的"费时低效"现象。因此，当前的大学英语教学应该考虑到地域性、学科性这一纵轴，也需要考虑需求性、前瞻性这一横轴，从而将师资力量的提升作为保证，推进大学英语教学的整体规划。

通过上述分析可知，大学英语教学受地域性、学科性、需求性、师资力量等各个因素的影响和制约，因此各大高校应该从学生的不同情况出发，做出适合不同学生的不同规划。在当前的形势下，大学英语教学需要重新定位，即将培养毕业生专业英语的综合运用能力作为大学英语教学的目标。

英语学习并不是一蹴而就的，这不仅是为了以后的考试，还是为了以后的工作与交流。如果学生学习的是旅游专业，那么他们毕业时应该可以用英语介绍景点，为外国人导游。但是，学生在学校学习的时间是有限的，在他们专业领域的学习不可能是尽善尽美的，但至少在学习中已经积累了一定的经验，因此可以为以后的学习打下基础，为以后的工作做了一定的准备。

总之，大学英语教学需要定位明确，这是不争的事实。著名学者戴炜栋就明确指出，中国应该建设一条符合中国实际的英语教学体系，使教学中的各个环节相互贯穿，但在贯穿的基础上，一定要做到从国情出发，建立以综合英语作为基础的多元化英语教学模式。

第二节 英语教学的理论依据

大学英语教学模式是语言学与教育学、认知科学等发展到一定阶段的产物，具有一定的必然性，也是对传统语言学与教育学的理论、观念、思想、方法论的继承和发扬。对大学英语教学的研究首先就需要探究其理论依据，本节就对其展开具体分析和探讨。

一、基础理论

大学英语教学首先是建立在基础理论之上的，涉及哲学理论、传播学理论、方法论、绩效论、美学理论、教育学理论、心理学理论。下面对这几个理论展开分析。

（一）哲学理论

哲学是一切社会学科、自然学科、思维学科的理论基础。大学英语教学当然也离不开哲学理论的指导，尤其是辩证唯物主义的方法论和认识论。在构成大学英语教学的理论基础中，人本主义与技术主义是其最深层次的哲学基础。在大学英语教学中，应用哲学的观点有助于处理和对待教师与技术的关系、教师与学习者的关系、传统教学手段与现代教学手段的关系、传统学习资源与数字化网络资源的关系等，这些都有助于保证大学英语教学的顺利开展。'

（二）传播学理论

传播学主要研究的是人类的一切传播行为，即在传播过程中发展、发生以及传播的人与社会的关系、社会信息系统及其运行规律的科学。20 世纪 30 年代以来，传播学逐渐成了跨学科研究的产物。当传播学被运用于教学领域中时，被称为"教育传播学"。教育传播是教育者与被教育者间通过传播媒介进行信息交流的过程。传播理论与大学英语教学的关系主要体现在：传播理论归纳和阐释了大学英语教学传播过程中所涉及的各种要素、信息传播的基本规律、信息传播的基本阶段等层面，这为优化大学英语教学过程、高效地传播大学英语教学信息提供了重要的理论支持。

（三）方法论

方法论是对具体的、科学的方法的总结和概括。科学的方法即人们正确地理解现象和文本、获取可靠的信息的方法。科学方法体现了科学的精神，尤其是科学的理性精神、实证精神以及审美精神等。方法论是基于系统科学建立起来的，因此也可以称为"系统科学方法"，而系统科学的前身是 20 世纪发展起来的控制论、信息论及系统论。基于三论，加之研究者对其他相关学科的探究，逐渐构成了现代系统科学方法论体系。英语教学是一个教学信息的传递过程，信息的传递效果往往会受到传递方式、信道容量等的影响和制约。大学英语教学是对教学过程进行有效的控制，从而获取及时的反馈信息，对教学策略和教学进度予以调整和修订，从整体上优化教学过程，为获取理想的教学效果而努力。

（四）绩效论

"绩效"一词的原本含义是"能力、性能、工作效果、成绩"，包含工作质量、工作数量、获取的效果收益等。20 世纪 60 年代，美国首次将绩效技术作为一个专门课题开始进行研究。经过几十年的发展，关于绩效论的研究也不断深入，逐渐成了国际教育界研究的前沿课题，也引起了国内外学者和实践者更广泛的关注和重视。在大学英语教学中引入绩效论是时代发展的必然要求。大学英语教学中的绩效技术包含设计、分析、实施、开发、评价等内容。因此，在大学英语教学实施的过程中，需要学习者投入更多的精力与时间，方法应用是否得当往往与学习者的学习效果成正比。同时，还需要考虑教师的投入与产出，尤其是二者的经济价值比问题。教师应用绩效技术来设计教学方案和教学内容，可以更好地体现经济性、适应性、可行性等基本原则。

（五）美学理论

美学理论最初的含义是对感官的感受，其从人对现实的审美关系出发，以艺术作为主要对象来研究美丑、崇高等审美范畴及人的美感经验和审美意识。现如今的大学英语教学与信息技术相结合，具有直观性和形象性，其从内容到形式都强调通过艺术美、教学美、科学美等来对教学信息进行传达，将艺术魅力体现出来。因此，美学贯穿于大学英语教学的全过程，在教学中创设美的意境，将深奥、抽象的内容艺术化、形象化，通过生动有趣的表现手法使知识更具有感染力。

（六）教育学理论

教育学的首要任务就是对一般的教学原理进行研究。长期以来，人们对教育学进行了研究和探索，将大量的教学规律总结和揭示出来，在教学目标、教学基本原理、教学方法、教学内容、教学模式、教学评估、教学策略等层面都取得了丰硕的成果。大学英语教学同样是建立在教育学理论的基础上，对教学模式、教学资源、教学方法、教学手段等进行研究。因此，教育学与大学英语教学模式也有着密切的关系。

（七）心理学理论

心理学主要研究的是人类认识世界、获取知识、获取技能等的心理规律和心理机制。心理语言学从认知能力、信息处理的角度对语言的学习与运用进行研究，从而对大学英语教学产生一定的指导。心理语言学与英语教育心理学主要研究的是学习者如何习得英语知识和技能等。大学英语教学依据的是心理学、心理语言学与英语教学的相关原则，更高效、科学地帮助学习者掌握语言知识和技能，发挥学习者的个性和智力潜力，提升自身的语言交际能力。

二、语言学理论

大学英语教学深受语言学理论的影响，特别是受社会语言学理论、应用语言学理论、二语习得理论、交际语言教学理论的影响更为突出。

（一）社会语言学理论

社会语言学兴起于 20 世纪五六十年代，是一门涉及语言学、人类学、社会学、社会心理学、大众传媒、交际学等学科的边缘学科，主要研究的是语言与社会的关系问题。社会语言学的研究范围非常广泛，根据研究对象的不同，可以将社会语言学分为微观社会语言学与宏观社会语言学。微观社会语言学主要研究的是社会发展过程在语言中的反映，性别、种族、年龄、教育水平、社会阶级等因素与语言的关系等。宏观社会语言学主要研究的是语言规划、语言政策、双语教育、语言规范化等整体性、全局性的问题。

现代的大学英语教学深受社会语言学理论的影响。如前所述，该理论强调语言习得的社会性，将语言学习视为某一特定语言团体中进行社会交际和实践学习的过程，因此在语言学习过程中要重视为学习者提供真实性强的社会交际机会，使学习者能够对社会需要的语言技能加以训练。

（二）应用语言学理论

应用语言学是一门交叉学科，也涉及很多边缘学科，即结合了信息论、心理学、社会学、计算机科学、控制论、教育学等多门学科，根据社会的实际需要，对语言进行多方面、多层次的研究。

从广义层面上说，应用语言学指的是将语言学知识运用于对实际问题的解决上，包含标准语的建立、语言教学、辞书编纂、翻译等。从狭义层面上说，应用语言学仅指的是语言学理论应用于语言教学，尤其是第二语言的教学。

随着社会的进步，语言学研究在不断加深，应用语言学的研究范畴也逐渐扩大，其研究范围突破了语言教学与语言学习的界限，扩展到语言规划、语言信息处理等层面。

（三）二语习得理论

20世纪60年代末，二语习得理论作为一门学科诞生，发展至今已经有50多年的历史了。与其他学科相比，二语习得研究属于一个新的领域，该理论的主要派别可以分为三大类：先天论、环境论及相互作用论。二语习得理论涉及三大领域：学习者内部因素研究、学习者外部因素研究、中介语研究。二语习得理论是在认知科学的理论上建立起来的。从认知科学出发，二语习得是人类先天存在的语言习得机制。克拉申提出的二语习得理论的核心是：习得—学得假说、自然顺序假说、监控假说、输入假说、情感过滤假说。

1. 习得－学得假说

习得指学习者无意识地、自然地、不自觉地学习语言的过程。学习者通过"习得"能获得语言知识和语言能力。

学得指学习者有意识地、正式地、自觉地学习语言的过程。学习者通过"学得"能获得语言规则。

"习得"与"学得"的区别如表2－1所示。

表2－1　语言的习得与学得的不同

	习得	学得
输入	自然输入	刻意地获得语言知识
侧重	语言的流畅性	语言的准确性
形式	与儿童的第一语言习得类似	重视文法知识的学习
内容	知识是无形的	知识是有形的
学习过程	无意识的、自然的	有意识的、正式的

2. 自然顺序假说

克拉申（Krashen）提出了自然顺序假说，说明习得语言结构是有一定次序的。该假设认为，一种语言的语法规则或结构是依据特定的、可预知的顺序而习得的。在第二语言（英语）学习中，这一情况也是适用的。

在把英语作为第二语言学习的过程中，儿童与成年人对进行时的掌握通常都比对过去时的掌握要早，对名词复数的掌握要比对名词所有格的掌握要早。

但是，在克拉申看来，人们在制订教学大纲时无须将自然顺序假说作为依据。实际上，如果英语教学的目的是使学生习得某种语言能力，那么教学的实施可不必依据任何语法顺序来进行。

3. 监控假说

克拉申的监控假说将"习得"与"学得"在二语能力发展中的作用区分开来。前者用于语言输出，培养学习者的语感，在交际中说出流利的语言；后者用于语言监控，即监控学习者的语言输出过程，以检测在交际中学习者是否运用了准确的语言。

克拉申还指出，学得的监控作用有限，其监控受以下条件的限制。

第一，具备足够多的时间。

第二，对语言形式而不是语言意义进行关注。

第三，对语言规则有大致的了解。

基于这些条件，克拉申根据监控力度的不同将学习者分为三种类型：一是监控过度的学习者，二是监控不足的学习者；三是监控合理的学习者。

4. 输入假说

克拉申指出，学习者要想获得"可理解性输入"，其输入不能太难，也不能太简单。可理解性输入的公式为：$i+1$。其中，i 代表学习者现有的语言能力，1 代表略高于现有语言能力的信息。

输入假说的内容主要包括以下几点。

第一，与习得有关，与学得无关。

第二，学习者要习得第二语言，必须先掌握略高于现有语言水平的语言规则。

第三，当进行理解输入时，$i+1$ 模式会自动包含在内。

第四，语言能力是自然形成的，并非通过教育所得。

5. 情感过滤假说

克拉申的情感过滤假说是将情感因素纳入第二语言习得的过程中，他认为情感变量会对第二语言习得产生一定的影响，这些情感变量有学习动机、自尊心、自信心、焦虑感等。

语言监控理论的运行过程可总结为：习得与学得的语言知识共同构成了人们大脑中的语言知识系统。学得的语言知识在语言输入前和输出后发挥着监控功能。

（四）交际语言教学理论

交际语言教学理论是建立在海姆斯（Hymes）的交际能力理论与韩礼德（Halliday）的功能语言理论的基础上的。这一语言交际观将语言视为表达意义的体系，其观点主要涉及以下三个层面。

第一，人际功能和交际功能是语言的主要功能。

第二，语言的结构能够对语言的功能和交际用途进行反映。

第三，语言的主要单位不仅仅是结构和语法，还涉及交际范畴和功能。

外语教学既强调对语言知识进行学习，还强调对语言应用能力进行培养。除了强调语言结构要具有准确性外，还强调语言使用要具有恰当性。

以交际语言教学理论为导向的英语教学的特点是以学习者为中心，以培养学习者的交际能力为目标，注重通过语言交际的实践活动来提升学习者的语言技能。交际法认为意义是非常重要的，认为教学活动应该围绕交际功能来展开，尤为注重师生间、学生间的互动关系，提倡教师应该设计角色扮演、游戏、小组活动等任务型学习活动来帮助学习者在有意义的情境中运用语言。可以说，交际法强调语言材料的真实性，反对僵化的、脱离实际的语言。

三、建构主义学习理论

20 世纪 90 年代，建构主义理论在美国兴起，它是多学科交叉发展的必然结果，具有体系复杂、流派众多等特点。

建构主义理论的目的不仅在于将人类认识的能动性揭示出来，还在于将人类认识对经验、环境等的作用揭示出来，并且强调认识会随着环境的改变而改变，这些对于教学而言有着十分重大的意义。因此，建构主义理论逐渐成为国内外深化教学改革的重要理论依据。

建构主义理论的演进非常复杂，其思想源于 18 世纪初意大利学者维柯（Vico）、哲学家康德（Kant）的理论，但是皮亚杰（Piaget）与维果斯基（Vygotsky）是建构主义理论的先驱。

（一）建构主义学习理论的基本观点

建构主义学习理论的基本观点包含以下几个。

第一，学习者的学习过程是在原有的认知结构与新接受的感觉信息相互作用的基础上，通过新旧知识经验间反复的相互作用，对外部信息主动加工和处理的过程。

第二，学习过程中的建构包含两个方面：一是运用已有经验进行新知识意义的建构；二是对原有经验的改造和重组。

第三，提倡合作式学习。因为每个个体意义建构的方式或角度都是独特的，只有彼此间相互合作才能弥补个人对知识理解的不足，减少理解的偏差。

建构主义学习环境的四要素包括情境、协作、会话和意义建构。

第一，情境是学习者进行学习活动的社会文化环境。

第二，协作是学习者与学习者之间、学习者与教师之间或学习者与网络交流者之间进行合作学习。

第三，会话是在协作过程中，通过多种方式的信息交流，实现信息共享。

第四，意义建构是学习过程的最终目标。

（二）建构主义学习理论的指导意义

建构主义学习理论对大学英语教学有着重要的指导意义，具体表现为如下三点。

第一，强调学习者之间的交流与合作，主张学习者在互动时应该主动学习目的语。从这一意义上说，互动是语言运用的前提与基础。

第二，强调语言学习与学习者的社会经历之间有密切的关系，认为将二者结合有助于推动学习者更好地掌握英语这门语言。

第三，主张学习者与教师之间展开互动，强调教材对学习者的意义。这在一定程度上改变了教材的编写形式，也转变了教师在课堂上的角色，并对教学设计提出了更高层次的要求。

建构主义学习理论指导下的教学设计除了将教学目的涵盖在内，还需要将学习者建构意义时的情境也考虑进去。也就是说，教师需要将创设情境视为教学的一项内容。

四、人本主义学习理论

人本主义心理学是在批判行为主义心理学和精神分析心理学的基础上发展起来的，被称作心理学的"第三种势力"。它兴起于 20 世纪 60 年代，代表人物有美国心理学家马斯洛（A. H. Maslow）和罗杰斯（C. R. Rogers）。

（一）人本主义学习理论的基本观点

人本主义注重人的独特性、自由、理性、发展潜能，认为人的行为主要受自我意识的支配，要想充分了解人的行为，就必须考虑到每个人都有一种指向个人成长的基本需要。

1. 需要层次理论

马斯洛提出的需要层次理论是动机理论的核心。他认为，人类行为的驱动力是人的一种需要。

马斯洛将人的需要分为生理需要、安全需要、归属与爱的需要、尊重的需要和自我实现的需要。这些需要之间存在一种由低到高的等级递进关系，只有低级的需要被满足后，才能进一步满足更高级的需要，其中生理需要是最基本、最低级的需要。自我实现是指人天生具有一种潜能，只有充分发挥自己的潜能，最大限度地发展自我，才能获得持续的满足感。

这些需要可以归纳为以下两类。

第一类是缺失需要，为人与动物所共有，包括生理需要、安全需要、归属与爱的需要。

第二类是生长需要，为人类所特有，包括尊重的需要和自我实现的需要。

只有满足了第二类需要，个体才能进入心理的自由状态，体现人的价值，产生深刻的幸福感。

在英语学习中，学生是否能达到教师所要求的水平并不重要，重要的是他们思考着、创造着并且积极地体验着学习活动的全过程。只要满足了自我实现的需要，学习自然就成为他们生活当中必需的活动之一。

人本主义学习理论认为人的成长和学习动力主要来自自我实现的需要，这种满足感使学生产生学习的动力，而不断学习又能使他们获得更大的满足感，学习就是在这样的循环中不断进行的。

2. 非指导性教学理论

罗杰斯将心理咨询的方法移植到教学中，提出了非指导性教学理论。他认为，教学活动应把学生放在中心位置，把学生的"自我"看成教学的根本要求，所有的教学活动都要服从"自我"的需要。"非指导性教学"的基本取向是促进个体的"自我实现"，而自我实现需要进行"意义学习"。所谓"意义学习"，就是使个体的行为、态度、个性等发生重大变化的学习，这种学习在于充分挖掘个体与生俱来的学习潜能，使以情感为中心的右脑得到充分发展，从而培养出"完整的人"，即认知与情感协同发展的人。意义学习的动力来源于学生自身内部，并渗透于整个学习过程，学生要通过自我反省、自我体验和自我评价，在相互理解、支持的融洽的学习氛围中认识自我、展示自我和实现自我。

罗杰斯将教师定位于"促进者"的角色，这体现在以下几个方面：一是帮助学生引出并澄清问题；二是帮助学生组织材料，为其提供更广泛的学习活动；三是作为一种灵活的资源为学生服务；四是作为小组成员而参与活动；五是主动与小组成员分享他们自己的感受。

（二）人本主义学习理论的指导意义

大学英语教学本身具有特殊性，因此在大学英语教学的过程中，教师要始终以学习者为中心，贯彻人本主义思想。正如罗杰斯所说，促进学习者学习的关键并不在于教师的专业知识、教学技巧、演示与讲解、课程计划、视听辅导教材等，而在于特定的心理气氛因素，其存在于教师与学习者之间。

在教学过程中，教师个人的感召力、性格、素质等都会对教学产生一定影响，而这些往往在设备和技术上不会体现出来。这就要求教师在利用计算机的基础上发挥个人的潜力和优势，不断提升自己的知识水平和个人素质，不能仅仅满足于对计算机的熟练操作，还要努力通过网络与学生建立有效联系。

此外，基于人本主义学习理论，教师应该关注意义学习与过程学习的结合，既让学生在做中学习，也让学生学会如何学习，这有利于学生在学习过程中处理好学与做的关系以及与教师的关系，让学生的学习更为有趣。

五、行为主义学习理论

行为主义学习理论源自著名生理学家巴甫洛夫（Ivan Pavlov）的"条件反射"这一概念。受巴甫洛夫的影响，很多学者对行为主义理论展开分析和探讨。行为主义学习理论的观点对语言教学提供了重要的指导。

（一）行为主义学习理论的基本观点

美国著名的心理学家华生（John Broadus Watson）创立了行为主义学习理论。20 世纪初期，他提出采用客观手段对那些可以直接观察到的行为进行研究与分析。在华生看来，人与动物是一样的，任何复杂的行为都会受外界因素的影响与制约，并往往需要通过学习才能获得某一行为，当然在这之中，一个共同的因素——刺激与反应是必然存在的。基于此，华生提出了"刺激——反应"理论，这一著名的行为主义心理学公式可以表示如下。

S—R，即 Stimulus—Response

美国学者斯金纳（Skinner）在华生行为主义学习理论的基础上进行了深入的研究与探讨，并在他所著的《言语行为》一书中提出了一个著名的观点：人的言语以及言语的每一部分都是由于刺激的存在而产生的，是一种操作性的行为系统，且这一行为系统通过强化获得。

在斯金纳看来，人们的言语及言语中的内容往往会受到某些刺激，这些刺激可能来自内部，也可能来自外部。通过重复不断的刺激，会使效果得到加强，使人们学会合理利用语言相对应的形式。在这之中，"重复"是不可忽视的。

行为主义学习理论在美国占据了较长的时间，其对于当前的教学也起着重要作用。例如，在行为主义、学习理论的指导下，学习者为了获得表扬，往往会继续某种行为；学习者为了避免惩罚，往往会终止某种行为，这些都是行为主义学习理论在学习中的典型表现。

（二）行为主义学习理论的指导意义

对于大学英语教学而言，行为主义学习理论有着重要的指导意义。具体而言，主要体现在如下几点。

1. 即时反应

反应必须要出现在刺激之后，如果两者相隔时间太长，那么反应就会被淡化。

2. 重视重复

重复练习能够进一步加强学习者的学习和记忆，使行为发生比较持久的变化。

3. 注意反馈

教师应该及时给出反馈，让学习者清楚知道反应是否正确。

4. 逐步减少提示

在减少学习者学习条件的情况下，教师应该让学习者的反应向期望的程度发展，从而引导学习者顺利完成既定任务。

总之，行为主义学习理论促进了视听教学、程序教学及早期 CAI（计算机辅助教学）的发展。但是，行为主义学习理论也存在一些缺点和不足：它是对人类学习的内在心理机制的完全否定，将动物实验的结果直接生搬硬套到人类学习上，忽视了人类的主观能动作用，从而走向了环境决定论和机械主义的错误方向。

六、错误分析理论

语言学家科德（P. Corder）、理查兹（J. Richards）等对母语学习背景不同的学习者在外语学习过程中的错误做了仔细的研究和分析，认为很多错误源于对目的语的理解和消化不够全面。同时，他们指出外语学习的漫长过程是把目的语的规则内化的过程，这一过程又要经历很多阶段。学习者在学习过程中会使用一种既不是母语的翻译，又不是将来要学好的目的语，且具有系统性的过渡性语言进行交际。它介于母语和目的语之间，可称为"中继语"。中继语的使用会导致错误的发生，科德把错误归纳为以下三种类型。

（一）形成系统前的语言错误

此类错误源于学习者有了某种交际意图，但又未掌握表达这种意图的方式，只能从已知的语言素材中去寻找一些手段以仓促对付。

（二）系统的语言错误

处于内化过程中的学习者经常会出现系统的语言错误，此时系统规则已基本形成，但学习者并没有完整、透彻地理解这些规则。例如，学习者知道在英语中过去动作应用过去时来表示，并知道动词的过去时可由动词加－ed 构成，但不知道英语中有不少不规则动词存在，所以在交际中会使用诸如 corned，goed 等错误形式。

（三）形成系统后的语法错误

在学习者已经形成较完整的语法概念，但尚未养成习惯时，可能会出现形成系统后的语法错误。虽然学习者知道了英语过去时的所有形式，但是由于习惯还没有养成，因此还是会用 corned 来代替 came，用 goed 代替 went。

理查兹认为，学习者所犯的错误主要是由以下原因造成的。

第一，母语的干扰。

第二，教学不当或教材不当。

第三，学习过程中对一些规则的过度概括或应用不完全。

第三节　英语教学的基本原则

所谓教学原则，是指在一定的教学目标的指导下，根据教学规律，对教学展开指导的行为准则。当然，大学英语教学也需要一定的教学原则作为指导，且这些教学原则要与英语这门学科的特征相符合，同时需要与学习英语的学生特点相符合。随着大学英语教学的不断改革与发展，形成了很多与之相符的教学原则，本节对其进行总结与论述。

一、以学生为中心原则

无论是哪一门学科的学习，学生都占据主体的地位，是影响教学的内在要素。当然，大学英语教学也不例外。这就要求，教师在大学英语教学中应该坚持以学生为中心，将学生的主观能动性发挥出来，从而不断提升他们的英语学习质量与效率。

学生中心原则指的是在教学中根据学生的实际情况进行教学活动的设计与开展。具体来说，学生的实际情况包括以下几个要素。

第一，真实的学习目标。

第二，真实的学习兴趣。

第三，真实的学习动机。

第四，真实的学习机制。

第五，真实的学习困难。

在具体的教学实践过程中，教师应该在考虑上述因素的基础上，鼓励学生积极参与教学活动，在获得知识的体验下培养学生的语言能力、交际能力以及应用能力。

在以学生为中心的教学原则下培养出的学生能够感受到自身在英语教学与学习中的地位，从而以主人翁的态度进行英语学习，在学习上也会更加主动、积极。思辨能力的培养也应该以学生为中心展开，重视学生在教学和能力培养中的中心地位。

二、发展性原则

所谓发展性原则，是指确保所有学生的智力因素与非智力因素都得到应有的发展。这不仅是教学工作的初始阶段，也是教学工作的结束阶段，是对教学效果进行衡量的一项重要标准。

大学英语教学过程不仅是学生认知、学生的英语技能、学生的学习情感交互的过程，也是整个生命体的活动过程。因此，学生的发展可以视为一个生命体的成长过程，并且这一过程具有和谐性、多样性及统一性。要实现这一目标，需要做到如下三点。

第一，教师要对每位学生的成长予以关注，确保所有学生都能够得到发展。

第二，充分挖掘课堂存在的智力和非智力资源，并合理、有机地实施教学，使之成为促进学生发展的有利资源。

第三，为学生设计一些对智慧和意志有挑战性的教学情境，激发他们的探索和实践精神，使教学充满激情和生命气息。

思辨能力属于学生人文素养提升的重要组成部分，对于学生的整体素质发展有着重要的影响作用。在大学英语教学过程中，教师需要遵循发展性原则的要求，使学生的能力与素养得到切实提高。

三、综合性原则

大学英语教学还应该重视综合性原则，将语音、词汇、语法等知识进行交互教学，从而提高教学的实用性。具体来说，综合性原则指导下的大学英语教学应该重视以下几个方面的内容。

（一）整句教学与单项训练相结合

如前所述，大学英语教学的目标在于培养学生的语言运用能力，因此在教学中应该做到总分结合，即要对整句进行教学，也需要结合单项的训练。

当学生的语言知识达到一定的水准之后，他们就能够运用到日常生活与工作中，这样的运用也有助于学生语感能力的提升。也就是说，在大学英语教学中应首先开展整句教学，即先教授给学生一些简单的句子，当学生有了一定的积累之后，再教授复杂的句子，这时候需要将整句练习与单项训练结合起来。

（二）进行综合训练

语言学习并不是独立的，而是一个统一的、完整的整体，因此需要在教学中开展综合训练，即将听、说、读、写、译各项技能的教学结合起来。

在大学英语教学中，听、说、读、写、译几项技能的培养是教学开展的主要内容与路径，教师可以对学生的多项感官进行训练，保证五项技能训练的比例与数量，从而让学生逐步完成学习任务，提升学习质量。

（三）进行对比教学

众所周知，英汉语言之间存在明显的差异性，这就要求在大学英语教学中教师应该引导学生对英汉语言进行对比，通过对比，让学生发现二者在动植物词汇、人名、地名、称谓语、禁忌语等各个层面的差异性，并能准确地运用语言来进行写作与翻译，总之，通过对比教学，学生可以不断提升自身的学习效果。

四、以网络为手段原则

在大学英语教学中，还要将网络作为手段。在以网络为手段的原则中，还有很多细则，具体分析如下。

（一）多媒体呈现

众所周知，声音加图像的形式要明显比单独表述方式有更大的优势。因此，学生需要同时接受言语信息与形象信息，这比单纯接受单一的信息更有意义。例如，在英美文学的学习中，学生一边听解说，一边通过幻灯片、录像、动画等看到与材料相关的视频信息，其会比单独听录音、单独看文字材料更有效果。在这一环境下，学生能够同时建构两种心理表征——言语表征与视觉表征，并能够建立起言语表征与视觉表征之间的联系。

（二）时空同步

相关的言语信息与视觉信息往往出现在同一时空，而不是分散的或分别的，因此会更有利于学生接受和理解教学内容。例如，学生在了解自行车打气筒的工作原理时，如果一边听声音解说，一边观看动画演示就能够很容易让他们了解和把握。这就是所谓的"时空同步效应"。在这一环境下，相关的言语信息与视觉信息需要同步进入工作记忆区，便于二者建立联系。

（三）注意分配

在网络环境下，言语的呈现需要通过听觉信道，而不是视觉信道。例如，学生通过听解说、看动画来了解材料内容。当解说词与动画都以视觉形式呈现时，学生不仅要对动画信息加以注意，还需要对文字信息进行关注，因此会导致视觉负担加重，造成部分信息的丢失。但是，当文本信息和图像信息分别以听觉、视觉呈现时，学生可以在听觉工作记忆区加工言语表征，而在视觉工作记忆区加工图像表征，这就大大减轻了学生的视觉负担，从而均衡分配，利于学生对信息的理解和接受。因此，网络英语教学还需要坚持注意分配原则。

（四）个体差异

与基础好的学生相比，如上三条原则对于基础差的学生更有效；与形象思维差的学生相比，上述三条原则对形象思维好的学生更有效。因此，这些效应的产生都与学生的个体差异有密切关系。以网络为手段的大学英语教学中，应该坚持个体差异原则，注意区分学生的原有基础知识能力及形象思维能力，使存在差异的学生都能够实现最好的言语与图像的结合，从而获取所需英语知识。

（五）紧凑型

以网络为手段的大学英语教学需要坚持紧凑型原则，这样有助于言语信息与图像信息的应用。在网络环境下，学生接受短小精悍的言语信息和图像信息，其学习效果更好，这就是所谓的"多余信息效应"。

五、情感性原则

（一）以情施教原则

根据以情施教原则，教师为使情感与知识融合为一体，应在授课时引入积极的情感，从而实现以情促知，达到情知交融。因此，教师首先要将自己置于积极的情感之上，这样才能带动学生的情感积极性。

（二）寓教于乐原则

寓教于乐原则旨在让课堂教学活动在学生快乐的情绪下进行。这就要求教师在能够预测和把握好一切变量，使学生乐于接受、乐于学习。值得注意的是，教师应当把调节情绪作为课堂教学活动的一个突破口，而不能整节课都处于调节学生的情绪上，从而使学生的学习状态达到最佳的层次。

（三）移情原则

一个人对其他人或物的情感可以转移到与其有关的对象上，因此移情原则就是要使学生在学习的过程中得到情感陶冶。具体而言，英语教学中的移情一方面指的是教师的情感给学生情感带来的影响；另一方面教学内容情感因素也会对学生的情感造成影响，文章作者及文章中人物的情感都可能会感染到学生，因此教师应注意引导学生体会文章原作者写作时的情感，重视情感迁移，使学生在受到情感陶冶的同时学习语言知识。

第三章 英语教学模式

第一节 英语教学模式的基础认知

一、教学模式的界定

教学模式是用简要的语言、符号或图表等方式表达、反映特定的教学理论，并根据特定的教学目标而设计的、比较稳固的各类教学活动顺序结构的程序及其教学策略、教学方法系统的整合体。

从以上教学模式的概念我们可以看出，教学模式一方面是实施一种教学理论，反映了一种教学理论或教学原理和教学规律，规定了特定的教学目标和比较稳定的教学过程的结构、程序以及必须遵循的教学原则以指导教学实践；另一方面，教学模式也是具体实施操作的策略和方法，将教学策略、方法、教学组织形式和教学手段整合成一个具体完整的操作体系，以便教师能依据比较科学的操作程序、步骤、策略、方法和手段实施教学活动。因此，教学模式是一种既具理论性，又含操作性的典型形式，是介于教学理论和教学实践之间的过渡桥梁。它既可避免因理论高度抽象而难以理解和把握，又可防止因教学方法过于零乱、复杂、琐碎或不得要领而难以应用和实施。它既可使理论转化成具体清晰、准确、鲜明的几条原理，易于理解、把握、迁移和指导教学实践，又能使杂乱无章、琐碎无序的方式方法条理化、程序化、规律化、完整化、系统化和理论化，从而便于操作、应用和实施。

一种典型的教学模式不可能仅仅针对一个具体的知识点。一个知识点也难以构成一种教学模式来进行教学。教学模式是针对一类知识构建自身系统化的体系。因此，一个具体的知识点只有从属于某类知识时，才能以该类教学模式进行教学，如某项语法知识或语法知识中某一时态，都可以采用语法规则的教学模式进行教学。但仅仅是一个词或一个句子的个别或偶然的教学现象是难以产生或构建教学模式的。教学模式不可能在个别、偶然的教学现象中产生，而只能在一类知识或能力概括的、能揭示普遍规律的并可重复模拟标准化的教学活动中构成。作为模式是相对稳定的，但不是固定不变的。它在不同情境中是可把握、可模仿、可变动的，也是可修正和发展的，但是理论和结构体系本质上是稳定的。

教学模式要针对教学内容的不同领域、不同层次来构建，并具有理论性和可操作性。它既不能过于宏观和粗放，也不能过于微观和细化。教学模式过于宏观粗放就会缺乏针对性、操作性，使教师可望而不可即；而过于微观、细化、支离破碎，则会使教师无章可循。

二、教学模式种类

（一）建构主义教学模式

建构主义教学模式是在建构主义学习理论指导下建立起来的，是建构主义理论应用于课堂教学的教学模式。教师则是意义构建的帮助者和促进者。建构主义教学模式是指在教学过程中在教师指导下，以学生为中心，以探究为主要学习方式，利用情境、协作、会话等学习环境要素，充分发挥学生的主动性、积极性和首创精神，使学生有效地实现当前所学知识意义构建的教学程序及其方法策略体系。

（二）研究性教学理念

以建构主义为理论支撑的研究性教学是指学生在教师指导下，以类似科学研究的方式去主动获取知识、综合运用知识解决问题的一种学习方式。研究性学习与一般意义的科学研究具有一定的相似性，如在研究过程上两者都要遵循提出问题、收集资料、形成解释、总结成果这样一个基本的研究程序。

由于没有实质的教学内容，没有像高考这样重要的教学目标，大学英语的听说读写技能训练因而就变得枯燥又机械。只有研究性教学，才使大学英语教学第一次有了真正的教学内容，并且在完成项目的研究过程中，学生的外语能力在实践中得到了锻炼，学生的思辨能力、创新能力得以发展，学生的学习能动性从根本上得到了改观。

（三）人本主义学习理论

人本主义学习理论强调学习是一个情感与认知相结合的精神活动。在学习过程中，情感和认知是彼此融合、不可分割的两个部分。整个学习过程是教师和学习者两个完整的精神世界的互相沟通、理解的过程，而不是以教师向学习者提供知识材料的刺激，并控制这种刺激呈现的次序，期望学习者掌握所呈现知识并形成一定的自学能力和迁移效果的过程。要使整个学习活动富有生机、卓有成效，需要以学习者为中心，深入其内在情感世界，以师生间的全方位的互动来达到教学目标。

（四）后现代主义教学观

第一，他们主张学校的教学目的要注重学生各方面的发展，不强求每个受教育者都得到全面发展，要培养符合学生自己特点及生活特殊性的人，造就具有批判性的公民。

第二，后现代主义认为现代主义的课程观是不科学的、封闭的。多尔从建构主义和经验主义出发，吸收了自然科学中的理论，把后现代主义课程标准概括为4种原则，即丰富性、循环性、关联性及严密性。

第三，后现代主义认为教学过程是一个自组织过程。

第四，后现代主义的师生观认为，在传统的教学中，教师处于知识传授的中心地位，而学生处于被动和弱势的地位。师生关系中，教师从外在于学生的情景转向与情景共存，教师的权威也转入情景之中，他是内在情景的领导者，而非外在的专制者。

第五，后现代主义的教学评价要求实施普遍的关怀，着眼于学生无限丰富性发展的生态式激励评价，让学生充满自信，每个个体都各得其所，始终获得可持续发展的动力。

（五）学术英语教学理念

以学术英语为新定位的大学英语教学，既区别于以往的以语言技能训练为主的基础英语，也区别于大学高年级全英语的专业知识学习或者"双语教学"，当然也区别于英语专业学生所学的人文学科方面的专业英语。它是基础英语的提高阶段，即在学生掌握了一定的规则和词汇，达到了一定的水平后，为他们用英语进行专业学习做好语言、内容和学习技能上的准备，是在大学基础教育阶段为今后全英语专业知识学习打下基础的一种教学模式。

三、英语教学模式

英语教学模式与外语教育模式都能运用于英语课堂教学，很难清晰、明确地划分它们之间的界限。只是英语教学模式比较具体，常在课堂中运用，而外语教育模式主要体现在它的外语教学法体系性上。英语教学模式类型很多，这里仅举几个模式为例，具体的英语教学模式还可参阅陈述性知识、程序性知识和研究性学习等教学模式。

（一）布鲁姆的掌握学习模式

布鲁姆（Bloom）的掌握学习模式常用于各学科的课堂教学之中。我国英语课堂教学常把它作为单元教学模式来使用。

首先是制定单元教学目标，并按单元目标进行教学。单元教学结束后要进行一次单元形成性测验，以检查学生是否掌握规定的单元目标。如果检查发现学生未掌握单元目标，就应弥补知识缺漏，进行矫正学习，然后再进行第二次平行性测验，检查单元目标是否完成。掌握学习的主要特点是使大多数学生都能掌握规定的单元目标。

（二）坎特林的三个知识体系相结合模式

坎特林（Candlin，C. N.）把学习语言看作是语言形式、概念意义和人际关系的三个知识体系的结合模式。

1. 语言形式体系

是语言规则体系。它属于语言学范畴，包括语音学、语法学、词汇学和身势语言学。

2. 概念意义体系

是指语言表达意义的体系。它属于语义学范畴，包括意念、概念和逻辑关系。意念是指时空和数量等。概念是指客观事物本质特征在人头脑中的反映。逻辑关系是指事物间的比较、等同、因果关系等。

3. 人际关系

是指人们在用语言交际过程中对语言的解释。它属于语用学，包括语言事件、序列、规则和含义。

语言事件是指人们的一次交谈，如互相问候、打听消息和交换意见等，也包括两人说两句话以上的言语活动。它包括交际场所、参加者及其身份、传递的信息和谈话的基调及渠道等。

序列指两人交际时言语行为相互之间有一定的自然序列。

规则和含义指语言使用规则和教材内容等。它的特点是要求在交际过程中运用适当的语言形式，表达恰当的意义，进行交际活动。

(三) 哈伯德的学习交际模式

哈伯德（Hubbard, C. R.）的学习交际模式包括：

1. 亲近情感

亲近情感是指热爱、喜欢或其他情感等。

2. 现实

现实是指客观存在的事物。

3. 交际

交际是指两人之间思想与物质的交往。它的特点是要求学习者在客观事物情境中愉快地进行交际。

(四) 3P 教学模式

国外主要外语教学流派的共同点是按外语教学过程的特点把外语教学过程分成四个步骤：呈现、理解、操练和交际。如果把呈现和感知归纳成讲解，也可归纳成讲解、操练、运用三个步骤，即 presentation, practice 和 production，取其三个英语单词的第一个字母即组成 3P 模式。

1. 讲解

讲解是指教师呈现、讲解语言知识或语言材料。

2. 操练

实践是指操练语言知识或语言材料。

3. 运用

运用或产出、输出是指语言知识或语言材料的交际运用或在具体的情境中创造性地运用。

(五) CRA 教学模式

CRA 教学模式是指阐明和讲解语言（clarification and focus）、控制性地操练语言（restricted use of language）和真实运用语言（authentic use of language）三个步骤。

1. 阐明讲解语言

阐明、讲解语言是指阐明、讲解语言规则。

2. 控制性的操练

控制性地操练语言是指有控制性地操练语言规则以便通过操练巩固、掌握语法规则。

3. 在真实的情境中运用语言

在真实的情境中运用语言是指在真实的社会生活情境中创造性地运用语言。

初看 CRA 教学模式与 3P 模式大同小异，实际上它们之间存在两点区别。一是 CRA 是一个动态活动的过程，根据英语教学目标三个步骤可任意变换位置，CRA 或 RCA 或 ARC 模式都可以。二是 CRA 模式特别强调在真实情境中运用语言，这是交际语言教学所强调的交际能力。Scrivener 试图用 CRA 教学模式取代 3P 教学模式。

第二节　英语教学模式改革与创新

一、大学英语教学改革创新的方向与趋势

（一）传统大学英语教学的特征与局限

1. 教学目标定位模糊

我国传统的大学英语教学目标一直定位在基础英语。这种一成不变的基础英语定位，以及培养学生英语综合应用能力的教学目标，并没有实际的应用目的，不能帮助学生在今后工作和社会交往中有效地使用英语进行口头和书面交流的能力。因此，这样的教学目标的定位仍旧是含糊的，由于目标的笼统和不确定性，学生在大学里学习英语的过程是迷茫的，缺乏正确的指引方向。

2. 课程设置单一僵化

语言是文化的载体，是人与人之间交流思想的媒介，与英语紧密相连的还有其承载的政治、经济、社会、历史、地理、文化、科学、技术、学术、教育等方方面面的内容。传统的大学英语教学忽视了语言的这种重要功能，片面地、割裂地强调语言知识与技能的传授，将语言学习和语言承载的文化等实质内容割裂开来，造成语言学习的过程单调乏味，大大降低了学生学习英语的兴趣和积极性。

3. 教学模式简单保守

除了大学英语教学目标的定位不明确、大学英语课程设置单一之外，传统的大学英语教学模式也同样影响着学生学习英语的兴趣和动力，是造成英语学习成效低下的另一个原因。这种模式的优点是有利于教师主导作用的发挥，便于教师组织和监控整个英语教学活动进程，有利于系统地讲授语法、词汇等语言知识，也在一定程度上能发展学生的听、说、读、写等语言技能。但是，这种教学模式有一个严重弊病：由教师主宰的大学英语课

堂教学，忽视学生英语学习的主体作用，同时也将语言的学习与社会和文化隔离开来，降低了英语学习的趣味性和实用性，影响了学生英语学习的主动性和能动性的发挥，不利于培养学生实际综合运用语言的能力，也不利于培养具有创新思维和创新能力的人才。

（二）新形势下大学英语教学改革创新的走向

1. 重视确立新型的大学英语教学模式

由于计算机、多媒体和互联网的普及，可获得的教学资源愈来愈丰富，现代信息技术应用在教育和教学领域重要性日益为人们所认识。建构主义学习理论主张以学生为中心，强调学生是信息加工的主体，是知识意义的主动建构者；认为知识不是由教师灌输的，而是由学习者在一定的情境下通过协作、讨论、交流、互助等学习方式，并借助必要的信息资源由学习者主动建构的。很多高校在大学英语教学中都非常注重学生自主学习能力的培养，重视大学英语第二课堂的建设。

2. 在学分制下建立大学英语课程体系

传统的大学英语教学目标一直定位在基础英语，长期以来大学英语的课程设置都是基于对语法和词汇等语言基础知识的传授和对听、说、读、写等语言技能培养而设计的，造成大学英语课程的类型单一。在当前大学英语教学改革的过程中，很多大学不再把大学英语课程单纯地定位为一门语言基础课程，而是把大学英语课程的设置与实施素质教育的通识课程和培养专门人才的专业课程有机结合起来。

大学英语课程与其他通识课程和专业课程的结合是在学分制下进行的。在学分制状态下，由于实行了选课制，学生可以根据自己的能力、兴趣和需要比较自由地选择课程，自主制订学习计划，确定一个适合自己的课程体系表。大学英语课程通过与通识课程和专业课程的结合，摆脱了传统大学英语教学中英语课程设置单一的局面，既解决了大学英语的学分和学时不足的矛盾，又充分利用了语言兼有工具性和人文性的本质特点，为学生拓宽知识面、了解世界文化，提高人文素质和专业素养创造了有利条件。

目前，很多高校的大学英语教学改革都是从确定大学英语教学目标、开发和建设大学英语课程体系入手，并逐步形成了适合本校教学需要的、具有本校特色的大学英语课程体系。通常各高校将综合英语类和语言技能类的课程设置在大学一、二年级的基础阶段；语言应用类、语言文化类和专业英语类课程设置在三、四年级的高级阶段，这类课程通常和通识课程以及专业课程的学习结合起来开设；英语课程的学习采取必修课程和选修课程有机结合的形式，使不同层次的学生根据个人的兴趣和需要，在英语应用能力方面得到充分的训练和提高。

3. 实行大学英语分级教学和因材施教

我们在大学英语教学改革的过程中还应当认识到，外语教学的过程涉及许多变量的综合作用与影响，有认知因素，有心理因素包括年龄、性别、性格、情感，有社会因素，有教育因素。这些变量交织在一起并相互影响、相互作用，使外语教学的过程变得极为复杂，使英语学习者的学习过程和结果呈现巨大差异。

目前很多高校根据因材施教的原则，结合本校外语人才培养的具体目标，在大学英语教学中实施了分级教学。具体而言，学校通常会在新生入学时在全校范围内进行新生英语分级考试，这是实施大学英语分级教学的必要步骤和重要依据。实施分级测试的主要目的是根据学生的测试结果按程度进行分班，以便之后的教学内容和进度的安排，使不同英语水平的学生进入不同的英语课程和教学班级进行学习。根据分级考试成绩，五种不同语言水平的学生分别进入外文系开设的不同层次、不同类别的学术英语系列课程，以及英文素质提高课程，以培养学生国际学术交流能力，提升语言相关的人文素质，培养和提高自主学习能力，支撑专业英语学习。实施分级教学，既可以结合学生的语言水平和兴趣及需要进行因材施教，同时也有利于提高教学效率，优化教学环节，实现人才培养的个性化目标。

4. 重视大学英语教材体系的研究和开发

随着大学英语教学改革的深入和推进，大学英语教材体系也发生了翻天覆地的变化。英语教材在内容和形式上更新颖、更先进，而丰富多样的英语教材在推动大学英语课程改革方面发挥了重要作用。

大学英语教学改革使得教材格局逐步向开放和自由的方向发展，教师和学校在教材的编写、选择、使用等方面拥有更多的自主权。新的教材制度和格局对广大英语教师和英语教学研究者来说既是机遇又是挑战。

5. 注重改革和完善大学英语测试与评价体系

从大学英语教学整个过程看，健全和完善的大学英语测试和评价体系应该包括起始性、形成性和终结性评价。目前，很多大学已经意识到终结性评价的不完整性，如忽视学生的学习过程以及他们日常的学习行为表现。由于终结性评价方式是以考试成绩作为最终评价标准，这无疑在某种程度上强化了分数的作用，使得相当一部分学生学习英语的动机和目的就是为了升学或考试。这种工具型的学习动机，显然不易激发学生学习英语的积极性和持久性。

6. 重视大学英语师资队伍的建设

教师是教育教学改革的重要媒介，是改革成败的关键因素。优秀的外语教师是外语学习环境下培养优质外语人才的根本条件。有了好的教师，课程可以改革，教材可以更新，教法可以调整，学生可以快速进步，没有合格的教师，先进的教学理念也会在执行中走形，精品教材也会成为应试的工具，学生的学习兴趣和动力无法保持，最终成为应试教育的牺牲品。

二、大学英语教学模式改革创新的理论基础

（一）建构主义理念及其教育理论

1. 建构主义学习理论的不同取向

（1）激进建构主义

激进建构主义有两条基本原则：首先，知识不是通过感觉被个体被动地接受的，而是由认知主体主动地建构起来的，建构是通过新旧经验的相互作用而实现的。其次，认识的机能是适应自己的经验世界，帮助组织自己的经验世界，而不是去发现本体论意义上的现实。激进建构主义者相信，世界的本来面目是我们无法知道的，而且也没有必要去推测它，我们所知道的只是我们的经验。激进建构主义以这些思想为基础，深入研究概念的形成、组织和转变，其研究之深入是各家建构主义中独一无二的，但这种建构主义主要关注个体与其物理环境的相互作用，对学习的社会性的一面则重视不够。

（2）社会建构主义

与激进建构主义不同，社会建构主义是以维果茨基的理论为基础的建构主义，以鲍尔斯费尔德和科布为代表。它也在一定程度上对知识的确定性和客观性提出了怀疑，认为所有的认识都是有问题的，没有绝对优胜的观点，但它又比激进建构主义稍温和。在此过程中，语言等符号具有极为重要的意义。学习者在自己的日常生活、交往和游戏等活动中，形成了大量的个体经验，这可以叫作"自下而上的知识"。在人类的社会实践活动中则形成了公共文化知识。在个体的学习中，这种知识首先以语言符号的形式出现，由概括向具体经验领域发展，所以也可以称为"自上而下的知识"。

（3）社会文化取向

社会文化取向与社会建构主义有很大的相似之处，它也受到了维果茨基的影响，也把学习看成是建构过程，关注学习的社会方面。但它又与后者有所不同，它认为心理活动是与一定的文化、历史和风俗习惯背景密切联系在一起的，知识与学习都是存在于一定的社会文化背景中的，不同的社会实践活动是知识的来源：个体以自己原有的知识经验为基础，通过一系列的活动，解决所出现的各种问题，最终达到活动的目标。学习应该像这些实际活动一样展开，在为达到某种目标而进行的实际活动中，解决遇到的实际问题，从而学习某种知识。

2. 建构主义教学理论

（1）教学观

由于知识的动态性和相对性以及学习的建构过程，教学不再是传递客观而确定的现成知识，而是激活学生原有的相关知识经验，促进知识经验的"生长"，促进学生的知识建构活动，以实现知识经验的重新组织、转换和改造。基于建构主义的观点，研究者提出了许多新的教学思路，如情境性教学、支架式教学以及合作学习等，这些教学模式对数学、科学和语言等领域的教学实践产生了巨大影响。

（2）教学原则

建构主义理论强调以学生为中心，不仅要求学生由外部刺激的被动接受者和知识的灌输对象转变为信息加工的主体、知识意义的主动建构者。建构主义理念下的教学原则可以概括为以下几个方面的内容：其一，在课堂教学中使学习任务与日常活动或实践的内容一致，使学生感到教师学习中的问题就是他们本人的问题；其二，精心设计支持和激发学生学习的情境和学习环境，使学生在学习结束后能解决相似的环境下出现的问题；其三，给予学生解决问题的自主权，教师的作用是激发学生的思维，培养他们独立解决问题的能力；其四，支持学生对学习内容与学习过程进行反思，培养怀疑和批判的能力，鼓励学生在社会背景中检测自己的观点，发展学生自我管理的能力，促使学生成为自主的学习者。

（3）教学设计

①强调学生的主体地位

建构主义强调以学生为中心，认为学习过程要充分发挥学生的主体性、主动性和创造性。因此，教师在教学中要创造机会，安排时间让学生进行深入探讨，不断修正自己对问题的认识，引导学生运用他们现有的知识和技巧去思考问题，解决问题。

②强调知识意义的主动建构

建构主义教学理念反对把学生看成是知识的被动接受者，反对以讲授为主要形式的传统教学方式，强调学习者对知识的主动建构。

③强调学习情境的创设

建构主义认为知识的意义建构不可能凭空产生，它是以丰富的学习情境为载体，情境教学能启发学生利用自己已有的知识结构中的经验去理解、同化和建构新的知识，赋予新的知识以某种意义。当原有经验不足以同化新知识时，更需要创设新的学习情境，令学生能对原有的认知进行改造与重组，以顺应认知结构，完成新的知识意义的建构。

④强调学习者之间的协作和会话

建构主义教学理念认为，学生与学习环境的交互作用，对于学习内容的理解起着关键的作用。这种交互作用包括学生与情境、学生与教师、学生与学生之间的互动。在教学过程中要注意营造合作学习的环境，让整个学习群体包括老师和每一位学生共同完成所学知识的意义建构，调动每一位学生的积极性和主动性，高效率地完成教学内容，这对学习技能较弱的学生尤其起到很好的激励作用。

（二）任务型语言教学

1. 任务的本质含义

任务与传统的"练习"或通常意义上的"活动"究竟有什么样的本质差别呢？第一，任务具有目的性。这里的"目的"具有两重性，一是任务本身所包含的非教学目的，二是任务设计者所期望任务参与者达到的教学目的，而练习通常只具有教学目的。第二、任务通常会产生非语言性结果，而练习总是产生语言性结果。第三，任务具有开放性。这就是说任务的履行并非有一套预定的模式或途径，或者会达到统一的结果。完成任务的途径，以及应用的语言都是可以选择的、不固定的、非限制性的。第四，任务具有交际性或互动性。任务通常是集体性和合作性活动，任务的履行通常以交际或互动的方式进行，这种互动可以是学生与学生之间、学生与教师之间、学生与输入材料之间的双边或多边互动。

任务型教学认为，以功能为基础的教学活动中有许多活动并不是来自真实生活，因此最多只能称其为"准交际"活动，而要培养学生在真实生活中参与和完成真实的生活任务。

2. 任务型教学的基本要素

（1）目标

如同日常生活和工作中的任务一样，教学任务首先具有目的性，也就是说，它应该具有较为明确的目标指向。作为促进学习的教学任务，教师应该更多地关注它的教学目的。任务型语言教学中的活动通常是由一系列"子任务"组成，它们是彼此联系、有机衔接的，紧紧围绕一个统一的目标而设计和实施，所有任务的设计和安排要能保证最终实现任务的终极目标。

（2）内容

任务的这一要素可简单地表达为"做什么"。任何一个任务都需赋予它实质性的内容，任务的内容在课堂上的表现就是需要履行的具体的行为和活动。设计任务的具体内容时，要特别注意任务的繁简程度和难易程度，过于简单或复杂都不利于任务的操作，也直接影响学生的兴趣和参与程度。

（3）程序

指学习者在履行某一任务过程中所涉及的操作方法和步骤，在一定程度上表现为"怎样做"。它包括任务序列中某一任务所处的位置、先后次序、时间分配等。在设计和实施任务的过程中，一是要保证同一个任务的不同步骤和活动，最好用不同的形式，使学生有机会自主的选择活动方式，避免学生感到枯燥乏味；同时，要严格控制每一个任务完成的时间，以合理高效地分配有限的课堂教学时间。在实际的教学中，尤其要避免时间的安排出现前紧后松的问题。

（4）输入材料

所谓输入材料是指履行任务过程中所使用或依据的辅助资料。输入材料可以是语言的，如新闻报道、旅游指南、产品使用说明、天气预报等；也可以是非语言的，如一叠照片、图表、漫画、交通地图、列车时刻表等。在任务设计中，通常提倡准备和提供这样真实自然的材料，使任务的履行更具现实意义和可操作性，提高学生的学习兴趣和动力，使他们积极参与到任务中来，更好地实现预期的教学目标，提高教学成效。

（5）教师和学习者的角色

在任务型语言教学中，教师则在设计任务、布置任务、提供学习材料、监控任务、提供帮助等方面起着非常重要的作用。在任务设计过程中，要为教师和学生进行明确的角色定位，促进任务更顺利有效地进行。

（6）情景

任务的情景要素指任务所产生和执行的环境或背景条件，包括语言交际的语境，同时也涉及课堂任务的组织形式。在任务设计中，应尽量使情景接近于真实，以提高学生对语言和语境之间关系的意识。情境的真实性，有利于使任务接近或类似现实生活中的各种活动。情境真实性以及连带的人物真实性，其目的是为了帮助学生能够运用所学的语言知识和技能完成现实生活中的各种事情，使学习本身具有现实意义。

三、大学英语教学模式改革创新的探索与实践

（一）建构主义理论在大学英语教学中的应用

1. 建构主义理论在外语教学中的运用

建构主义的理论基础是在半个世纪以前由皮亚杰（Jean Piaget）和维果茨基（Lev Vygotsky）等学者奠定，它是在研究儿童认知发展基础上形成的全新的学习理论，基于建构主义正在形成全新的教学理论。20 世纪 90 年代以后这种理论开始在世界范围流行，并产生日益扩大的影响：一般认为，建构主义之所以在当代兴起是与多媒体与网络技术的逐步普及密切相关。以学生为中心，强调的是"学"；以教师为中心，强调的是"教"。这正是两种教育思想、教学观念最根本的分歧点，由此而发展出两种不同的学习理论、教学理论和教学设计理论。通过建构主义理论的正确指导，确实可以有效地培养青少年的创新精神、创新能力与合作精神；而创新精神、创新能力与合作精神恰恰是 21 世纪所需人才应当具备的最重要的素质，这点已成为当前国际教育界的共识。

建构主义认为，知识不是通过教师传授得到，而是学习者在一定的情境即社会文化背景下，通过在学习过程中的交流，获取其他人的帮助，利用必要的学习资料，通过意义建构的方式而获得建构的过程发生在与人交往的环境中，是与人互动的结果。它反对简单的知识传授，强调从学习者的自身经验和背景出发，建构对客观事物的主观理解和认识，重视学习的过程。

2. 建构主义理念下大学英语教学设计的方法

（1）教学目标的分析与确立

在大学英语教学活动中，困扰英语教师的一个主要原因是教学目标不够明确。教师在备课的过程中发现，教学材料中的语言点纷繁芜杂，不知如何确定教学重点。需要教师在国家相关的课程要求、学校特定英语课程总的教学目标和各个教学单元的具体教学目标之间架起一座桥梁，结合教学材料的具体内容，为每个单元确立明确而细致的教学目标。

（2）教学中情景的构想与创设

建构主义认为，学习总是与一定的社会文化背景即"情境"相联系的，在实际情境下或通过多媒体创设的接近实际的情境下进行学习，可以利用生动、直观的形象有效地激发联想，使学习者在头脑中激活已有的知识体系，并能利用自己原有认知结构中的有关知识与经验去同化当前学习到的新知识，赋予新知识以某种意义。

（3）语言信息资源的选择与设计

在大学英语教学活动中，语言信息资源的设计指的是：确定与语言学习相关的主题所需信息资源的种类，以及每种资源在学习特定主题过程中所起的作用。对于应从何处获取与特定主题相关的信息资源，采用何种手段、方法去获取，以及如何有效地利用这些资源等问题，如果学生确实有困难，教师应及时给以帮助和指导。

（二）建构主义理念下大学生英语自主学习能力培养的理论与实践

1. 建构主义理念下自主学习能力的内涵与特征

（1）自主学习的定义

自主学习是能负责自己学习的能力。从传统的以教师为绝对的主导，到如今更加看重学生自身在教学过程中的作用，以学生为中心的教学理念得到了越来越多的关注和实践。课堂教学不再是教师的一言堂，学生也开始在一定程度上掌控自己的学习过程，教师与学生的权力与角色获得了重新分配。自主学习注重内因在学习过程中的作用，强调学习者利用学习机会的能力，其积极效果已在不少研究中得以证实。在自主学习中，教师更像是教学活动的设计者、组织者和指导者，更多地起着引导的作用。虽然是以学生为中心，但教学活动的设计、开展、评估等都必须在教师的组织和指导下进行，只有教师发挥了应有的作用，才更可能获取较好的教学效果。

（2）建构主义理念下的自主学习

建构主义不鼓励被动接受信息的灌输，而认为在问题情境下进行学习会产生更好的效果，主张学生化被动为主动，化消极为积极，提高知识探索能力，积极参与到自己的学习过程中，通过不断的意义建构来取得获取新知识的目的。可针对教学目标及内容对任务活动进行设计，该任务应具有一定的启发性，能够引导学生对某话题进行深入思考。教师只负责任务的设计和实施，而问题的解决则要依靠学生自己的努力。教师在此过程中要对任务的设计进行周全地思考，对任务活动的走向及学习效果有一定的预判。任务中的待解决问题应能鼓励学生积极思考，锻炼其解决问题的能力。

就我国的大学英语教学而言，在建构主义理念指导下的英语自主学习应如下所述：学习者依照既定的学习计划，运用一定的学习策略，努力实现学习目标的学习过程，且在此过程中达成知识的建构，最终获得语言水平的提高。这里所说的学习目标并非特指教师所指定的学习目标，也可指学生为自己设定的目标。

2. 建构主义理论下自主学习能力培养的原则与方法

（1）自主学习前提下的教学要求

虽然自主学习更为强调学的重要性，但并不是说教师可以当甩手掌柜，将学习的重任完全交给学生，任由其发展。事实上，教师在自主学习过程中的重要作用不可小觑，但应注意功能的转变。传统课堂主要是教师的一言堂，其功能主要是传递知识信息，如今教师应转变思维，将引导、协助学生自主学习视为自己的主要任务。不再是将现成的知识信息呈现给学生，而是鼓励、帮助学生自己去进行知识建构。

（2）培养自主学习能力的教学方法

在协作学习中，学生们彼此协商，共同努力解决问题，"多种不同观点的碰撞与交流有利于培养学生的辩证思维、发散思维"。这种学习方式显然更有利于学习者充分发挥自己主动性和创造力，促使其完成角色的转变，为更深层次的自主学习打下基础。但是，应注意避免自主学习的理解误区，自主学习并不等同于自我学习，不需要抛弃教师的指导或同伴的协助而独自进行学习活动。

第三节 英语教学模式与课程建设

一、大学英语的教学模式的实践

（一）任务型教学模式下学生自主学习能力的培养

1. 任务型教学模式的含义及特点

（1）任务型教学模式的含义

任务型教学是当前交际法发展而来的。它是 20 世纪 80 年代外语教学研究者经过大量研究和实践提出的一个具有重要影响的语言教学模式，该模式是 20 年来交际教学思想的一种发展形态，它把语言运用的基本理念转化为具有实践意义的课堂教学方式。该模式提倡"意义至上，使用至上"的教学原则，是一种以人为本，以应用为动力、目标和核心的教学途径，要求学习者通过完成任务，用目标语进行有目的的交际活动。

（2）任务型教学模式的特点

任务型教学模式是交际法的一种新的形态，是交际法的发展，而不是交际法的替代物；任务型教学强调教学过程，力图让学生通过完成真实生活任务而参与学习过程，从而让学生形成运用英语的能力；任务型教学虽然强调学生运用英语进行交际的能力，但从更广泛的层面强调培养学生综合运用能力；任务型教学强调以真实生活任务为教学中心活动，修正了以功能为基础的教学的活动中存在的真实性不足的问题；任务型教学要求教学活动要有利于学习者学习语言知识、发展语言技能，从而提高实际语言运用能力。

2. 任务教学模式的可实施性

（1）教学内容的设定

在英语教学中首先要设定任务的目标，即通过让学习者完成某一项任务而希望达到的目标。它可以是培养学习者说英语的自信心，解决某项交际问题，也可以是训练某一写作技巧等。其次输入材料必须具有真实性，应以现实生活中的真实交际为目标，使学习者在一种自然、真实或模拟真实的情景中体会语言，而不是局限于教材。再者要根据教学材料设计相应的多种教学活动。

（2）任务设计的原则

首先任务的设定要具有真实性和功能性。在任务设定中所使用的教学输入材料应来源于真实的生活。学习者在学习英语的过程中普遍存在着语言脱离语境，脱离功能的现象，即学习者可能掌握了语言不同的拼写形式和相应的含义，但不能以适当的形式得体地表达意义和功能。而任务设计的原则是在真实性原则的基础上将语言形式和功能的关系明确化，让学习者在任务履行中充分感受语言形式和功能的关系，以及语言与语境的关系，从而增强了学习者对语言得体性的理解。

教学任务的设定要具有实用性、可操作性和趣味性：英语课程不仅应打好语言基础，更要注重培养实际使用语言的能力，特别是使用英语处理日常和涉外业务活动的能力。因此在任务设计中要避免为任务而设计任务，任务设计者要根据学习者的专业特点和他们将来就业方向的特点来设计教学任务，并尽可能为学习者的个体活动创造条件，利用有限的时间和空间最大限度地为他们提供互动和交流的机会，从而达到预期的教学目的。任务型教学法的优点之一就是通过有趣的课堂交际活动有效地激发学习者的学习动机，使他们主动参与学习。

3. 任务型教学法的基本原则与教学过程

任务型教学法是指将任务置于教学法焦点的中心，它视学习过程为一系列直接与课程目标联系并为课程目标服务的任务，其目的超越了为语言而练习语言，即一种将任务作为核心单位来计划、组织语言教学的途径。任务型教学法的五条原则：

第一，真实性原则；

第二，形式—功能性原则；

第三，任务相依性原则；

第四，做中学原则；

第五，脚手架原则——给学生足够的关注和支持，让他们在学习时感到成功和安全。

任务环阶段包括任务、计划和报告。学生以结对或者小组活动的形式完成任务，教师不直接指导。学生以口语或者书面的形式在全班汇报他们是怎样完成任务的，他们决定了或发现了什么，最后通过小组向全班汇报或者小组之间交换书面报告的形式比较任务的结果。

任务型教学的倡导者认为，掌握语言的最佳途径是让学生做事情，即完成各种任务。当学习者积极参与目的语的练习时，语言也被掌握了。任务型教学追求的是给学生提供大量的、尽可能丰富的内容，让学生明确自己的学习目标，并在交际过程中，合理分配注意力，从而使语言得到持续、平衡的发展。

4. 任务型教学法的优缺点

（1）任务型教学法的优点

任务型教学法是对交际法批判式的继承与发展。交际法采用功能—意念大纲来确定教学内容和目标，而任务型教学法以任务为核心计划、组织教学，制定任务大纲，以任务的完成为教学目标。选择与生活相关的交际任务能够为学习者创造接近自然的语言学习环境，促进完成任务过程中学习者之间的互动、意义协商，并提供大量的语言输入、输出和验证假设的机会，这本身就能够甚至足以推动学习者语言能力的发展。

任务型教学法从人的发展角度设计教学任务。任务教学法以任务为分析单位，编制大纲、实施教学，通过任务使语言系统与语境联系起来，把教学的重心从形式转移到意义上来。学生通过组织语言、使用语言去寻求答案、解决问题、完成任务。任务型教学法体现了沟通与合作、真实性、关注过程、重视学生主体性参与、学用结合等特点，毋庸置疑，它是外语教学法又一次巨大的进步与创新。

（2）任务型教学法的缺点

任何一个教学法流派都是得失同在，任务教学法也存在着不足以及许多有待解决的问题。首先，任务教学法的理论依据主要是第二语言习得理论，强调语言学习的重点应放在意义上。语言形式虽然也受到一定的关注，但处理语法的方法主要由教师根据主观经验做出判断，是随意且缺乏系统性的。其次，任务的选择、分类、分级与排序还存在不少的困难，更谈不上达成共识。

（二）内容型教学模式在教学中的应用

1. 内容型教学法的基本原则

（1）教学决策建立在内容上

语言课程的设计者和教材的编写者在设计阶段面临的两个问题就是内容的选择和排序。在传统的教学方法中，不少方法如语法翻译法、听说法，它们通常按照语法的难易程度编写：如一般现在时比其他时态更容易学习，在教材的编写和教学中自然处于优先学习的地位，根据此原则编写的教材和教学把容易学习的内容放在初学阶段。

（2）整合听说读写技能

以往的教学法常常以分离的、具体的技能课如语法课、写作课、听说课的形式进行教学。内容型教学方法试图在整合听说读写四项基本技能的同时，将语法和词汇教学包含于一个统一的教学过程之中。由于语言交流的真实情景，以及语言的交互活动涉及多种技能的协同，派生了这项教学原则。

（3）教学的每一个阶段都要求学生积极的、主动的参与

自交际法产生以来，课堂的中心从教师转向学生，"做中学"成为交际语言教学的基本原则之一。任务型教学是交际法发展的分支，它强调学生应在完成任务的过程中进行探索性、发现性的学习。在课堂的交互学习、意义协商和信息收集以及意义建构的过程中，学生承担着积极的社会角色。在内容型语言教学中，学习者可以承担多种角色，如接受者、倾听者、计划者、协调者、评价者，等等。

（4）学习内容的选择与学生的兴趣、生活和学习目标相关

内容型教学法的内容选择最终决定于学生和教学环境。教学内容通常与具体的教学和教育环境中的教学科目平行进行。因此，在中学阶段，外语教学内容可以来自学生在其他科目如科学、历史、社会科学中学习的内容。由于对于哪些内容是学生普遍感兴趣或者直接相关的很难确定，教材的编写者、使用者都很难把握这一条原则。但是，由于每个内容单元的教学时间长，教师有大量的时间和机会把课程内容与学生的兴趣以及他们已经具备的知识结合起来。因此，让学生对所选内容感兴趣是内容型教学理论实现的重要基石。

2. 内容型教学法的特点

首先，内容型外语教学法的主要特点在于对"内容"的强调和利用。"内容"可以满足语言教学多方面的目的。一方面，它为外语课堂教学提供极其丰富的教学情景，教师可以利用这些内容呈现、解释语言的具体特征。另一方面，实验证明，富有挑战性的"内

容"是语言习得成功的基础。把内容输入置于特殊的地位是当前内容型教学法普遍实践或实验的趋势。

其次，内容型的内容教学法的内容选择不以教学课时为基本单位。通常一个单元的内容都会超出单个课时。事实上，内容型语言教学的教学内容单元往往长达几周课时，甚至更长。

3. 内容型教学法的教学模式

（1）主题模式

主题模式通过主题形式来组织教学。这些主题内容主要来自学生学习的其他科目，或者与他们的兴趣和生活密切相关的内容，主题教学是为了实现教学内容、教学方法的突破，解决外语教学中长期难以解决的矛盾。

实现学生跨文化交际能力的全面发展。在以主题为中心的外语学习中，学生获得了丰富的有关社会、文化和交际方面的知识；在完成围绕主题、话题的交际任务中，学生提高了听、读、写为基础的跨文化交际能力，培养了自身的素质，发展了个性；在自主性的学习中，学生找到了自我价值，实现了自我的超越。外语教学以主题为线索，按主题——话题——细节步骤，使学生逐步建立较为完整的反映主观与客观世界及社会交际需求的知识系统。

（2）附加模式

附加模式是指语言教师和学科内容教师同步教授相同的内容教学，但是他们的教学重点和教学目的不同。语言教师的教学重点在于语言知识，完成语言教学目标；而负责学科内容的教师重点在于学科内容的理解上。在英语教师的课上，学生的主要任务是通过对富有挑战性的内容的理解和吸收，从而较快地理解难度较大的内容，并在语言教师的指导下，快速学会语言。

（三）整体化教学法在英语课堂教学中的应用

1. 导读

导读好比那种介绍背景、人物故事情节以至高潮的电影预告节目，能使学生对阅读的内容有个预先的了解，从而提高理解能力。英语教学中必须注意它的文学性。知识是能力的基础：一个人的知识越丰富，那么他的思维就越活跃，创造能力就越强，阅读能力也会得到相应的提高。

2. 阅读

在整体教学实践中我们采用了四步教学方法：即指导好课前课文预习；反复阅读整篇课文，逐步加深理解课文的内容；学习课文的语言结构；运用课文的语言结构。这四个步骤是一个整体，相辅相成，抓住整体求侧面。

3. 叙述

（1）模仿叙述

任何创造均始于模仿，模仿叙述是创造叙述的准备。通过叙述有助于学生理解课文、丰富词汇和提高口头表达能力。

①摘要叙述。启发学生寻找课文中的主题句、关键词，抓住材料的主要内容编写读书提纲。

②详细叙述。变动课文顺序，添加适当词汇，模仿课文作详细叙述，在此基础上对课文作理解性背诵。

③简略叙述。控制叙述节数，浓缩课文内容，限制所学词汇，对课文作概括性叙述。

（2）创造叙述

创造叙述是叙述的高级阶段。引导学生在叙述中联想，在叙述中创造，启发学生突出作品的关键，发展故事情节。采用的方法有拟人化法、改换体裁法、分配角色法、变换人称法、综合法等。

4. 讲评

教师在批改作业中应该养成这样一个习惯：罗列学生的错误，归纳错误类型。然后展示给学生，引导学生自己纠错。归纳起来有：

（1）选择改错

给学生一组似是而非的答案，让学生加以辨析，而后选择正确答案。

（2）综合改错

罗列学生知识上的错误，而后边评述边做小系统的概括和复习。

（3）比较改错

列举几个正确答案，启发学生找出更为合理、更为科学的答案。

导读、阅读、叙述和讲评是贯彻整体教学法的四个重要环节。把课文作为一个整体来教，这是符合学校情况的教学方式，我们通过符合学情的教学方式进行系统的控制，可以取得最优的教学活动效率。

二、课程建设发展

（一）大学英语教材的编写原则

1. 人本性

作为教材编写指导原则之一的人本性，它有别于拟定编写大纲、划定选材范围、确定练习形式这些具体编写流程。它的着眼点在教材的服务对象：学生和教师编写过程中，要随时确保使用这套教材的学生和教师利益的最大化。比如，教材的定价多少？定价是否合理？装帧是否既美观又耐用？是否需要配套使用备，如语言实验室、录像机、多媒体计算机等？

2. 真实性

尽管经济的发展推动了各层面的英语教学改革，高中毕业生的英语水平已得到很大提高，但是他们的词汇量多数还在 2500 左右。现在有许多读完了大学英语教程、通过了国家四级统考的学生，在阅读英语报刊、书籍、文件时，仍存在相当大的困难。他们反映所读的文章生词量大，结构难，毕业后读到的语言和以前书本上学到的语言好像不一样。为什么会出现这种情况呢？原因就是他们从课文中学习的语言不少是经过调整或修改过的，难句已改写，长句已缩短，大词已替换，非正规的表达法已改为正规的表达法，这种语言和外部世界的真实的语言当然有明显的区别。

3. 多样性

第一，文章题材多样化，社会生活的方方面面都要涉及。置身于这个迅速发展的社会，学生也有获取各种信息、接触各类题材的愿望，因为接触对外政策、法律、文化、教育、文艺体育、科技、能源交通、环境保护、城市建设、市场经济、金融外贸、旅游、医疗卫生、民族政策、家庭婚姻、青少年问题等题材的信息本身也是提高学生认知能力和词汇量的有效手段。

第二，体裁多样化。以说明文为主，叙述文、描述文、议论文都要有一定的体现。

第三，语域多样化，学术文体、新闻报道、典雅美文、俚俗游记、戏剧小说都应该有一点儿，尤其是口语体的文章，历来为我国大学英语教材所忽视，应该引起重视。

（二）大学英语课程资源建设

1. 课程资源的内涵及其分类

课程资源是相对于课程的一个概念。课程是按照一定的教育目的，在教育者有计划、有组织的指导下，受教育者与教育情境相互作用而获得有益于身心发展的全部内容。提到课程资源，人们会联想到学习资源、教学资源和教育资源。学习资源是指在教学系统和学习系统中，学习者在学习过程中可以利用的一切显现的或潜隐的条件。

按照空间标准分类的校内课程资源指学校内部的课程资源，如图书馆、自主学习中心这样的场所和设施资源，教师、学生、校园文明建设这样的人文资源，第二课堂活动、座谈讨论这些与教学活动密切相关的活动资源。校内课程资源是课程资源开发和利用的基础，是校外课程资源开发和利用的先决条件。校内和校外课程资源这种课程资源二分法随着互联网的出现遇到了问题。

按照物理特性和呈现方式划分的文字课程资源主要指教材这样的显性课程资源；实物课程资源有多种表现形式，与大学英语课程建设关系非常密切的有教学光盘、图书馆阅览室、语音实验室、同声传译室等；大学英语活动课程资源主要指为强化学生英语语言应用能力而开展的第二课堂活动。这些课程资源的利用能超越时间、空间、地点，而且快速、便捷，是学生开展学习的主要渠道，发挥着越来越重要的教育功能。

2. 大学英语课程资源建设的意义

（1）有利于促进教师教育观念的更新

广义的课程资源概念带来了全新的课程理念，教材不再是整个教学活动的中心，教师对学生的评价也不再以学生是否掌握了书本内容为准，而是基于整个教学活动的课程目标完成情况。全新的教学模式和评价标准不管对教师还是学生都是一种挑战。对教师而言，整个教学设计过程和实施都围绕教学活动是否有助于课程目标的完成，除了关注是否完成了教材上的教学内容外，更要思考如何高效开发大学英语课程资源，培养学生的自主学习能力，引导学生完成课程目标。

（2）有利于教师专业成长

接受新课程资源观熏陶的大学英语教师，不会再日复一日地重复使用相同的教材、教案和教学课件他们会紧跟时代发展的要求，更新自己的知识结构，不断加强对教学内容、教学活动设计、课堂组织模式、课堂评价方式等进行反思，以改进自己的教学风格，同时，大学英语课程教学资源的不断丰富，使得学生的自主学习成为可能，兴趣和爱好驱动着他们对教材进行深度加工的同时，不断拓展自己的知识面，将课堂上所学到的知识应用于实践之中，使得自己的英语语言应用能力得到迅速提高。

（3）有利于提高学生的综合素质

传统的大学英语教材旨在帮助学生加强英语基本功建设，不管是文章的体裁、选材的主题、选材的长度，还是课文的难度都是面向大众化学生，不会关注学校与学校间学生的英语水平差异、同一学校间学生的专业差异、学生个体的学习需求等因素。丰富的、个性化的课程资源的开发和利用不但是对原有教材内容的补充，也构成了第二课堂，与第一课堂开展联动，形成了较好的学习氛围，拓宽了学生视野，激发了学生的学习兴趣，最终促进学生思想、品德、行为、知识、能力和人格等的全面发展。

（4）有利于大学英语课程开发

大学英语课程资源种类繁多，形式多样，开发和利用过程中必须进行有序化管理，同时，系统的大学英语课程资源建设工作量大，不是一两天能完成的，短则几个星期，长则一两年。因此，需要分工协作由于该项工作能推进大学英语教师的专业化发展，教师们的付出不但能提高教学质量，随着时间的推移，还会产生浓厚的兴趣，不断地去深化这项工作，最终积累的资料越来越多，到一定程度，这些课程资源经过整理、加工、补充和完善，就形成了一门新的公共选修课程的雏形。

（5）有利于培养学生自主学习能力

大学英语课程资源的开发与利用，主要以课程目标的达成为根本出发点，以学生身心的完整和谐发展为终极目的。传统的教学将学生局限在课堂这一特定的场所，课程资源以教材为主，没有充分唤起学生的学习积极性、主动性和创造性。在新课程资源观下的大学英语学习模式中，学生学习的时空范围得以扩展，可随意选择丰富多彩、形声俱备、图文并茂的课程资源。学生成了学习的主体，他们自己决定英语学习的内容、时间、场所、进度、节奏以及学习质量的监控。

第四节　英语教学模式实践探索

一、以学生为中心充分运用情景式教学

课堂教学是教学的基本形式，其效果的好坏直接影响学生对语言的习得。基于学生需

求的教学目标决定了英语教学必须"以学生为中心"。教师要设计丰富多彩的课堂教学活动，根据不同的课程需求、不同学习者的语言水平，采用灵活多样的课堂学习任务，让学生"action learning"，提高学生的自主学习能力和参与能力，使教师成为学生的合作者。教师可以根据教学内容，创设出特定的场景，让学生通过看、听、说和角色扮演，再现课文所描绘的情景表象，使学生仿佛身临其境，充分发挥自己的想象力，强化训练，提高运用语言知识和获得语感的能力。通过会话训练、阅读训练、翻译训练，使学生能够承担一般旅游活动中的英语交流工作，翻译基本的英语材料，用英语介绍指定的旅游景点等。

二、利用多媒体技术创设岗位语言环境

多媒体技术还有利于学生学习兴趣的培养和听说读写综合能力的提高。语言交际能力的培养要求首先有大量真实语言材料的输入，再通过反复操练和实际运用，逐渐转化成学习者内在的语言能力。英语教学听说读写技能的培养，离不开大量的语言输入和一定强度的技能训练。教师可以设计教学模拟软件，创设学生目标岗位的实际环境，在多媒体上虚拟实际工作环境中的操作情景。利用先进的多媒体技术，让学生模拟实习各种商务活动，熟练掌握导游解说技巧和进行各项专业语言训练，从而达到良好的教学效果。教师还可以利用多媒体教学，给学生播放国外旅游的导游过程，让学生来翻译一些简单的句子，通过听说练习，大大提高了学生的学习热情。

三、结合专业英语提高课堂教学效率

大学英语教学与专业英语教学应是彼此融合、互相渗透的，教师在课堂教学过程中要有意识地将基础英语教学与专业英语教学相结合。根据专业特点和就业需要，指导学生优化学习方法，掌握英语应用的能力，引导学生在实践中去发现问题、分析问题、解决问题。使学生从被动地接受单纯的理论知识转变为主动运用理论知识和学习方法来提高英语应用能力。在教学句子长、结构复杂的专业英语时，也可按基础英语的分析模式来分析、简化句子结构。教师还可以要求学生注意观察生活，收集身边出现的一些产品说明书或英文介绍，教师在课堂上进行讲解，并让学生进行场景模拟。

第四章　英语课程体系构建

第一节　英语课程资源建设

一、大学英语课程资源建设的影响因素

（一）学生特质

学生的英语水平和学习条件具有很大的差异。在学习英语的动机方面，有为应付课程考试拿学分而学的，有为出国或求职而学的。在学习目标方面，有的定位在提高英语口语能力，有的却是为了提高读写能力，还有的是强化英语的综合运用能力。在学习主动性方面，那些为学分而学的学生多半是被动的学习者。在学习风格上，喜欢与人交往的学生希望几人在一块学习，有学习氛围；而喜欢安静的学生则属于独立型学习者，更倾向于独立学习，不想有人打扰。因为学生是教育的主体，课程资源开发的最终目的是促进学生的发展，而上述这些特质决定了资源开发和利用不能是一个模式，所以大学英语教师要有针对性地去开发适应学生知识、技能和背景的大学英语课程资源，必须在学生的"最近发展区"内选用相应的课程资源。由于大学英语学习群体过于庞大，要完全照顾到每个学习者的需求有一定的难度。因此，学生特质也是制约课程资源开发的一个因素。

（二）教师的课程资源开发能力

教师是课程资源开发的主体和基本力量，教师的能力、风格和课程哲学观等都会影响课程资源的开发。教学经验不是很丰富的教师，对教材的依赖就会大一些，他们开发的课程资源主要以知识为中心；而教学经验丰富、课堂教育能力强、善于沟通的教师，能随时从与学生的互动中捕捉学生在学习需求、学习动机、学习方式、学习能力、学习风格等方面的信息，加以利用，就可开发出相应的课程资源。在教学风格方面，注重知识传递的教师多半以文字类课程资源开发为突破口；而注重通过开展课堂活动来调动学生学习英语积极性的教师开发课程资源时，会把重点放在图文并茂、形象生动、气氛活跃的资源上。课程资源的开发和利用也会受到教师课程哲学观的制约，具有不同课程哲学观的教师选用课程资源的多样性会出现差异。把课程作为学科的教师，会侧重于开发文本型课程资源；把课程作为学生的学习经验的教师，会开发以学生为价值取向的课程资源，关注学生的知识需求、情感需求和问题需求等；把课程作为师生间对话的教师，会大量开发和使用动态的

课程资源。总之，在课程资源的开发过程中，教师会根据自己的能力、风格等加以考虑开发何种课程资源，而课程哲学观则潜移默化地影响着教师对课程资源的选用。

（三）课程目标

课程目标指某门具体课程实施后期待的学生学习结果，它具有导向功能、控制功能、激励功能与评价功能，是课程设计和课程实施的重要依据。由于课程目标对课程资源的开发具有导向性，加上课程资源开发的深度和广度是一个人为因素，如果课程目标较高，开发的课程资源就会很丰富，反之，就会很贫乏。课程资源的开发和利用是课程设计和课程实施的重要环节，其开发水平与课程实施效果密切相关。课程资源的丰富性和适应性程度决定着课程目标的实现范围和实现水平，而课程资源的开发和利用又受到课程目标的制约和影响。

二、大学英语课程资源建设的原则和策略

（一）大学英语课程资源建设的原则

大学英语课程资源在建设的过程中应该考虑到方方面面的因素，这里我们仅就其中的几项原则做重要说明。

1. "以学生为中心"原则

所有大学英语课程资源的建设都是围绕学生的英语学习动机和兴趣而开展，为学生创造良好的学习氛围，为学生努力学好英语铺路搭桥。因此，不管是资源建设的决策和规划阶段，还是实施、检查和改进阶段，都要以学生的实际需求为出发点，不但要关注他们的知识类资源，还要关注他们的情绪类资源、问题类资源、错误类资源、差异类资源和兴趣类资源，尽可能让他们成为学习的绝对中心，成为知识意义的主动建构者，确保教材所提供的知识不再是教师传授的内容，而是学生主动建构意义的对象，媒体也不再是帮助教师传授知识的手段与方法，而是用来创设情境、进行协作学习和会话交流，即作为学生主动学习、协作式探索的认知工具。

2. 前瞻性原则

大学英语课程资源的开发与利用是与学生需求紧密相连的，受现有的课程和现实社会的实际需求推动。但从发展的角度来看，课程资源建设还要与未来社会的发展联系起来。只有这样，才能够帮助学生更好地把握未来社会的一些发展趋势。因此，建设者要具有前瞻性思维，密切关注社会的发展动态，注意吸收当前重要的、有影响力的、处于科技前沿的一些素材，在此基础上开发出对学生来说真正有用的课程资源，对学生加以引导，让他们逐步接受这些新东西，为学生以后的终身学习与可持续发展打下坚实的基础。

3. 开放性原则

开放性原则包括类型的开放性和空间的开放性。

（1）类型的开放性

指不管课程资源以什么类型存在。只要有利于教育教学，都可以加以开发利用。

（2）空间的开放性

指课程资源的地域性差异，不管它们是校内或校外、国内或国外，只要能有益于学生知识积累、能力发展、技能提高，都可以加以开发和利用。

知识经济是世界一体化的经济，资源的开放性原则是从地区到全球、从微观到宏观、从局部到整体，在不同层次上都要确立的一种基本原则。大学英语课程资源建设是一项长期的、系统的积累工作，随着教学改革的不断深入、社会的不断进步和教师专业化发展，已有的课程资源得到更新，新的课程资源得到添加，确保了课程的正常运转。在资源建设过程中，建设者要以开放的心态对待人类创造的所有文明成果，以开放的目光审视周围的事物。

4. 适应性原则

适应性原则在大学英语教学中体现为要依据学生语言水平确定语言内容、依据学生年龄特征确定资源形式、依据学生认知基础选择资源范围、依据教学与学习需要确定开发主题。除此之外，大学英语课程资源建设不但要考虑学生的共性情况，更要考虑特定学生的具体特殊情况。

在网络飞速发展的今天，内容丰富、形式多样的网络资源为开发大学英语课程建设提供了很大的便利，但是同时也为其开发和利用带来了一定的难度——迫使人们思考开发什么、以什么形式开发、开发到什么程度等问题。建设大学英语课程资源的目的是更好地服务于大学英语教学，无论在内容还是功能上都要充分考虑教育的需求，要遵守适应性原则，使教师、学生和其他教育工作者能方便及时地获取所需信息，实现资源的利用价值。因此，在筛选资源时，建设者必须了解用户需求，进行需求分析，即结合实际情况，从更加专业的角度对用户提供的需求信息进行科学的分析和表述，确定用户的需求热点和需求方向，做到量身定做或按需供货。

（二）大学英语课程资源建设的策略

1. 学生取向的课程资源建设策略

学生是一切教育教学活动的中心，因此课程资源建设以学生为取向是很重要的，这里我们主要介绍以下几种策略。

（1）关注学生的知识类资源

教学实践证明，要基于学生的实际水平开展教学，克拉申（Krashen）的"i＋1输入理论"也强调学生现有水平在知识摄取中的作用。为了开发出与学生现有水平相当的课程教学资源，帮助学生构建和完善自己的知识体系，教师应该对学生的实际水平展开调查和了解，在其基础上，设计出相应的教学目标、教学内容、教学活动、教学方法以及教学评估手段等。为了确保让学生通过努力就可以实现学习目标，而不是一次次令学生遭受会使之失去学习英语兴趣的挫折，可以采用适当拔高的方法。

（2）关注学生的问题类资源

课堂学习就是一个不断发现问题和解决问题的过程，问题是课程资源开发的源泉，解决对策是教学经验的积累和创新思维的结晶。问题与解决对策强化了师生互动，加深了师生对文本的深刻理解。

教学的最终目的是让学生获取相应的知识和技能，并且运用到实践中去。为了实现这一目的，师生在教学过程中不断重复着"引发问题——提出问题——解决问题——引发新问题——提出新问题——解决新问题"这一循环。在不断发现问题到解决问题的过程中，那些好奇心强、求知欲强的学生不但加快了自己积累知识、强化技能的步伐，还通过提问扩大了老师的教学内容，让老师去思考新的教学点，去重新组织教学活动。

（3）关注学生的情绪类资源

学生的情绪类资源是学生学习的动力系统。主要包括学生学习的兴趣、爱好、动机、态度、信心、情感、焦虑、个性、习惯等。这些非智力因素虽然不直接参加知识的认知和建构，但它们对学习活动有着启动、导向、维持和强化作用，极大地影响着学习活动的效果。课程资源建设的目标之一应该是让学生在学习过程中体验到成功，增强学生学好英语的信心，激发他们继续学习的积极性。

2. 教材取向的课程资源建设策略

目前，出版大学英语通用教材的一般都是国内知名出版社，像高等教育出版社、外语教学与研究出版社、上海外语教育出版社、清华大学出版社、复旦大学出版社。这些出版社具有多年大学英语通用教材的出版经验，拥有强大的教材编写队伍，除了推出纸质版教材外，还推出了配套的教师用书、学生练习册及答案、教师教学光盘，可以说对教师教学帮助极大。由于这些通用教材面向全国学生发行，不可能适合于所有学校所有学生，加之编写人员对《大学英语课程教学要求》有着不同的理解，选材也有着不同的偏好，而各学校有着不同的人才培养方案，因此，尽管这些知名出版社推出的教材本身已是经过筛选的课程资源，但是教师实施教学前还要充分调研本校学生的英语水平、学习动机、学习策略、学习方式、学习目标、学习计划，在此基础上对教材进行二次加工，透彻把握教材的重点、难点。将教材内容变为有利于学生发展的教学内容，寻找书本知识与现实生活和学生实际的联系，使教材的价值在教师的创造性使用过程中得到体现。

对同一本教材的内容，每个人的感受也是不同的，因为人的知识结构和社会阅历都会对他们的认知产生很大的影响。对于非英语专业的不同年级的学生来说，同样一篇课文，他们会有完全不同的理解。如果要他们在教师的帮助下对这篇课文进行深度挖掘，他们对教师提出的要求肯定会不同。因此，为了便于学生的自主学习，教师就要全方位地对教材进行加工、补充和拓展，衍生出大量的大学英语课程资源，辅助学生实现个性化学习。所以，教师在处理教材时，可以将以下"三化"作为目标。

（1）内容问题化

根据学生的心理发展特点确立学习层次，以有限知识点构建问题序列，采用"问题加解决方法"的模式，培养学生分析问题、解决问题的能力。

（2）内容结构化

力争建立要素明确、联结性强、概括性高、派生性强、亲和力大的知识结构，以利于学生自主处理信息，形成概念图式。

（3）内容经验化

尽量发掘和利用贴近学生、社会与现实生活的素材，使材料回归生活，实现教材由"素材文本"向"生成文本"的转化，注重体验学习。

3. 教学过程取向的课程资源建设策略

所谓教学过程，就是学生在学习过程中不断认识自我、发展身心的过程。构成教学过程的教学活动首先要求教师熟悉并掌握学生身心发展的特点和一定的社会要求，进而在一定的教学条件的帮助下，引导着学生认识教学内容，进而认识客观世界，促进自身的发展。在教学过程中，教师要有目的、有计划地引导学生能动地进行认识活动，在教学过程中，教师和学生都应该积极发挥自身的作用，教师在带领学生进行认识活动的时候，要有明确的目标和计划，让活动进行得更加顺利、更有意义；学生也应该将文化科学知识和自己的兴趣、情感配合好，协调进行，以促进自己智力、体力、品德、审美情趣等方面的综合发展，具体的教学过程包括课前、课中和课后。

课前教师备课时，要充分研究教材，根据教材确定每个课时的教学目标和准备采用的教学模式、评价方式等。在准备过程中，教师不能全凭经验。必须查阅大量的材料，寻找大量的辅助材料，对教材进行扩展，以帮助学生深度理解课文内容。同时，要充分挖掘学生潜力，发挥学生的自主学习能力，教师还必须增加与主题相关、难度适中、阅读性强的扩展材料，供学生在课后学习，扩展他们的视野。教师精心准备的教学内容是否会被学生接受，接受多少；在老师营造的教学环境里，师生互动、生生互动、学生与教学材料互动的情况如何。这些都是课堂教学生成的动态性课程资源。课后学生要进行大量的语言实践练习，巩固课堂教学内容。教师从学生的课后实践捕捉到的信息是改进教学的基础。

第二节　英语课程设置与管理

大学英语课程设置与管理是大学英语课程体系建设的重要环节之一，它们直接关系着学生所能接受到的教育资源和产生的学习结果。因此，这里我们对其内容、意义、具体设置以及其中存在的问题进行全面分析，为良好的教学效果提供基本理论参考依据。

一、大学英语课程设置

这里我们要说的大学英语课程设置主要包括两个方面的内容，一个是影响课程设置的因素，另一个是大学英语课程设置中存在的问题。

（一）大学英语课程设置的影响因素

影响大学英语课程设置的因素主要有以下几个。

1. 教学资源

在众多的教学资源中，教师是核心，因为他们是教学的具体实施者，带领着学生开展各种教学活动，促进学生的发展。因此，教师队伍的素质将会直接影响人才的培养效果。要培养一批高素质人才，就必须建立具备高素质的师资队伍。当然，虽然教师是教学活动的领导者，但是具体的教学活动还离不开各种配套的软、硬件设备，它们相互配合，才能促进课程设置向更加合理化方向发展。

除此之外，21世纪是一个信息化时代，很多多媒体和网络信息技术也纷纷进入高等院校，教学应该顺应时代发展的步伐，充分发挥信息多媒体教育的作用，突破传统的以教师讲授为主的单一课堂教学模式。在网络技术的支撑下，英语教与学可以大大突破时间和地点的限制，逐渐走向个性化的发展道路，学生也能在学习过程中，逐渐降低对教师的依赖程度，实现自主学习。

2. 教学性质和目标课程理论

（1）大学英语教学的性质

大学英语教学是高等教育的一个有机组成部分，大学英语课程是大学生必修的一门重要基础课程。大学英语是以英语语言知识与应用技能、学习策略和跨文化交际为主要内容，以英语教学理论为指导，并集多种教学模式和教学手段为一体的教学体系。

（2）大学英语教学的目标

大学英语的教学目标是，培养学生的英语综合应用能力，特别是听说能力，使其在今后的工作和社会交往中充分发挥英语的工具性功能，有效地进行口头和书面的信息交流；同时增强其自主学习能力，提高综合文化素养，以适应我国社会发展和国际交流的需要。

3. 课程评价

课程评价是大学英语课程教学的一个重要环节，全面、客观、科学、准确的评价体系对于实现教学目标至关重要。课程评价既是教师获取教学反馈信息、改进教学管理、保证教学质量的重要依据，又是学生调整学习策略、改进学习方法、提高学习效率和取得良好学习效果的有效手段。通过建立有效的课程评价体系，不以考试"定终身"，对发挥教师创造力、实施个性化教学、培养学生个性化的自主学习能力是具有强大的促进作用的，并且有利于在大学英语教学实践中形成积极、良性的信息反馈，为英语课程的设置提供现实的理论依据，从而保证课程设置能在最大程度上满足学生的学习需求，培养符合社会需求的英语人才。

（二）大学英语课程设置中存在的问题

1. 基础课程学习时间过长且不区分专业

在许多院校，大学英语课程设置并没有充分考虑到不同学生的需求，没有遵循因材施教的原则，而只是开设两年的英语课程，仍以基础英语教学为主。大多数高校的实际情况大同小异，所有学生必须在大学一、二年级完成4个学期的英语基础课学习，然后参加大学英语四级考试。分数本来是为了检测学生的学习情况，进而有针对性地实施与之能力相适应的教育，但是，很多院校只是将考试作为例行公事，并没有起到检测的作用。很多学生能力其实已经超过三级水平，却不得不遵守学校的规定，一直圈在基础阶段一至三级里，只有到达要求的时间才能一段一段地往上升。还有一些学生在升入大学时其实已经具备英语四、六级的考试能力，却限于学校要求，不得不浪费两年时间进行基础学习，这实际上不仅是对学生时间的一种浪费，同时也是对师资资源的一种浪费，久而久之，还会造成学生对学习产生懈怠心理，对促进他们培养积极进取的学习态度非常不利。

另外，很多学校都认为四级考试结束之后，学校对学生英语基础能力的培养也就结束了，因此也就不再安排相应的跨文化交际课程和专业英语类课程，这就在一定程度上限制了学生文化素养和综合应用能力的提高。

另外一个问题就是很多高校制定的英语教学基础课程，没有针对性地进行专业区分。这种制度就导致在大学前两年，所有学生学习的英语课程都是一样的，直到三、四年级才能开始自己专业的英语课程学习。这样说来，学生进入大学之后，仍然有一半时间是在复习基础教育阶段的学习，所以导致学生的很多时间和精力都浪费在不必要的复习上，长久下去，就会造成学生的学习成就感缺失、学习兴趣下降。而且这样一来，学生的英语学习跟自己专业无法紧密衔接，进而对他们未来参加工作造成一定的不利影响。

2. 课时不足，对于听说课程重视不够

如果不是英语专业，大部分高校对英语课程的安排都很少，一般每周只安排2~3次课程，导致学生接触英语的时间比较少，大部分只能靠自学。这样就直接导致很少有学生能兼顾各个方面的学习，对于培养他们的综合素养十分不利。因为对于大学生来说，他们的主要学习目标就是通过英语四级和六级考试，所以尽量多做试题来提高自身的应试能力是他们的主要途径，这就造成他们对于听、说、读、写、译等各项能力的培养有所忽视。

除此之外，很多高校只注重显性的课堂教学，而忽视了课外延伸学时。对于很多地方院校而言，教学硬件设施不完善，大学英语自主学习课时无法考量。

3. 大班教学是一个突出问题

大多数学校都有扩招的制度，因此，导致学校的师资和学生人数产生较大的悬殊，学生人数太多，教师人数有限，所以大学英语教学不得不采用大班教学。所谓的大班，每个班至少有四五十个学生，多的可达到上百人。这样一来，教师的工作量就大大增加，而且教学质量将会受到很大影响。例如，原本教师为了有效提高学生的学习效率，可以组织学生开展多种形式的听说活动，但是，现在由于人数过多，且课时有限，活动开展不便，也难以取得很高的成效。如此一来，讲授的内容只能局限于教材词句文章表层意义的讲解以及对篇章结构的分析。这样的结果就是教师讲的内容比较浅显，难以涉及较深刻的文化内涵，而对于学生来说，留给他们自行思考的空间也大大减少。

二、大学英语课程管理

（一）大学英语课程管理的内容

1. 制定教学文件

教学文件是课程建设的指导性文件，它包括各门课程（含大学英语在内）的教学大纲、课程描述、教学安排、教学进度表、考试大纲等。这些文件中，最重要的是教学大纲和课程大纲。教学大纲是学校教学的总领性文件，指导本校人才培养方向。每门课程的教学大致可从教学对象、教学目的、教学要求、先修课程、教学安排、教学环境、评价形式、教材和参考书、教学中应注意的问题等多个方面对该课程进行描述。课程大纲是严格按照教学规律制订的一门课程的指导性文件，它是教材编写或选用、组织实施教学、课程评价、教学过程检查的主要依据。大学英语课程大纲的制订应该是国家语言政策和语言教育政策以及社会和个人对英语教学需求分析结果的产物，涉及相关学科领域，尤其是外语教学理论研究、教育心理学等领域的最新研究成果。有条件的学校应该对大学英语教学大纲格式进行统一要求，然后汇编成册，作为课程资源和选课参考资源供学生随时查阅。

2. 完善课程体系

课程设置和教学大纲是课程管理的集中体现，也是课程原理的主要依据。各个学校应当根据本校的实际情况，确定本校的大学英语教学目标，并以此为基础设计本校的大学英语课程体系。该课程体系除了包括传统的面授课程以外，更应注重开发基于计算机、网络的大学英语课程，将综合英语类、语言技能类、语言应用类、语言文化类和专业英语类等必修课程和选修课程有机结合，形成一个完整的大学英语课程体系，以确保不同层次的学生在英语应用能力方面得到充分的训练和提高。第一课堂是人才教育的主战场，要培养适应我国经济发展和国际交流的高素质人才，就必须对本校资源和学生需求进行充分的调研，从是否有足够的理论依据、是否适合学生目标、是否具有成功实施的可能性、是否具有效果的可评性四个方面对拟设课程加以论证，在此基础上构建完善的大学英语课程体系。该体系可包括大学英语周末强化课程、大学英语预修课程、大学英语必修课程、大学英语通识课程、大学英语选修课程、英语辅修专业课程、双语课程和专业英语课程。

3. 建立课程管理机制

课程管理是围绕教师的教、学生的学和资源利用开展的管理。建立健全的课程管理制度是为强化课程管理，稳定教学秩序，加强教学质量控制而制订的系列规章、制度、条例、规则、细则、守则等。它具有一定的法制效应和约束力，是全体师生和教学管理人员必须共同遵守的行为准则。完整的大学英语课程管理机制包括学校、教务处、校学生会、校团委、外语学院等相关部门制订的相关规章、制度、条例、规则、细则、守则。就外语学院来说，这方面的制度常见的有"教师教研活动制度""教师集体备课制度""教师集体阅卷制度""教师听课、评课制度""教师调、停课管理规定""多媒体教室使用规定""大学英语自主学习中心使用细则""外语学院资料室借阅细则"等。这些规章制度有利于推动规范化管理，约束大学英语教师和相关管理人员的行为，提高办学效率和资源利用率，为提高大学英语教学的整体水平打下了坚实的基础。

4. 整合课程资源

课程资源是制约学校课程发展的一个重要因素。学校课程的丰富多彩和独特课程个性的形成，都需要大量的课程资源予以支撑。英语课程资源是指包括英语教材在内的一切有利于培养和发展学生综合语言运用能力、提高教师素质的物质条件和其他非物质条件。非物质的课程资源，主要包括英语教师、学生、学生家长和其他一切社会人士，校内物质条件方面的课程资源主要表现为各种各样课程教学材料的实物或形式。

5. 加强师资队伍建设

严格说来，教师也是课程资源。由于教师是教学活动的主持人、课程的设计者和提供者、教育市场上商品的厂商，在课程管理和建设中有着不可替代的作用，是左右教学质量的关键因素之一，因此要单独讨论 e 各校应该充分分析和利用本校的大学英语教师资源，根据具体的业务水平、专长和特点，一方面按照"职才相应"和"按需设岗"两大原则合理安排工作，做到"知人善任，扬长避短"；另一方面，要多渠道、多模式地开展教师培养，如学历提升、国内外短期访学、到名校进修并移植某门课程、学术沙龙、教授帮带、和外教联合授课、说课竞赛、同行和领导听课，以绩效观测、全面衡量、动态发展为考核原则，制订考核指标和考核时间，引导教师在规定时间内全面提升自己的教学和研究能力，以适应新时期大学英语教学。

（二）大学英语课程管理的意义

1. 有利于开发课程资源

模块化的大学英语课程管理通过不断改进和完善管理过程，把课程建设向纵深推进各模块的负责人竭尽全力地集思广益，加强自己分管模块的建设工作，以更好地服务于学生。例如，在管理过程中，课程开发模块通过问卷和访谈等形式征集学生意见，不断推出大学英语公共选修课程，以满足个性化选课需求，真正确保把成才选择权交还给学生；第二课堂模块会以趣味性、参与性等为活动宗旨，不断丰富活动内容和形式，确保第一课堂和第二课堂之间的联动；大学英语网站建设模块会紧跟时代步伐，基于学生学习需求不断地更新网站内容，以促进学生的自主学习；其他模块也不断采取措施，深挖自己模块的资源，更好地服务于学生。

2. 有利于学生了解大学英语课程建设轨迹

加强大学英语课程管理的终极目标是提高教学质量，最大受益者是学生。因此，在开展各项活动之前，要去思考学生能否从这项活动中受益，受益有多大。同时，也应看到大学英语课程管理是多层次、多维度的。虽然开展的有些活动和采取的管理措施是以学生为间接受益者，但是他们从中可以关注到本校大学英语课程管理和建设的轨迹。例如，为了展示自己的课程建设成绩，各校会积极申报各级精品课程和视频公开课、各级教学成果奖、各级优秀教学团队、各级优秀教材建设、各级优秀教学课件等，这些活动的申报书会涉及课程管理和建设所采取的措施、取得的成绩、优势或强项、下一步的建设目标等。学生掌握这些信息后，不但了解了本校大学英语课程管理和建设的过去，还清楚了学校下一步的教改方向，最重要的是，能以此为蓝本，对自己的大学英语学习进行规划和定位。

3. 有利于优化第一课堂内容

随着大学英语教学改革的不断推进，各校正逐渐摒弃过去那种计划性课程安排，即老师的教学，如班级由大学英语部统一安排，学生没有选择教师的权力。这种课程安排模式忽视了学生对课堂教学质量的反馈，不利于激发教师的教学积极性，最终影响全校的大学英语教学质量。实施把成才选择权交还给学生这一教改措施后，学生具有挑选教师的权力，那些拘于传统教学方法、课堂缺乏互动、信息素养跟不上时代发展要求的教师，就很少有甚至不会再有学生选修他们的课程。这一改革迫使教师不断更新教学内容，丰富课堂活动，注重教学质量。对于学生还没有选课权的学校来说，强化大学英语课程管理同样能优化课程内容。因为诸多的教学管理过程能显示出某位老师的教学质量。例如，中期检查时，通过领导和同行的听课可以了解到老师的教学积极性和投入度、教学模式、学生的课堂参与情况等，通过学生座谈可以获取学生对该教师教学的整体接受度，通过学生平时成绩记分册可以洞彻老师是否始终如一地坚持认真教学。期末考试后，通过纵向（与这个班上学期的成绩比照）和横向比较（与本学期其他教学班比照），可以了解学生的英语水平发展状况。因此，一旦把课程作为一个评价单元，教师所要承担的责任就比较明晰，教学效果不理想，教师就难逃其责。

4. 有利于强化责任意识

参与大学英语的管理人员上至学校主管教学的副校长，下至实施具体教学计划的普通教师，如果管理工作到位，分工细致，责任明确，每个环节的工作进展情况都会一目了然，哪儿出了问题，或者完成得没有计划的那样好，不用细究，都会知道是谁的责任。例如，教材征订、期末考核试卷命制、学生成绩的评判、补考时间和地点的安排、监考人员的安排、调停课的管理、课堂组织等工作分工明确，如果出了差错，自然有人承担责任。因此，如果加强了课程建设和管理工作，明确了责任和义务，教学管理过程中的每个人不仅会尽心尽力履行自己的职责，还会精诚协作，一块搞好管理工作。

5. 有利于提高模块化工作的效率

大学英语课程管理工作的周期较长，可分为显性管理时段（一、二年级修读大学英语的学生，《大学英语》为他们的必修课）和隐形管理时段（三、四年级没有大学英语必修课程的学生选修大学英语公选课程，参与第二课堂活动）。为了提高管理效益，可将工作划分成若干模块，即贯穿整个管理工作的大小事务可以分成若干模块（如教学计划的制订、教学计划的实施、第二课堂活动的设计、网站的建设、师资队伍建设、学生反馈意见的收集、与其他学院教务人员的联系等）。进行模块化管理是大学英语课程管理工作的一大特点，由于很多模块化工作具有阶段性特征，每个模块就犹如链条中的一段，只要它们运转正常，整个链条就不会分崩离析，就实现了大学英语课程管理的整体化管理效益。所以，加强课程管理能保证模块化工作的顺利开展，进而能深化大学英语教学改革，提高学生的英语技能。

第三节　英语教材建设

一、大学英语教材、教学大纲与课程教学要求的关系

（一）教学大纲对教材编写具有指导作用

教学大纲中包含着与教学有关的方方面面，虽说关于教材的内容不能一一详细地罗列

出来，但是我们还是不能否定教学大纲对教材编写的重要指导作用。同时，教材的编写与教学方法之间有着紧密的联系，大纲中对教学方法的规定也会对教材的编写有着指示作用。

教材的编写与教学大纲和课程教学要求所附的表格有着紧密的联系，教学大纲和课程教学要求的主体部分语言简练、概括性强，而后面所附表格则在更加具体的层面上对教材的编写具有指导作用。总而言之，无论是从宏观还是微观角度来看，大纲对教材的指导作用可以体现在大纲的各个方面。

（二）教材编写促进教学大纲的实现

教材的编写是紧紧围绕大纲而展开的，教材是大纲思想的具体体现，只有配合适当的教材，教学大纲的思想才能够得以呈现并发挥其指导作用，所以，教材的编写是大纲理论思想的具体体现。其实，大纲不仅保证教学目标的实现，对其他方面，如教学要求、教学方法、教学安排以及教学测试等也起支撑作用，可以说没有教材，其他方面将无从谈起，也就更难说实现了。

二、大学英语教材发展前景

（一）教材编写与考试的发展

近年来，大学英语教材的编写呈现出一片繁荣的景象，以各种考试为依托而编写的教材更是数不胜数，其中一类是针对全国统一的英语四、六级考试而编写的教材，大学英语教材有为考试而服务的倾向。这是我们当前要思考的一个问题：中国的教育中，教材编写就是为了考试吗？答案当然是否定的。那么，教材与考试之间到底是一种怎样的关系呢？要回答这个问题，首先我们必须明确英语教学的最终目的是什么。虽然我们学习英语需要应对考试，但是不能将其作为最终目标，要知道，学以致用才是学习最根本的要求。也就是说，教材的编写不是为了考试服务的，而是为了提高学生的英语能力，既包括基本语言能力，也包括语言交际能力，而这两种能力，最终应归结为学生作为人认识与把握世界的能力。教材的编写不应该是以考试为目标，不是主要为了考试而编写。教材与考试二者之间的关系应该是考试为教材的编写服务，考试所反映的学生的英语水平和能力，应该为教材的编写提供风向标，教材编写者应该敏锐地把握考试所反映的学生在英语学习过程中存在的问题，进而有针对性地编写教材；而从另一个方面讲，教材的编写和考试也可以处于同一层次上，二者都是为了使学生提高英语能力，为提高学生把握与认识世界的能力服务的，二者有共同的目标指向。而现在普遍的情形是教材要依据考试大纲，为考试而编写，这无疑不是正确的方向。

当然，全盘否定教材编写针对应试也是不现实的，毕竟考试还是一个重要的检测过程，所以有针对性地编写教材也是非常有必要的。应试可以是一个目标，但不应该是全部的目标。编写教材，应该从能力培养，从更加长远的角度，让学生终生拥有学习英语的能力。这种在本质上的英语能力的提高，不仅会体现在四、六级考试的高成绩上，也会体现在学生运用英语进行交际的各个方面。而如果只是为了应考、应试而编写教材，可能会使学生在考试中取得较高的成绩，然而在考试过后呢？学生的英语水平和能力能够长期保持在较高的水平上吗？很多人在大学期间获得了四、六级的合格证书，然而在毕业后的工作中运用英语的能力并不强，这是很普遍的现象，这种现象的出现与大学英语教材为考试而服务的错误方向不无关系。一套教材要培养的是学生的语言能力，而语言能力一般被简单地理解为了解基本的词汇使用、语法结构和组词成句成篇的能力，而忽视了语言能力更加重要的方面，那就是学生的语言能力反映出他认识世界的能力以及把握世界的能力。

考试对教材编写的作用，正如考试对教学其他方面的作用一样，应该是一种积极的导向作用。考试的目的不在于考试自身，而在于透过考试所发现的问题，不能为了考试而考试，更不能把考试当成任务来完成。

（二）教材出版与评估的发展

教材的编写与出版需要一个完整的、系统的、科学的评价体系的支撑，有了完善的评价体系，教材从编写理念、思想到编写过程再到出版发行就会减少盲目性，而获得更多的方向性。评价体系的建构是对教材建设研究进行深化、升华从而形成理论的结果，而建材的编写过程和出版是实践的过程，实践过程不能缺少理论的引导，理论的形成也不能没有实践的检验，实践与理论二者应该是相辅相成，共同为教材建设服务。

（三）教材建设与人文精神的培养

大学英语教材的编写是大学英语教学的重要组成部分，它可以体现一个时期大学英语教学的性质，是实现大学英语教学目的和教学要求的重要保证。大学英语的教材建设受大学英语教学大纲和课程教学要求的指导和规范，从每个时期的大纲和课程教学要求中可以看出教材编写理念。大学英语教学大纲是专家们在教育部领导下集体劳动的结果，汇聚了英语教育界和国家教育行政管理部门对大学英语教学的基本认识，反映出大纲制定者的语言观、语言学习观和教育观。在不同的历史时期制定的大学英语教学大纲，适应了当时国家经济建设、社会发展对大学英语教学的要求

语言与人文精神培养的关系一直以来没有得到足够的重视，对人文性的强调应该成为教材建设的重点考虑的方面。

人文性或人文精神的内涵包括理性判断力和情感判断力。思想与情感模式是理性判断力和情感判断力的支柱，是人类能够战胜其他物种蓬勃发展的杀手锏。人类的生活过程就是每时每刻都在做出各种判断的过程。理性判断依照逻辑的理路从概念出发、利用公式和规律等共相原则做出抉择，情感判断则更多地依靠具体、特殊的个案做出抉择。而我们的理性判断模式和情感判断模式均来自或形成于语言留存，这些留存为我们提供了丰富的道德资源和情感资源。要使大学英语教学具有人文性，要培养学生的人文精神，应该在大学普遍开设通识教育课程，在教材建设上应该从教材的内容方面增加西方文学经典和思想经

典的介绍。

加强大学英语教学中的通识教育课程是实现人文精神的有效途径。通识教育理论有"理想常经主义"和"精粹本质主义"之分。国内通识教育课程所用教材基本上以"文雅教育"为主，属于"理想常经主义"通识教育理论观，重视"理性的思维""心灵的扩展"和"永恒普遍的价值"，旨在培养学生的人文素质，提高学生对西方文化的认识，形式上多为西方经典文学作品的内容简介与思想提炼。而"精粹本质主义"的通识教育观则强调培养学生的四种能力，分别为有效的思考能力、交流能力、做出恰当判断的能力、价值辨识的能力，与人文精神培养理性判断力和情感判断力的目标一致。以此为编写指向，文学和思想经典的呈现形式应为西方经典文学文本或节选，旨在培养与灌输西方文化价值体系的内容及构建过程。西方文学经典和思想经典包含着重要的思想精华和情感精华。而通过对经典文学文本和思想文本的阅读和分析，重在使学生达到理解。学会理解其实就是把握语言沟通世界的能力，使学生逐渐具备认识世界和把握世界的能力，进而实现学习英语的目的，也是语言学习的目的。因此以西方文学经典和思想经典为依托的大学英语通识课教材可以有效提升大学英语教学的人文性，培养学生的人文精神。

作为大学英语教学的重要组成部分，大学英语的教材建设不容忽视。大学英语教材的建设需要理论思想的指导，教学大纲、课程教学要求以及其他教育、教学规划也需要教材从内容到形式的支撑。教材建设经过近几十年的发展已经形成一定的规模，教材的不断发展对大学英语教学起着积极的促进作用。在高等教育提出"全面提高高等教育质量"和"提高人才培养质量"的号召下，重视人文素养、人文精神培养的要求日益凸显，围绕人文性和人文精神需要建设一批新的教材。以文本节选的形式编写西方文学经典和西方思想经典教材可以有效培养学生的思维能力、判断能力、评价能力和交流能力，最终培养起理性判断力和情感判断力，实现人文精神的培养。

第四节 英语师资建设

一、大学英语师资建设现状

从整体来看，大学英语教师构成了一支任劳任怨、兢兢业业的师资队伍，但是仍旧不可避免地存在很多问题，主要表现在以下两个方面。

（一）教师方面的问题

1. 教育观念

受传统教育观念的影响，应试教育已经在很多教师甚至学生的观念中根深蒂固，他们以"高过级率"为目标，课堂上"填鸭式"教学，讲解词语，分析语法点，反复举例说明，逐句翻译课文，搞题海战术。这种教学模式重知识传授，轻能力培养，其结果是学生忙于记笔记，被老师牵着鼻子走，完全忽略了学生的主体地位，对调动学生的学习积极性非常不利。学生没有参与语言实践的机会，语言应用能力得不到提高，更不用说培养学生的自主学习能力和思维创新能力了。这种观念与"语言作为交际工具"的本质背道而驰，培养出来的学生语言应用能力较差，根本不能满足社会的需要。英语教师必须尽快改变传统教学观念，以学生为中心，发挥学生的主体作用。教师的角色是学生学习的引导者、合作者和促进者，教给学生学习方法和学习策略，培养运用外语的技能。

2. 知识结构

随着经济的不断发展，国际交流日益频繁，社会对复合型人才的需求激增，为了指导下一步的大学英语教学改革，《大学英语课程教学要求》就课程设置做了明确的要求，指出各高等学校要根据实际情况，设计各自的大学英语课程体系，将综合英语类、语言技能类、语言应用类、语言文化类和专业英语类等必修课程和选修课程有机结合起来。但是，大学英语教师在学习期间，修读的课程主要围绕语言和文学。在多年来的大学英语教学中，大多数学校只开设了大学英语一门课程，涵盖听、说、读、写等教学内容，造成若干大学英语教师上同一门课程的局面，使得大学英语教师的知识结构显得单一和片面。所以为了适应教学需要，教师们必须坚持自我发展，完善知识结构，为开设选修课和充实必修课做好准备。

3. 信息素养

21世纪是一个信息化的时代，信息技术的迅速发展为人类发展提供了强大动力。在教育领域，信息技术带来教学方法、教学过程和教学资料等多方面的变化，并以此改进教学效果，引发教育教学领域全面而深刻的变革。在这种环境下，教师必须主动适应信息社会，掌握信息应用能力，不断更新自己的知识与信息应用能力，紧密联系的是对现代教育技术的掌握和应用能力，这样才能更好地传递新知识。

随着现代科学技术的发展，教育技术和手段不断更新，教学中广泛使用高科技教学手段，掌握和应用现代教育技术已经成为当今高校教师的一项基本功。但是，大学英语教师多半是文科出身，对现代教育技术了解不多，何况信息技术和教育技术更新特别快，使得大学英语教师在这方面的知识显得有些跟不上时代的发展。因此，这就要求教师们必须强化自身的信息素养。

4. 教学能力

长期以来，我国高校教师队伍的培养更多地注重教师的专业学术水平和学历，导致很多教师一味追求高学历，热衷于写文章、搞项目，教学被不同程度地忽视，对教学规律的研究更是鲜有涉足。然而，身为高校教师，如果不能掌握系统的教育理论，没有先进的教育观念为先导，不具备与教学活动有关的基本知识，不研究教学的方法和规律，要高质量地完成人才培养任务将无从谈起。

5. 专业化程度

教师的专业化程度普遍偏低，有待提高。语言教育是一门严肃的科学，有其自身的理论基础和发展规律。它所涉及的教育学、心理学和应用语言学是从事外语教学职业的人必不可少的条件性知识。在我国，只有师范院校或综合院校的师范专业才把教育学和心理学列入必修课程；非师范院校或专业的毕业生往往只是在数周的岗前培训中接受一些粗浅的教育学知识。这种以学科知识代替专业能力的现象严重影响了我国教师的专业化程度。

（二）学校方面的问题

1. 教学队伍

教学队伍非常不稳定，具体表现为以下三个方面。第一，内地院校的大学英语教师向沿海学校流动，尤其是层次较高的人才外流严重；第二，部分大学英语教师经过几年的磨炼，具有一定的工作经验后，放弃教学，进入企业或政府部门；第三，具有经验的大学英语教师被调配去担任英语专业的教学工作，空出的位置又由年轻教师填补。

2. 教师年龄

教师的年龄呈两极化趋势，大学英语教师的年龄结构中，中年教师占的比例小，没有形成老、中、青之间的合理比例。由于历史原因，年龄大的教师中，还有一部分当年是学其他语种的，后来转过来教英语。尽管青年教师有活力，工作热情较高，但他们多数缺乏教学经验，参加工作不久就面临买房、结婚、生子、提高学历等一系列问题，难以保证全力以赴搞好教学。

3. 教师数量

大学英语师资配置的合理标准是80：1，其教学含义是每个教师完成2个班的大学英语课程教学，每周8～10学时，每班学生40人。这个生师比可以使大学英语教师兼顾课程教学、学术教学研究、业务进修、课件设计与开发、学生第二课堂、课程建设和教研活动等方面的工作，为大学英语教师的可持续发展提供时间和精力上的保障。然而，大学英语教学生师比未达到这个指标的院校很多，这些学校要么每学期聘请大量外聘教师，要么就必须合班上课，教学质量很难保证，提高教学质量和师资水平更是一句空话。在这样的课程教学压力下，教师只能是一台上课机器，并且是在损害教师身心健康的状态下工作，不可能激发教师创造性的思维和劳动，也很难优化他们的学历和职称结构。

二、大学英语师资建设方法

（一）青年教师技能培训班

为了提高青年教师的教学技能，高校可以举办系列青年教师教学技能培训班。例如，参加培训的人群为三十岁以下的所有青年教师，培训为期一周，由讲座、示范课和教学评议组成。各位参加培训的青年教师在听完讲座和示范课后，分别讲授一堂课，接受五位专家组成的考核小组的点评。这样的短期集中培训切实提高了青年教师课堂教学的有效性、规范性和科学性。

（二）信息技术系列培训讲座

随着信息化的发展，很多高校都引进了多媒体教室，同时希望教师逐步开出网络课程，所以大学英语教师要把不断提高信息素养作为自己的一项重要工作。为了配合教师的教学，学校可以邀请专家进行信息技术系列培训讲座，对教师进行定期培训，让老师熟悉PPT 的制作、电子表格的使用和制作、SPSS 统计软件的使用、教学用语资料库的建立等。

（三）课程进修

为了推动立体化课程体系的建设，学校可以将部分大学英语教师或送到国外，或送到其他高校，或送到本校其他学院，去进修某一门课程，学成后就开设这门课程。这种课程移植针对性强，效果好，它不但为学生增加了课程选择，还拓展了教师的教学能力。

（四）教学督导

实施校院两级教学督导制，每学期均有听课重点，如新引进的教师、在学评教中得分较低的教师、拟晋升高一级职称的教师、拟参加课堂教学比赛的教师。督导委员听课后，不但会将涉及教学内容、教学方法、教学效果、师生互动情况等方面的意见反馈给授课教师，同时也反馈给主管教学的副院长，帮助建立教师授课档案。

（五）青年教师指导

初入社会的学生对于工作会有较高的热情，而且对于一些青年教师或刚毕业的硕士研究生来说，他们有着一定的语言基本功，这可以算是进入教育行列的一些优势。

但同时，这也注定他们在一定程度上居于劣势，因为他们刚出社会，所以缺乏教学经验。因此，高校可以安排教学经验丰富、教学功底扎实、乐于带年轻人的老教师与青年教师结对，帮助青年教师尽快熟悉学校管理性文件、熟悉拟主讲课程的课程大纲、制订本门课程的教学计划和教学日历等，以确保他们在最短的时间内进入角色，掌握一门课程的教学流程，然后独当一面，成为一名合格的大学英语教师。

（六）课程教学团队制度

大学英语教师组成的教学团队中，老、中、青教师协调发展，共同进步。在一些新开课程中，我们尝试了课程教学团队制，即同一门课程由两个或两个以上的教师担任教学，其中一个教师为主讲教师。这就是教师队伍建设中传、帮、带的具体体现。刚接受这门课程的新教师或年轻教师第一轮讲授少量内容，第二轮、第三轮逐步增加教学任务，直至独立承担这门课程。

（七）听课制度

为了在全校形成重视教学、了解教学、参与教学的氛围，学校可以给各级领导规定听课任务，并且要求他们对所听课程及时做出反馈，并提交听课记录及其意见和建议。这种方式通过教师之间互相听课，一方面可以拓展其知识结构，另一方面根据他人的意见和建议反馈，可以学到不同的教学方法，增加自己的情景知识，进而提升自己的应变能力。

（八）开展社会服务

大学有教学、科研、社会服务和文化传承四大职能。从表面上看，社会服务与大学英语师资队伍建设没有多少直接的联系，但仔细分析大学英语教师参与的社会服务项目，如网站的翻译、各类短训班的教学、大型商务活动或体育赛事的口译等，不难发现，每项活动都在检验教师的专业知识，锻炼教师的情景应变能力，最终都会提升大学英语教师的综合素质。所以鼓励教师开展社会服务是提高其教学能力的有效环节。

第五章　信息技术与英语教学整合

第一节　信息技术与英语教学整合

一、信息技术与课程整合的背景

由于信息技术的飞速发展，多媒体和网络技术的日臻完善和普及，中小学信息技术教育水平不断提高，软、硬件环境不断完善，加之深化教育改革，全面推进素质教育，培养具有创新精神和实践能力的高素质人才和劳动者的社会需要，教育信息化得到了各阶层的重视，我国的信息技术教育发展进入了快速发展时期。特别是近几年在新课程、新教法的基础教育改革中，先进的教学理念、以学生为中心的教学方式的提倡、各种形式的教师信息技术能力培训等因素的综合影响下，信息技术教育的发展应用跃上了一个新的台阶——信息技术与课程整合。广大教育工作者的观念从认为信息技术是计算机课程教育的认识飞跃到更高更深的层次，即信息技术必须融入教学中，必须和学科课程相整合。

迄今为止，我国基础教育信息化的发展十分迅速，教育信息化基础设施已初具规模，教师、学生的信息素养教育得到了广泛的重视，对于信息技术与课程整合的课题研究，各教学研究部门和有条件的学校都投入了较大的力量进行实践研究并已取得很多可喜的成果。信息技术与课程整合是当前教学改革的新视点，将信息技术作为改革传统课堂的有效手段，将其和学科课程教学融合为一体，优化教学过程和学习过程，促进学生的全面发展、个性发展，构建数字化的学习环境，实现数字化的学习成为信息技术与课程整合努力的方向。但是这个过程不可能一蹴而就，需要广大教师和教育工作者逐渐积累成果；在这个积累的过程中，粉笔和黑板的作用逐渐淡化，多媒体和网络的应用逐渐普及；在这个积累的过程中，普遍采用的传递——接受的主流教学形式将与多元化教学形式共存；教师和学生的角色都要被重新定位，单纯性的教师讲学生听、教师同学生答的教学局面将被改变；在这个积累的过程中，学生学习的主体性地位将不断提升，学生主动学习，协作学习，发展个性。注重实践能力的意识和创新精神将不断提高。

二、信息技术与英语教学整合

信息技术与学科课程整合是信息技术运用于教育的核心信息技术与学科教学的整合应从教育观念、学习内容、教育形式、教学手段和方法、教育资源等方面实现。

整合，在英语中的主要含义是综合、融合、集成、成为整体、一体化等。整合是相对于分化而言。从系统论的角度说，"整合"是指一个系统内各要素的整体协调，相互渗透，使系统各要素发挥最大效益。我们可以将教育、教学中的整合理解为教育教学系统中的各要素的整体协调、相互渗透，以发挥教育资源的最大效益。

（一）课程整合的概念

从理论上来讲，课程整合是对课程设置、各课程教育教学目标、教学设计、教学评价等诸要素做系统的考虑与操作，也就是要用整体的、联系的、辩证的观点来认识、研究教育过程中各种教育要素之间的关系。

"课程整合"是使分化了的教学系统中各要素及其各成分形成有机联系，并成为整体的过程。

比较狭义的课程整合通常是指：考虑到各门原本分裂的课程之间的有机联系，将这些课程综合化。相对广义的理解是：课程设置的名目不变，但相关课程的课程目标、教学与操作内容、学习手段等课程诸要素之间互相渗透、互相补充，当这些相互渗透和补充的重要性并不突出，或者已经非常自然，到了潜移默化的程度时，就没有必要提出整合，反之，就需要强调整合。

（二）信息技术与课程整合

信息技术与课程整合是国内外计算机学科教学与应用长期探索、实践、反思的结果。信息技术对教育教学有重要的作用，这已成为世界普遍认同的公理；学校也都大量地投入资金进行了信息化环境的建设，但计算机却始终游离于教学的核心之外，这种客观现实的存在也成为不争的事实。显然，为了使计算机的优势真正被教学所利用，在它们之间的补充、渗透没有达到自然融合的时候，强调信息技术与课程的整合是非常必要的。经过专家、学者、教师们长期的理论与实践探索，信息技术与学科课程整合的概念逐渐清晰和明朗起来了。

信息技术与课程整合的概念有不同的表述方式，现列出几种：

①在开好信息技术课程的同时，要努力推进信息技术与其他学科教学的整合，鼓励在其他学科教学中广泛应用信息技术手段，并把信息技术教育融合在其他学科的学习中。技术与课程的整合就是通过课程把信息技术与学科教学有机地结合起来，从根本上改变传统教和学的观念以及相应的学习目标、方法和评价手段。

②信息技术与课程整合的本质与内涵是要求在先进的教育思想、理论，尤其是主导——主体教学理论的指导下，把计算机及网络为核心的信息技术作为促进学生自主学习的认知工具与情感激励工具、丰富的教学环境的创设工具，并将这些工具全面应用到各学科教学过程中，使各种教学资源、各个教学要素和教学环节，经过整合、组合、相互融合，在整体优化的基础上产生聚集效应，从而促进传统教学方式的根本变革，达到培养学生创新精神与实践能力的目标。

③信息技术与课程整合是指在课程教学过程中把信息技术、信息资源、信息方法、人

力资源和课程内容有机结合，共同完成课程教学任务的一种新型的教学方式。

信息技术与课程整合是指信息技术与指导学生学习的教学过程的结合，在课程教学过程中把信息技术、信息资源、信息方法、人力资源和课程内容有机结合，共同完成课程教学任务的一种新型的教学方式。

信息技术与英语教学整合，就是以英语学科为中心，把信息技术与学科教学有机地结合起来，从根本上改变传统教和学的观念以及相应的学习目标、方法和评价手段。具体来说，就是要将信息技术与英语教学的教与学融为一体，追求信息技术在促进教师教学，学生学习和学生全面发展方面的实效，发挥信息技术优势，冲破传统的教学模式的缺陷和不足，革除传统课程教学中的弊端。

在信息技术与英语教学整合的实践活动中，教师应以人为本的课程理念和教学思想为导向，通过教学设计，以符合学科特点和学生学习需求的方式高效益地应用信息技术，追求信息技术在促进教学、学习和学生全面发展方面的实效性。

第二节 信息技术与英语教学整合的发展与特性

一、信息技术与英语教学整合的发展

（一）萌芽时期（19世纪末~1939年）

我国学者普遍认为，教育信息技术辅助教学的萌芽阶段始于19世纪末。那时，"直接教学法"的倡导者们推出了"魔灯"（实际上就是一种多光源的光学投影仪），学生一面看图像，一面跟着教师说英语，这就是今天的实物投影仪，它开创了现代教育技术辅助外语教学的历史。

20世纪发明了唱片和留声机，它们在外语教学中的运用取得了很好的效果。

1925年，日本开始了英语广播教学。

1930年，德国出版了第一部论述外语教学中使用录音的教学法论著：《新语言教授中的留声机》。

1935年，苏联发行了第一套英语教学唱片。

1939年，苏联开设了第一个英语电影课程。

（二）发展时期（1939~20世纪70年代末）

1939年，美国的高校开始使用录音带辅助语言和语言实验。它标志着教育技术辅助外语教学进入了新的发展时期。这一时期是"听说教学法"的鼎盛时期，大量的语言实验室被运用于外语教学。语言实验室所具有的功能对"听说教学法"的推广起了相当大的作用。

1954年，日本开始举办英语广播电视节目。20世纪五六十年代，"听说教学法"一统天下，语言实验室的发展也进入了黄金时代，出现了一大批好的外语教学声像资料。

20世纪70年代，电子通讯技术的发展为教育信息技术辅助英语教学奠定了更为先进的物质条件：各种不同类型的录音机、录像机、卫星传播、计算机等为英语教学的学习创造了更为丰富的教育手段和教学环境。

（三）深入时期（20世纪80年代～20世纪90年代中期）

20世纪80年代到0年代是以计算机、多媒体为核心的现代教育信息技术的纵深发展时期。由于计算机语言与信息技术的发展，把有声语言离散采样，进行数字编码、储存、还原、加工，集声、光、色、字融为一体，大大提高了教育效果，并改进了教学模式。这有助于个别化教学，探索式学习，有利于实现人机交换的智能型教学模式的开展。

1985年，美国启动了一项著名的"2061计划"，1989年正式公布。该报告特别强调学生应具有善于将自然科学、社会科学与信息技术三者结合在一起的思想与能力。"22061计划"将现行中小学12年应学会的科学文化知识重新归纳分类。在这些新分学科中，每一科都力图渗透"自然科学、社会科学与信息技术"三者结合的思想。这是最早的信息技术与各学科相整合的思想。

（四）网络化时期（20世纪90年代后期至今）

20世纪90年代后期至今，我们可以把它称为网络化时期。在这个时期，教育信息技术发展强调人与教育技术的整合，强调科技以人为本。教育技术的发展重心在如何使技术更接近或模拟人的大脑，模拟人的智能。而信息技术在英语教育课程整合的运用发展的轨迹和趋势是：从单媒体到多媒体的运用；从过去的听或说转变成为视听说；从视听说到英语的阅读、写作、翻译等课堂教学；从"打开机器、对对答案"的教学模式到学生自定学习步骤的个性化、智能化、交互式、合作学习；从视听说教师转换到学生的指导者、辅导者、合作者；从原来的语言实验室教学到校园网教学从本土化的教学、大国际的网络教学到全球一体化教学等等。所以说，现在是信息技术与英语教学整合的更为广阔的创新发展时期，也是一个以现代化、网络化、数字化、智能化、系统化、多元化和一体化为主要特征的新时期。

二、信息技术与英语教学整合的特性

（一）整合的可能性

从教师方面看，计算机知识正在教师队伍中普及，而我们英语教师具有先天优势。从学生方面看，信息技术课已列入基础教育的必修课程，信息技术的基础知识已逐渐被学生所掌握。从学校的硬件设施看，广大学校已拥有了多媒体教室、网络教室，办公也是自动化。并且计算机的数量在不断增加。走在前列的学校已办起了校园网，接通了互联网；甚至使每间教室都成了多媒体教室，每个办公室都成为课件制作室。这些硬件设施为信息技术与英语学科的整合提供了可靠的保证。现代化的教育设施为开展教育现代化打下扎实的基础。以教育信息化带动教育现代化，这是教育改革的核心任务。

（二）整合的必要性

传统的英语教学模式是以教师为中心，知识的传递主要靠教师对学生的硬性灌输，其主动性和积极性难以发挥，不利于创造性人才的培养。信息技术为英语教学注入了新鲜血液并带来了活力。信息技术能将抽象的内容具体化，使晦涩难懂的内容变得生动，很容易实现情境教学。信息技术已经在英语课堂上起到了至关重要的作用。在英语教学中，有些教学环节运用多媒体技术可以达到事半功倍的效果。如进行词汇、语法练习时，多媒体呈现的速度更快、容量更大。又如背景介绍、听力练习，多媒体课件图文并茂，加上声音、动画、影像，可使学生更直观地获得感性认识和文化信息。信息技术与英语学科的整合既成功地导入了新课，优化了教学过程，又增强了学生的学习兴趣，激发了学生的求知欲望。

（三）整合的有效性

信息技术是现代教育技术的重要代表，它是英语教与学中的一柄双刃剑，充分发挥信息技术以及多媒体网络设备的工具性功能和互联网强大的资源共享的优势，使信息技术恰当、有效地融入英语教学中，从而提高教学质量和效率。信息技术与英语教学有效整合，一方面，可以创新教学模式，增大教学容量，突出教学重点，给学生提供真实的语言情景，增强学生学习的实践性、主动性和自主性，从根本上改变传统的教学观念和模式，优化教与学的过程；另一方面，这种整合也有利于学生形成合理并有效地利用信息技术进行学习和应用英语的策略，培养学生的创新思维和实践能力，以及获取信息、处理信息、传输信息、运用信息的能力。外语教学目标通常有听、说、读、写等方面要求，相应的教学内容应包含文字、语音和视频等不同媒体的信息。但是在传统的印刷锻材中，有关语音和活动影像的内容无法与文字内容组成一体化的教材，只能以教科书、录音带、录像带三者各自独立的形式，束缚教师的手脚，限制学生的思维，与超文本方式组织的图、文、音、像并茂的丰富多彩的电子教材不可同日而语。

（四）整合的协作性

整合的协作性，首先体现在学生互相学习、师生互动、生生合作，从而得到团队的帮助和启发，共同参与完成学习任务。要强调信息技术的普遍应用，充分发挥信息技术的优势，为学生的学习和发展提供丰富多样的教育环境和有利的学习工具。其次，以多媒体计算机技术和网络技术为主的信息技术具有交互性、超文本性和网络化等特性，使个别化学习、协作式学习和发现式学习得以结合，极大地拓展了英语教学的领域，培养学生的创新精神和实践能力。

（五）整合的开放性

整合的开放性。体现在探索和构建新型的教学模式上。这种模式实现了整体教学与个体指导相结合，知识传授与教学信息反馈相结合，真正实现"因材施教"。将英语的学科知识、需要的跨学科知识建成资源库，学生经过简单处理就能很快科用的资源。为了方便学生到更广阔的知识海洋中去寻找知识宝藏，利用网络搜索引擎收集、检索相关信息，充实、丰富、拓展课堂学习资源，提供各种学习方式，让学生学会选择、整理、重组、再应用这些更广泛的资源。这种对网络资源的再组织，有力地促进了学生的自主学习。

第三节 信息技术与英语教学整合的内容与模式

一、信息技术与英语教学整合的内容

（一）信息技术与教师的整合

信息技术的迅速发展和广泛使用，丰富了教学资源和教学手段，从而对英语教师提出了更高的从业要求。因此，广大英语教师必须实现教育教学意识的现代转换，构建复合的知识结构，完善人格品质。

1. 展现人格魅力

不论信息技术如何发展，始终无法代替教师作为领路人的作用，代替不了教师的人格影响。在知识传授渠道极大丰富以后，教师的价值更多地体现在人格影响方面。因此，英语教师必须树立崇高的职业理想，不断增加自我意识和使命感，要像诗人一样富有灵性、悟性和冲动，以鲜活、旺盛的创新精神和创造能力去面对每次不同主题、不同内涵的教学活动。一个人的自我评价往往是其事业是否成功的重要标志，每个教师都要善于认识自己、发现自己，追求成功。此外，还必须树立团队意识，善于合作。教师人格魅力的影响对学生而言是潜移默化的，教师之间必须在竞争的基础上进行合作，在合作的基础上进行竞争。

2. 更新教育理念

教师应树立以学生发展为本的观点，在教学过程中以学生的身心发展特点和成长规律为出发点，采取有效的方式或手段，把沉睡在每个学生身上的潜能唤醒起来，培养学生的正确的治学态度、科学的思维方式、丰富的精神世界和高尚的道德情操，要重在激发学生的学习与研究兴趣；作为学习的组织者和指导者，英语教师要树立学生主体的观念，应充分尊重学生主动学习的权利，给学生提供学习的条件和机会，帮助学生主动参与，鼓励学生自己发现课题、收集资料、处理信息、思考问题。在教学过程中，教师应发挥在认识问题的方法和理解问题的系统性方面的优势，培养学生的探索精神、创新精神与求异思维。

在信息技术迅速发展和广泛运用的社会中，学习方式以创新性学习为主要特征，教师被学生问倒的现象并非偶然发生。因此教师也要向学生学习。只有确立先进的教育民主化观念，突破传统师生关系上的领导与被领导、管理与被管理的状况，建立科学、民主、平等的新型师生关系，就能更好地适应形势发展的要求。现代教育思想就是要运用现代教育理论和现代信息技术，通过对教学过程和教学资源的设计、利用、评价和管理，以实现教学优化的理论和实践。英语教师作为课程的领导者和组织者，必须树立现代教育思想观念，克服传统的教育教学观念，运用现代教育技术探索、构建新型教学模式，通过构建新型教学模式，促进现代教育技术环境和资源的开发，建设现代化教学体系，优化教学全过程，提高教育教学质量，为社会培养新型人才。

3. 优化教学方法

增大课堂信息容量，优化课堂教学方法，是课堂教学的中心任务。实践证明，学生英语能力的形成，靠的是自己的英语语言实践。运用教育信息技术，能充分调动学生们的主动性和积极性，发挥学生主体参与作用，融教法、学法于一体，加快课堂节奏，增加课堂信息容量，加大语言输入量，尽量为每位学生提供更多的语言实践机会。在教学 Speaking 时，我们可把重、难点，即情景对话、图片、板书要点都设计制作成课件，大大节省了讲解和板书时间。教师可以精讲多练，加快课堂节奏，环环相扣。并且在进行阶段性或总复习对已学的众多知识进行系统的整理和归纳，存入电脑，或制成可供学生自学、复习的学法指导或资料库。利用计算机的网络性，学生随时随地可调用所需的资料，学生只需在很短的时间内便可形成一个完整的知识网络。这样就优化了教学方法，大大提高了课堂教学效果。

信息技术英语教学的整合是一次革命性的教学观的转变，随着它在教学中的不断渗透和深化，教师的角色也由权威的指导者、知识的给予者转变为学习的促进者、协调者和监控者，教师既是学习资源的组织者，同时本身也充当一种资源。这种角色的转度需要教师善于创设平等、自由的学习气氛，以促进师生之间、生生之间充分的交流、讨论；需要教师帮助学生对自己的学习状态和学习策略进行有效监控和调节；需要教师探索更为适宜的评价方式，全面评估学生的学习过程和结果，及时地给予反馈和鼓励。

4. 提高技术水平

信息技术作为一种技术手段和学习资源运用到英语教学中，能对学生的学习达到一举多得、事半功倍的效果，然而正确高效地运用这些信息技术也对教师提出了更高的要求。我们需要将素材资源库与制作平台相结合，根据教学实际，充分利用现有条件下的教学软件，并从中选取适合教学需求的内容编辑制作使用的课件；需要灵活运用 Office 系列软件，如 Word 文档处理，PowerPoint 幻灯片式图文展示，Frontpage 编辑制作网页等等。这些最基础的信息技术手段对于一线的英语教师们还有一些难度，需要不断地培训和学习。信息技术在教学中的应用重在信息的获得、筛选与运用，技术还是获得和加工信息的工具。实现课程整合重要的是教育观念的革新。课程整合将信息技术看作各科学习的一个有机组成部分，它要在已有课程（或其他学科）的学习活动中有机结合使用信息技术，以便更好地完成课程目标。但整合不等于混合，它强调在利用信息技术之前，教师要清楚信息技术应用于课堂的优势和不足，以及学科教学的需求，设法找出信息技术在哪些地方能提高学习效果，使学生完成那些用其他方法做不到或效果不好的事，使信息技术成为一种终生受用的学习知识和提高技能的工具。

如何将信息合理的展示给学生，将对学生的英语学习产生很大的影响。集图形、声音、动画、文字等多种信息功能为一体的教学资源，以全方位、多层次吸引学生，增加信息获取量，使课堂英语教学更为生动活泼，趣味盎然，让学生如身临其境，使学生自始至终都保持强烈的兴趣，从而易于接受、记忆新的语言材料和学习内容。要充分发挥以计算机为核心的信息技术的优势，扩展课堂容量，提高教学效率。信息技术与英语教学有效整合的关键，在于教师能否认真钻研教材，依据学科特点和教学实际，开发出适宜课堂教学实际的 CAI 课件，真正发挥现代化教学设施的效益，给整合提供有力的技术支持，切切实实地提高课堂效益和教学质量。CAI 课件的设计，必须结合教学实际，根据学科教学目标与教学任务，因材制作，因人施教，灵活运用。作为英语学科，CAI 的设计应从着重培养学生的听、说、读、写的综合能力出发，创设语言情境，激发学习动机，启发、引导学生对所学内容的正确理解和运用，并且突出重点、难点，提高学生的综合语言运用能力。

5. 加强理论素养

在日新月异的信息社会里，教师必须不断"充电"才能顺应科技的进步和社会的发展。从这个意义上，教师也要做终身学习者。作为一种新的课程设计思想和教学模式，信息技术与课程整合有着很深的理论背景，据研究，主要包括心理学、知识论、社会学和教育理论。对课程整合有重要影响的心理学理论有发展心理学、多元智力理论、成功智力理论等。20 世纪后期，科学技术飞速发展，信息传播快速广泛，知识更新加快，人类社会的生活方式也随之迅速变化，使得人与人之间的理解和合作更加重要。世界各国社会的民主化和社会的多元化、经济的市场化都要求学校课程以新的内容和新的组织形式来适应这些社会变化。满足学习者个性发展的多元化需求，这些构成了课程整合的社会学基础。同时，课程整合的理论基础还应包括建构主义学习理论。建构主义学习理论主张学生是学习中心，是信息加工和意义的主动建构者。所有这些都为信息技术与课程整合的进一步发展提供了理论指导。教师要不断学习这些新的理论，努力搞好教育教学。教师是实现整合的关键。现代教育理论认为教师不再是传统意义上的课堂教学的主宰，而是教学的组织者，学生的指导者、合作者，学习的促进者。因此教师与技术的整合是教学中的首要问题。教师要勤于学习现代教育理论和教育技术，熟练运用各种教学所需的软件与多媒体技术，并积极自觉地运用网络，获取最新信息，追踪英语教育理论与实践的前沿研究成果，提高自己的理论研究水平，丰富自己的教学资源，并将这些运用到课堂教学中，既可以激发学生的兴趣，引导学生自觉运用技术协助英语学习，又可以创设良好的课堂情境，为学生学习知识和锻炼语言运用能力创造条件。由于学习资源的极大丰富，教师在筛选学习资源、组织学习资源、传递学习资源方面的主导性作用特别重要，教师就是网络知识海洋中的"导航者"。

6. 提升科研能力

教师应在教学之余，通过互联网搜集各种有关英语学习和教学的网站，一方面搜集积累教学和学习素材，丰富课堂教学材料，同时还要通过较好的英语教学研究网站进行网络在线学习，拓展自己的教学研究视野，提升自己的专业水平和业务能力。例如，基础教育英语教学与研究网站、中国计算机辅助语言教学研究网站、教育技术通讯网站、人教社英语网站等，这些都是专业的英语学习和信息技术结合的网站，一定能从中获益良多。在利用信息技术整合英语学习和教研的过程中，师生能够教学相长。许多学生掌握一定的计算机技术，能够帮助教师解决信息技术运用中的相关问题，从而提高课堂教学效率。教师一方面向学生学习技术和应用，学生也在应用中巩固提高了技术和利用技术学习的能力，增强了英语学习的兴趣，教学相长，又密切了师生的关系。对英语教师来说，建好、用好英语网站不仅仅为了共享教学资源，方便自己的教学，而且还要利用英语网站发布信息，在全国乃至全球范围内交流教学经验，开展合作研究，交换学术成果。英语教师可以通过互联网上的网络讨论组组织学术讨论活动，召开英语教学研讨会把最新的教学成果推出去，让更多的英语同行和英语学习者收益。我们还可以把自己的优秀教案、课件、等放在学校的网站上共享，扩大影响。

7. 提倡终身学习

英语教师作为课程的设计者和开发者，要使自己适应形势发展的需要，就必须不断地学习。不仅要具备普通教学的基本素质，还要具备计算机技术、视频技术、音频技术、通讯网络技术、影视技术、编导理论等方面的基本知识；必须掌握多媒体网络化教育环境下进行多媒体网络教学、利用多媒体技术进行教学设计的知识技能，必须密切追踪当代科学技术、社会人文领域的最新研究动态和成果，具备基本的科学人文知识，强化网络意识和网络文化适应意识；应富有敏锐的职业洞察力、卓越的教学监控能力，高效率地解决教学过程中的各种问题。由观念适应到知识适应、技术适应乃至文化适应，教师应全方位地加强自身适应信息化生存环境的能力，成为信息化教育中的行为主体。

（二）信息技术与学生的整合

学生是教学的中心，是学习的主体。信息技术和多媒体技术所特有的集声、光、色彩、图片、动画和影像等于一体的影音效果，使学生接受多种途径的感性刺激，有利于对知识的记忆。而通过网络所获得的有益教学的信息则是传统教学所无法比拟的，因此它能激发学生的学习兴趣，并能充分发挥学生的主体性。学生将所学与信息技术结合起来，通过探究和发现进行学习，如为准备一个课题的学习，学生利用搜索引擎在互联网上搜索、筛选、选择和分析相关信息以及有关音像资料；还可以跨学科学习同一课题，拓宽视野，培养创新精神。这样，学生从传统的知识被动接受者转变为主动发现者、建构者，并养成自主学习的习惯。信息技术成为学生的认知助手和培养研发能力的工具，成为辅助英语学习的助手。

1. 培养和发挥学生的主体性

学生在教师的指导下，利用教师提供的资料或自己查找信息，进行个别化和协作式相结合的自主学习；在利用信息技术完成任务后，师生一起进行学习评价、反馈。在整个教学过程中，学生能够发挥主体性，发展个性。教师在整合教学中发挥主导作用，以各种形式、多种手段调动学生的学习积极性，帮助学生实现学习目标。这样的教学十分有利于学生的主体性的发挥和问题解决能力的培养。信息技术和课程整合在国内还刚刚开始，它有利于学生的学习和成长的优势。但信息世界也不是一块净土，比如，网上有许多不健康的内容，学生上网，也有不能自控的失范行为，对此教师要善于引导学生，发挥网络的积极作用，促进英语教学。

2. 培养学生的创新精神

信息技术和多媒体技术所特有的影音效果，使学生接受多种途径的感性刺激，有利于对知识的记忆。而通过网络所获得的有益教学的信息则是传统教学所无法比拟的，因此它能激发学生的学习兴趣，并能充分发挥学生的主体性。学生利用搜索引擎在互联网上搜索、筛选、选择和分析相关信息以及有关音像资料进行探究进行学习，培养创新精神。这样，学生从传统的知识被动接受者转变为主动发现者、建构者，并养成自主学习的习惯。学生是教学的中心，是学习的主体。在英语学习中，学生利用英语学习环境，积极构建知识意义，进行语言运用练习。

3. 培养学生的探究精神

信息技术成为辅助英语学习的助手，通过网络了解外国的社会环境、风俗习惯、民族心理、历史文化等，对学生的英语学习有很大帮助。教师可根据英语教学的教学内容，将所呈现的学习内容进行收集、加工、分析、处理，整理成多媒体、超文本的学习资源，为学生创设一种直观形象、生动有趣、便于理记忆的语言环境和语言交际情景，让学生在这些情境中进行探究，从而使学生自主地发现问题，动手操作，提出解决问题的方案与办法。这样做有助于学生对学习内容的理解和学习能力的提高，进一步培养学生的探索精神。

（三）信息技术与学习的整合

信息技术与学习的整合主要体现在教师对学生进行学习策略指导和学生的自主学习上。通过信息技术学习英语是一条全新而有效的途径。在以学生为主体的英语学习中，对学习策略的指导尤为必要：一方面是对英语语言学习规律的把握，另一方面则是如何运用多媒体技术和互联网 Internet 来辅助学习。可以通过课堂教学和课外学习中的讲座、讨论指导学生认识英语学习规律。还可以把平时在互联网 Internet 上浏览时收集到的有助于英语学习的网站分类整理提供给学生，为他们自主学习和运用网络学习英语提供帮助。在课堂学习中，学生能较好地利用从这些网站中获取的信息拓展有限的课文内容，并通过计算机技术做成电子作品，丰富课堂学习内容，使英语学习饶有兴味。

（四）信息技术与教材的整合

与当前英语课本及其相关练习和阅读材料相比，信息技术与互联网所提供的资源是超乎人们的想象的。信息技术和互联网已经在打破传统课堂教学模式，教师和学生可以借助网络收集和整理相关课题的资料作为教材课题的拓展学习资源，可以通过文本阅读讨论，或以幻灯片形式学习，也可以在学校主页上建立链接进行网络学习；还可以由教师把经过认真筛选的相关网址提供给学生自主学习。这种方式的学习使教学信息得到极大扩充，知识范围广泛拓展，课堂结构更趋开放。同时学生的视野得以开拓，思路更加开阔，利于创造力的培养。传统教学中课本就是世界，而今世界成为课本，学习资源可以随时随地选取。这是信息技术与教材整合的优势。

（五）信息技术与课程评价的整合

信息技术在教学评价中也大有作为，信息技术的应用丰富了评价内容，使其更加全面、更加科学。首先，信息技术使评价和反馈变得简捷，如网络课堂上教师可通过 BBS、留言板监控学生的学习进程；其次，它拓展了评价内容，信息技术本身就可以作为一项标准来评价学生的电子作业，如幻灯片、网页等。对于学生评价的重点可以是课题研究计划的可行性、研究方法的有效性；学生的参与程度、协作意识；作品是否切合主题，内容的丰富性、合理性、创新性；技术的应用程度等等。教师还可以通过英语学科题库进行测评，为评价提供参考数据。条件许可时，可以在线课堂测试检验学习效果。这些都为教师反思和调整教学内容、手段和步骤提供了必要参考。教师可以利用办公软件和校园网络，轻松地对学生的所有相关数据进行电子化管理，比如，学生的各种测试的成绩，行为记录和学期评价等等。利用信息技术，教师的工作效率明显提高；评价内容更为丰富，教育管理也更加科学有序。

二、信息技术与英语教学整合的基本模式

信息技术与英语教学整合，应该借助信息技术的优势，利用其多媒体信息集成技术、超文本技术、网络技术等优势特点。作为教师的英语教学辅助工具和学生英语学习的认知工具，构筑数字化英语学习资源，使学习者实现英语学习方式的变革，从被动接受式学习真正转变为自主学习和有意义学习。信息技术与英语教学的整合将带来英语教育观念的转变，将形成新型的教学结构，从以教师为中心的讲授，转变为学生探索发现式的自主学习、协商讨论和意义建构。

在这种整合模式下，首先，教师根据教学目标对教材进行分析和处理，并以课件或网页的形式把教学内容呈现给学生。学生接受了学习任务以后，在教师的指导下，利用教师提供的资料（或自己查找信息）进行个别化和协作式相结合的自主学习，并利用信息技术完成任务。最后，师生一起进行学习评价、反馈。教师和学生在信息技术的帮助下，分别进行教学和学习。在整个教学过程中，学生的主体性和个别化得到较大的体现，这样的教学氛围十分有利于学生的创新精神和问题解决能力的培养。同群，教师通过整合的任务，发挥了自己的主导作用，以各种形式、多种手段帮助学生学习，进一步调动学生的学习积极性。

信息技术与英语教学整合的具体模式有：

（一）英语教师的辅教工具

信息技术与英语教学整合，是原来的计算机辅助英语教学理念的提升和发展。原来的信息技术教学应用更加关注辅助教学，而且将信息技术孤立于课程目标之外，不能作为教学结构的有机元素来看待，结果不能取得良好的教学效果。信息技术与英语课程的整合，并非忽视信息技术作为英语教学工具的功能，而是把其作为信息技术与英语教学整合的一个侧面来看待。信息技术作为英语教师的教学辅助工具，主要是作为知识呈现工具、师生通讯交流工具、测评工具以及情景展示工具等。信息技术作为英语教学工具，将更加关注其教学设计的合理性，从英语教学目标出发，真正地把信息技术整合于英语教学之中。

（二）学生学习的认知工具

信息技术与英语教学的整合，和辅助英语教学的明显区别，就是信息技术可以作为学生强大的认知工具，信息技术成为学生学习与认知的有效工具，并且根据英语学习目标，学习者能够合理地选择信息技术工具。信息技术主要作为英语学习内容和英语学习资源的获取工具、作为协商学习和交流讨论的通讯工具、作为知识构建和创作的实践工具和作为自我评测的反馈工具。学习者必须根据学习环境和目标以及预期结果，选择合适的信息技术工具作为自己的英语学习工具。

（三）学习环境的构建工具

信息技术应该构建一个有效的英语学习环境。通过信息技术，可以呈现给学生一个真实的或者虚拟的学习环境，让学习者真正在其中体验，学会在环境中主动建构、积极建构，构筑自己的学习经验。信息技术构建学习环境，可以通过其网络通讯功能以及虚拟功能等方面体现，营造学习者有效的英语学习环境。

三、信息技术与英语教学整合模式所应用的环境

（一）基于多媒体教学软件的英语教学

基于多媒体教学软件的英语教学具有以下两种类型：

1. 创设情境型——创设学习情境，激发学习兴趣

英语学习需要一个良好的语言学习和使用的环境。多媒体教学软件具有形象、生动的特点，可以提供声情并茂的情境，激发学生的学习兴趣，丰富学生的学习素材，以激发学生学习英语、运用英语的积极性。运用多媒体教学软件进行英语教学，实施的出发点之一就是，力争使用多媒体教学软件创设出良好的语言学习环境，为学生提供运用英语进行听、说、读、写全方位的训练，从而提高学生学习英语的兴趣，有效地培养学生听说读写的能力。

2. 学习资料型——提供学习资料，开阔学生视野

使用具有丰富学习内容的多媒体教学软件，可以为学习者提供大量的学习资料，而教

学软件的图、声、文字的结合，可使学生在学习时兴致盎然。通过利用这种学习资料型的英语教学软件进行学习，不仅可以使学生的听说读写能力得到训练，而且在练习英语基本功的同时开阔了视野。这种学习资料型的英语教学软件，可以是老师自行开发的。也可以是从市场购买的；学生对这类软件的使用，可以是在课堂上使用的学习材料，也可以是课后的学习辅助材料。

（二）基于网络资源的英语教学

在网络环境下，网络自身就是一个生动丰富的背景课堂，它不仅为每个学生提供个性化的学习空间，让学生能动地自主学习，而且教师也可以利用网络资源为课堂教学创设形象逼真的环境。网络英语教学具有以下的特点：

1. 学习环境的形象性

多媒体英语教学课件可为学生提供逼真的视听环境，通过视觉和听觉的组合优势提高教学效果。而网络英语教学则更上一层楼，它无需人为地创设一个多媒体环境，网络本身就是一个真实的多媒体世界。学生们进入到自然真切的情景中进行身临其境的英语学习，而且学习效果可以获得即时反馈。

2. 学习过程的创造性

网络英语教学选定互联网的某一站点或校园网的某一资源库作为学生取舍的素材来源，而对素材的选择、组拼、融合、消化、转换则是学生们发挥想象力和创造力来完成。

3. 教学模式的先进性

网络英语教学是一种以学生为主体，以教师为主导的全员参与的"双主"模式，事先没有固定的教材，在教师的引导下，每个学生都将老师精心挑选的素材个性化地加工成了一篇短小的课文。也就是说，学生们在自己学习，自己利用网络环境和资源"编制"成"教材"。毫无疑问，学生对自己成果的偏爱和认同，是任何统编教材都无法比拟的。因此，网络英语教学使学生对所学的内容产生强烈的认同感，学习积极性和学习兴趣空前高涨。

4. 学习资源的开放性

网络具有很高的开放性，它本身就是一个无比丰富的资源库。和教师事先编制的课件或印刷的课本相比，它更能为学生提供全方位的学习资源。首先，网上的学习资料是动态的，处于即时更新的状态。其次，它的资料丰富多彩，涵盖了社会的方方面面，为师生双方都提供了很大的选择余地，有利于培养学生的自主学习能力。最后，它的资料形象生动，图文声并茂，很容易吸引学生的注意力，激发学习兴趣。因此，网络英语教学将教室扩大到有信息海洋之称的互联网上，网络成为学生学习英语的一个组成部分，这是一种真正意义上的开放性英语教学。

第四节　信息技术与英语教学整合的重点

现代信息技术与英语教学的整合是目前英语教育教学改革的制高点、突破口。首先，要在以多媒体和网络为基础的信息化环境中实施英语教学教学活动，是指学与教活动要在信息化环境中进行，包括多媒体计算机、多媒体课堂网络、校园网络和互联网络等。学与教的活动包括在网上实施讲授、讨论学习、协商学习、虚拟实验、创作实践等环节。其次，要对课程教学内容进行信息化处理，并使之成为学习者的学习资源。即教师开发和学生创作，把课程学习内容转化为信息化的学习资源，并提供给学习者共享，而不仅仅是教师用来演示。同时，还可以把课程内容编制成电子文稿、多媒体课件、网络课程等，教师用来进行讲授或作为学生学习的资源。充分利用全球性的、可共享的信息化资源，作为课程教学的素材资源，如数字处理的视频资料、图像资料、文本资料等作为教师开发或学习创作的素材，整合到课程内容相关的电子文稿、课件之中，整合学习者的课程学习中。还可利用共享的信息化资源与课程内容融合在一起，直接作为学习对象，供学生进行评议、分析、讨论。再次，利用信息加工工具让学生知识重构，利用文字处理、图像处理、信息集成的数字化工具，对课程知识内容进行重组、创作，使信息技术与课程整合不仅只是向学生传授知识，让学生获得知识，而且能够使学生进行知识重构和创造。

一、整合的目标

整合的目标是促进英语学科的教学质量，促进英语学科教学目标的实现。也就是说整合追求的是促进英语学科的教学质量，提高学生学习英语的效果和效率，而不应是技术方面的目标。英语课程的总体目标是培养学生的综合语言运用能力。综合语言运用能力的形成建立在学生语言技能、语言知识、情感态度、学习策略和文化意识等素养整体发展的基础上。对学生的基本要求为：有较明确的英语学习动机和积极主动的学习态度；能听懂教师有关熟悉话题的陈述并参与讨论；能就日常生活的各种话题与他人交换信息，并陈述自己的意见；能读懂相当的读物和报刊、杂志，克服生词障碍，理解大意；能根据阅读目的运用恰当的阅读策略；能根据提示起草和修改小作文；能与他人合作，解决问题并报告结果，共同完成学习任务，能对自己的学习进行评价，总结学习方法；能利用多种教育资源进行学习，进一步增强对文化差异的理解和认识。而整合就是要将信息技术的应用"毫无痕迹"地融合在课堂教学中，促进更好更快更多更省地完成上述任务和要求。只有在此基础上，才能追求发展性的培养目标（培养和提高学生的信息素养，不仅限于技术操作），将发展性目标统一在基础性目标的实现过程中，并与之协调发展，而不能本末倒置。

二、整合的前提

整合要结合英语学科特点和学生的心理特点。要想更好地完成上述目标，在整合的过程中，前提就是要切实结合英语学科的特点和学生的生理、心理特点。要依据英语学科特点和学生生理、心理特点剪裁和组合信息技术，安排课堂内容结构、运用教学策略和设计活动等。首先英语教学的学习，是学生通过英语学习和实践活动，逐步掌握英语知识和技能，提高语言实际运用能力的过程，其中听、说、读、写是一个有机整体。因此，在课堂中，我们应该改变传统的过分重视语法和词汇知识讲解的做法，采用任务驱动的途径，把听、说、读、写和译的各种技能结合起来，并把它们统一在具体的问题和任务中，让学生"在做中学，在做中用"。还有，根据英语学习认知过程的分析，我们来设计课堂教学的各个环节、步骤和活动。利用信息技术激发学生的兴趣，用任务调动学生探究热情，用个性化的学习让学生独立思考，用协作学习让学生进行交流、运用和建构。当然，我们还要根据学生爱说、爱动，善于模仿，记忆力强，有强烈的竞争意识和表现欲，喜欢尝试着把学到的语言材料随时进行对话、叙述和表演的特点，来设计开展丰富多彩的课堂交际活动，便于学生边学边练，学用结合，使所学语言材料能够在运用中获得巩固和提高。

三、整合的条件

整合是需要条件的，要在以多媒体和网络为基础的信息化环境中实施。它不同于过去研究的视听技术支持下的多种媒体在教学过程中优化组合应用的整合。而是指学与教的活动要在信息化环境中进行，包括多媒体计算机、多媒体课堂网络、校园网络和互联网络等等。当然，这不是为了用技术而用技术，而是在现有的条件下，充分发挥信息技术的优势，为学生创造出理想的学习环境，促进教学方式、学习方式和教学结构等的一系列转变。实践证明，信息技术在英语教学中有以下优势。

（一）语言学习环境自然、真实

信息技术能够创设自然而真实的语言学习环境。集成性是多媒体技术的关键特性之一，它可以将文字、声音、图形、动态图像有机地集成在一起，并把结果综合地表现出来。与课本、录音带等教学媒体相比，多媒体计算机能提供更为真实、更接近自然的语言输入，提供情景性更强、更生动活泼的语言教学，从而激发学生的兴趣和学习动机。再加上多媒体技术与网络的结合不仅可以提供来源和表现形式多样化的英语输入量，而且还为学习者创造丰富、自然的目标语环境，让他们在真实的环境中学习和接受挑战性的学习任务，促进学习形态由低投入（被动型）转向高投入（主动型）。这对于学习者发现语言规律，建构自己的语言系统是非常重要的。

（二）丰富的资源有利于自主学习

多媒体与网络能够提供丰富的教学资源，引导学生自主学习。借助多媒体计算机和网络的海量存储，每一个学生都会很容易得到比以前任何时候都多的信息。各种新型教学资源补充、扩展了传统的教学资源，使学生获得了更多的学习机会。不仅如此很多计算机软件能够提供友好的交互界面，针对语音、听力、词汇、阅读、写作等语言技能提供练习任务，并给予相应的反馈和指导。通过人机对话的方式，学生可以自主地探究学习。这样，一方面可以扩大课堂的信息容量，从而增大训练的广度、密度和深度，另一方面也有利于因材施教和个别化的教学，更有利于培养学生的学习兴趣，以使其找到获取知识的最佳途径，获得最佳的学习效果，这是传统的课堂教学所不能比拟的。

（三）更好地体现了素质教育

计算机和网络使素质教育在英语教学中得到更好的贯彻和体现。在计算机和网络所创设的真实、自然的语言学习环境中，学生不仅满足了个人兴趣，在生动活泼的氛围中感受和体验到了特定的语境和标准的语音、语调，从而更好地把握所学内容。并且还陶冶了情操，开阔了视野，了解了外国的风土人情和文化，进而提高了跨文化交际能力。另外在和同伴的直接交流中，可以发挥创造思维能力和合作能力，让他们充分地学以致用，解决实际问题。另一方面，英语学习是多种感官的协同学习，掌握一门语言也必然是听、说、读、写和译的诸方面能力的综合掌握，计算机和网络不仅可以兼顾这些方面，而且还可以达到比传统教学手段更高的效果，从而全面提高其素质。

（四）整合的关键

整合就是要建立一种新型的教学结构。在整合中，不仅仅是把信息技术作为辅助教或辅助学的工具，而是强调要利用信息技术营造一种理想教学环境，通过教师——学生——信息技术——教学资源有机融合和持续互动，建立起教师主导——学生主体的新型教学结构，以实现一种能充分体现学生主体地位的"自主、探究、合作"为特征的新型学习方式，切实促进我们英语教学的改革。这是我们整合的关键。要通过新的师生关系、新的生生关系和新的学习工具，为学生创造大量的学习、实践、思考机会，让学生去发现和利用当前的信息和资源（包括师生、生生、生机之间的互动交流所获得的），并将其所学知识和技能解决在较为复杂和真实的情景中的"开口"和"对话"，让学生实质性地参与教学过程，真正地做到"为用而学，在用中学，学了就用"。

第五节　信息技术与英语教学整合的作用与实践

一、信息技术与英语教学整合的作用

（一）信息技术与英语教学有效整合的作用

同信息技术一样，教学也是一种手段，信息技术与英语教学有效整合的结果也仍然是一种手段，使用这一手段的目的，是充分利用现代信息技术的优势，促使教学任务的更好完成，从而推动素质教育的顺利进行。显然，这种整合模式，应该成为学生获取信息、探索问题、合作学习、解决问题和构建知识的认知工具。

1. 进行教学演示

这是信息技术与英语教学整合的最初形式，也是最基本的层次。教师利用教学软件或多媒体素材，编写自己的多媒体课件，用动画、影片等营造、创设语言情境，激起学生的学习兴趣，并且可以使教学更贴合实际。信息技术与英语教学的整合，使计算机代替粉笔、黑板等传统教学媒体，实现传统模式所无法实现的教学功能。

2. 促进主体交流

英语教学过程应该是师生之间、学生之间互动的交流过程。通过互联网、局域网的硬件环境，实现师生之间、学生之间的专题质疑、问题研讨和感情交流。以及师生与外校、外地、外界的链接，达到快速、优质、高效的目的，实现知识获取和能力训练的最大效益。该种整合模式可以实现个别辅导式的教学，既能代替教师的部分职能，如出题、评定等，还能较好地实现因材施教，解决因主体个别差异导致的质量失衡问题，并且更有效地提高学生学习的投入性、自觉性。

3. 能增加课堂知识密度

信息技术与英语教学整合可以改变课堂教学模式，提高课堂节奏，增加教学密度，增强课堂知识的容量，扩大学生知识面。同时还能培养学生动手、动脑的能力，促使学生积极思维，形成师生之间、生生之间的多层互动，激起学生主动学习的欲望，使学生主动参与到课堂教学活动之中。教师在使用信息技术时，应从实际情况出发，制作一些诸如"插播片""片断片""素材片"等课件：在具体教学活动中，有效地利用这些课件，使现代信息技术真正起到辅助作用，从而更好地发挥学生的主体作用。现代信息技术与英语教学整合的主题是语言学习，主体是学生，信息技术只是辅助。

在教学过程中，教师是学生学习的指导者和活动的组织者，学生不再被动接受，而是主动参与、发现、探究，教学过程就成了探究问题、协商学习等以学生为主体的活动过程。现代信息技术教学主要采用视听手段，在课堂上进行大量的交际练习，学生练习使用英语的机会比传统的教学模式大大增加，更有利于培养学生的听说能力。还可向学生展示一些有关英美国家的风土人情及相应的背景知识，这样可丰富学生的英语知识，扩大他们的知识视野。

4. 优化课堂结构。突出重点，突破难点

学生所获得的知识80%来源于课堂，优化课堂结构显得尤为重要。在英语教学中，经常需要引入各种媒体，教师的备课资料和收集到的信息，包括课文、练习、问题、演示，以及相关的预备知识、补充材料等，在具体教学过程中出现的时间、方式、次数等都是动态和随机的，会受课堂教学中各种因素的影响。在常规教学手段下，各种不同的教学信息分别出现在教科书、录音机、录像带等不同媒体中，很难有效地整合在一起。利用超文本的网状非线性信息管理方式，教师可以根据人的思维习惯和教学要求，把所有资料链接到一起，极大地方便教学。信息技术还可以超越时空，把教学内容延伸到情景生动、逼真地再现，使抽象的知识变得具体化、简单化、直观化，缩短了客观实物与学生之间的距离。从而降低了难度，使学生容易接受和理解，获得深刻、清晰的感知。

5. 有利于资源环境的生成

信息技术与英语教学的整合，可以突破书本作为知识主要来源的限制，而不断生成新的、丰富多彩的教学资源环境。例如异地景观、背景材料、实物模型、重要数据等等，很多是课本所不能容纳的，而这类材料却能极大地丰富教学的资源环境。以英语学科为例，其信息技术资源包括英语教学中所凭借的信息技术手段及其相应配置，还包括通过信息技术进行数字化的自然、社会、人文等方面无限丰富的资源。这种资源被开发利用，英语教学的手段和条件都将发生巨大变化。类似于尺幅千里、芥子须眉、留声致远、异步对话、心游万仞、思接千载、时空隧道等种种原来属于夸张范畴的内容，一旦在英语教学中成为现实，将极大地丰富教学资源，大大提高学生学习英语的主动性和创造性。

6. 提高学习效率

现代信息技术和英语教学的整合就是利用形、声来传授知识，使学生充分利用视觉、听觉接受知识，综合利用各种感官进行学习，以取得最佳学习效果。现代信息技术与英语教学的整合使学生不但使用了视觉器官，而且还调动了他们的听觉器官。语言的音、形义是一个整体，在呈现中不可能将其截然割裂开来。利用现代信息技术，进行听说训练，可充分调动学生的视觉、听觉、触觉感官作用，使其互相配合，加大语言信息的刺激量，从而大大提高学生的学习效率。

7. 促进研究性学习的发展

近年来，研究性学习已经突破了课外活动的限囿，而被提升成为基本的课程内容之一。教育部颁布了新的课程标准强调要通过课程改革，加强学生基本素质的培养，通过规范的课程教学，把学生培养成为学会生存、懂得知识、掌握技能、发展能力的身心健康的新四有人才。研究性学习正是课程改革的重要内容之一。在教学过程中，根据英语学科内容，利用多媒体集成工具或网页开发工具，将需要呈现的课程内容，以多媒体、超文本、友好交互方式进行集成、加工处理转化成为数字化学习资源，同时根据英语教学需要，创设一定的情景，并让学生在这些情景中探究、发现，这极利于学生对学习内容的理解和学习能力的提高。

8. 培养学生终生学习的态度和能力

大势所趋，当今"终身学习"已经由人们的单纯的愿望变成了具体的行动。时势可以铸造英才，时势也可以淘汰庸人，现实迫使人们产生了紧迫感。学会学习和终生学习，是信息社会对公民的基本要求。信息技术与英语教学的整合，迎合了时代的要求，在培养学生树立终生学习的态度上，有独特的优势。这种整合。使得学生具有主动吸取知识的要求和愿望，在付诸日常生活实践中能够独立自主地学习，自我组织、制定并实施学习计划，能调控学习过程，能对学习结果进行自我评估。这无疑在学习方法上进行了一种革命式的变革。

9. 培养学生的适应能力和解决实际问题的能办

新旧英语教学方式的区别，最根本的就在于能力的掌握与否。在信息时代，知识和技术成为第一生产力，是社会生产力、经济竞争力的关键因素，知识本身发生激增、剧变、更新，而且频率加快，周期缩短，同时知识本身的高度综合和学科渗透、交叉，使得人类的一切领域都受到广泛的冲击和影响。在这种科学技术和社会结构发生急剧变革的大背景下，适应能力、应变能力和解决问题的能力，将变得更为重要。我们必须改革英语教学方式，培养学生的上述能；力，才能适应社会的发展。由于信息技术和英语教学的整合能够最大限度地开发学生潜力，调动学生的积极因素，因此学生能力的培养问题将能迎刃而解。

10. 有利于培养学生的信息素养

整合可以培养学生的信息素养与信息利用素质。信息技术融入英语教学过程，使英语教学方式变革了，英语教学视野拓宽了，英语教学内容丰富了，学生对信息的获取、分析、加工和利用，成为英语学习过程的主要内容，因而能最大限度地贴近现实生活实际，融入网络时代，利用信息能力解决问题。

（二）整合中应注意的问题

1. 避免直观形象教学与语言教学脱节

信息技术能提供真实的直观形象材料，使学生获得全新充分的感知。但是，教师还必须适时加以适量的提示、强调、总结，予以引导。不能只关注直观材料本身而忽略对学生讲解所展示的视觉材料与教材之间的内在联系，忽略形象材料的辅助性和课文材料文字信息的重要性，造成直观形象教学与课堂语言教学相脱节的现象。教师应针对语言教学重点和难点进行教学设计，把握好教学内容的深度，合理使用信息技术，才能取得良好的教学效果。

2. 把握适时、适度、适当原则

"适时"就是运用多媒体时要选择有利于学生掌握重点，并使教学达到最佳效果的时机。适当就是多媒体要用在"精彩"之处，用在激发学生学习，用在突出重点突破难点之处，用在利于学生内化教学内容之处。"适度"就是多媒体运用要做到既不喧宾夺主地滥用，也不能因噎废食而全然不用。教师要注重发挥多媒体的特点与功能，找准计算机多媒体与教学内容的切入点，合理使用信息技术，以取得良好教学效果。要确保发挥信息技术的优势和实效，必须依次考虑以下问题：信息技术是否适用于当前教学内容、学习者和教学目标的需要？信息技术在实现当前教学目标方面是否有不可替代的优势，具体体现在哪些方面？应如何通过有效的教学策略使潜在优势转变为教学实效？如何消除当前教学中应用信息技术的不利影响？

3. 把握整体性原则

在整合课堂教学中，教师应以以人为本的课程理念和教学思想为导向，通过教学设计一，以符合学科特点和学生学习需求的方式，高效应用信息技术，追求信息技术在促进教学、学习和学生全面发展方面的实效性。信息技术整合的教学设计是一个结构性的系统。因此，教师应把握整体性原则，综合考虑该系统包括的各个要素和环节，包括教师、学生、教学内容、教学目标、教学媒体和方法等，追求信息技术应用与教学方式变革的相互促进。教师必须明确，在整合的课堂教学中，教学策略起着核心作用，教师应苦苦追求的是每节课或一系列教学活动在教学、学习和学生发展等方面的实效，而不能过多考虑教学中采用的信息技术的多与少，或者所用信息技术先进与否。

4. 信息技术与多种活动方式的综合运用

多媒体网络技术给教育教学带来了一次深刻的革命，但它并不是万能的，不能代替学生的操作实践等活动，也不能完全取代教师的地位，它只是一个帮助我们认识世界的好工具。要避免信息技术应用与其他活动方式的对立，杜绝切断学生与社会、生活实践联系的"全盘信息化"，不能为用信息技术而剥夺学生的动手实践机会。课堂活动的主要形式不是人机互动而是师生之间、生生之间的互动。要充分发挥教师的主导和学生的主体作用，让学生自己去加工整理、呈现信息，提高他们的主观能动性，创造良好的教学关系。此外，在充分利用现代信息技术的同时，还要注重常规媒体与教学手段的有机结合与渗透，以达到事半功倍的效果。

二、信息技术与英语教学整合实践

（一）信息技术与英语听力课程的整合

传统的听力教学，主要是靠录音机和教师本身来完成的。这种方式方法单一，控制不便，而计算机的应用，将会弥补这一不足。首先，可以利用磁盘存贮听力资料。因为磁盘具有容量大、携带方便、容易保存、复制快捷等诸多优点。薄薄的一张磁盘，可存贮相当于几十盘录音带的内容。磁盘的复制比录音带的复制容易得多，并且软件及网络听力资源丰富，选择空间增大。其次，可以运用多媒体计算机播放听力材料。这种方式集文字、图像、声音于一体，形象生动，可以激发学生的学习兴趣：解决听力中的难点，从而有效提高学生听力。而且，在播放中内容可以任意前进、后退、反复。学生如果某一句或某一段听不懂，可以迅速而准确地找到并重复听，这一点是录音机所无法比拟的。再次，可以选择地道的英语听力软件：传统的听力教学，尤其是教师本身的英语授课是因人而异的。有时，教师语音、语调不准确、不规范，势必会给学生的听力提高造成障碍。而好的听力软件，所播放的语音纯正、地道，学生听来则是一种享受，可以有效弥补教师的不足。

（二）信息技术与英语口语课程的整合

随着对外开放的逐步加深，培养学生说的能力显得越来越重要。而对说的能力的培养，离不开环境。计算机和网络的发展，为学生提供了更为广阔而真实的空间。首先体现在人机对话方面。学生可以选取一种软件来自主地训练自己的语音、语调和表达能力。学生可对着话筒模仿计算机所播放的内容，计算机可以对此进行反馈，因而学生就会愿学、乐学，说的能力在不知不觉中得到提高。其次，就是网上交谈。一是通过国际互联网，学生可以和外国人交谈。外籍教师毕竟有限，学生很少有机会与外国人直接沟通。而通过国际互联网，学生可以和国外说英语的人士直接交谈、沟通。二是通过国内互联网，学生可以和国内说英语的人士交流。国内网民人数与日俱增，中间不乏精通英语的人士，因而学生和他们交流就更容易，交谈话题更多。三是通过校内互联网，学生可以和教师、同学自由对话。学生可以在教师的指导下，根据各自的语言水平和爱好，选择不同的交谈内容和交谈对象。这样教师也变"授人以鱼"的教学方式为"授人以渔"，让学生主动参与到学习活动中，能进行自主的探索学习。

（三）信息技术与英语阅读课程的整合

阅读是英语教学的核心内容之一。如何有效地提高学生的阅读能力，是英语教学的关键所在。多媒体计算机及网络的应用，会使英语阅读教学跨上一个新的台阶。CAI 即计算机辅助教学具有能集成文字、图像、影像、声音及动画等多种信息的功能，因此，它愈来愈受到欢迎。多媒体技术的运用可以使课堂教学容量相对增大，给学生提供了更多的语言实践机会。多媒体课件的形象生动，可以大大提高学生的英语阅读兴趣。利用多媒体网络进行英语阅读教学，是培养学生阅读能力的一条新途径。它可以有效地克服以往英语阅读教学中许多问题，例如阅读题材狭窄，内容陈旧，训练方法单一、呆板等问题，因为网络具有信息丰富、题材广泛且新颖、反馈及时等特点。它可以极大地提高学生选择网上阅读材料时，大体遵循以下五个原则：一是拓展性，即从网上选取的材料是对教材内容的扩展，延伸，而不是简单的重复。二是时效性，即所选的材料内容要新，有时代感或是关于一些热点问题的。三是趣味性，即所选材料要符合学生特点，能引起他们的兴趣。四是科学性，即所选材料要真实，如实地反映客观实际。这一点要特别注意，因为网上虚拟的东西数不胜数。五是艺术性，即所选择材料要难易适中，适合学生阅读水平，对一些文章可进行适当改编。

（四）信息技术与英语写作课程的整合

传统的英语写作训练方法比较单调乏味，教师一般是让学生就情景写作，或对课文改写，或写英文日记，这些做法都较死板。而计算机和网络的应用，则可使英语写作变得生动有趣，丰富多彩。首先，可以利用多媒体课件，创设写作背景。教师可在屏幕上显示一些迷人的画面、关键词语，或者播放一段故事，让学生观其形，闻其声，然后有所感而写。还可以设计一些有趣的练习，让学生掌握一定的词汇用法和句型及语法后，逐步地进行写作训练。其次，教师还可以利用网络优势，提高学生写作能力。教师可以组织带领学生一起通过网络搜集相关信息，让学生了解关于一些写作主题的信息。并且要求学生挑选出一个自己最感兴趣的话题写一段简短的话，发 E - mail 给老师或自己的好朋友，让学生充分体验成功的喜悦，增强学习英语的兴趣和自信心，教师还可指导学生结交国际笔友，发送电子邮件，让学生在交流中不知不觉地提高自己的写作水平。

信息技术为写作教学提供了更丰富的素材，更多更迅速的实现渠道和更多更有效的交流方式。比如情境写作：多媒体电脑为书面表达中的情境创设提供了最有力的支持，情境呈现——讨论交流——写作——评价是常用的教学流程。

教师可利用多种软件设计各种生动的情景；互动写作：教师可以通过校园网，将"故事接龙"的样式放到网络上之后，其趣味性、发展的无限性以及教师与学生、学生与学生之间交流能达到一个新的高度。还可通过网上的 BBS 来就某一话题用英语展开讨论。我们还可以充分利用信息技术，从网络上搜集相关资料，并开辟交流区，内设英语论坛。以交互形式促进学生的英语交流；自主写作：让学生自主从网络上获取阅读材料，读后根据自己的选择和思索进行"吸收＋创造"式的写作，使阅读能力、写作能力和信息素养得到共同提高，将阅读和写作有机地结合起来，还可让学生利用 E－mail 交笔友和外国朋友用英语交流，从而达到提高写作水平的目的：写作反馈最有效的方式是利用电子邮件，学生可以将自己的习作通过 E－mail 发给老师，老师批改后再发给学生。通过以上这些方式，让每个学生都参加到教与学的活动中来动手操作、亲自开口说、主动思考，既提高了学生的计算机操作能力，又促进了学生英语听、说、读、写的能力，达到信息技术和英语教学同步提高的双赢目的。

第六章　英语教学中的文化教学

第一节　英语教学中文化教学的发展及意义

文化差异是影响语言进行交流的重要因素，学习一种语言，实际上就是学习一种文化，所以学习语言不可忽视语言所承载的文化，语言教学不仅包括语言知识的教学，而且包括文化知识的教学。因此，在进行外语教学的同时，需要导入与目标语有关的文化内容，这在目前已成为外语教学界的一种共识。然而，长期以来，英语教学重视语言形式，轻视文化导入，忽略跨文化意识的培养是较普遍的现象。

一、大学英语文化教学发展模式

（一）强化主体文化意识

现今，英语教学的教学目标已经从乔姆斯基（Chomsky）的"语言能力"扩展到海姆斯（（Hymes）的"交际能力"，又扩展到跨文化交际能力。但在教学中，我们几乎将重点都放在了目的语文化的导入上，而很少涉及主体文化的研究。但在实际的文化交际活动中，人们之间交流是双向的，互动性的，是双语文化的交叉交际。在交际的过程中，我们既要借鉴、吸收外国的先进技术和文化精华，又要向全世界介绍自己的优秀文化和科技成果。而且，跨文化交际过程中的编码与解码过程和跨文化交际能力的培养无不受到主体文化的影响。因此，主体文化的缺失势必会影响跨文化交际的成功进行。在实际生活中，外国人对中国文化有着浓厚的兴趣，但因为我们长期以来在英语教学中忽视中国文化英语之表达，使得许多英文不错的专家、学者、教师，在与外国人交往的过程中，始终表现不出来自文化大国所应具有的深厚的文化素养和独立的文化人格。我们在学习西方语言时对诸如话语表达、饮食习惯、生活方式、行为准则与价值观念等方面的西方文化的宽容与接纳早已习以为常，而对源远流长的中国传统文化却不甚了解，更不知如何用语言去表达。这就造成了在国际交往中屡屡出现"中国文化失语症"。

因此，要改变跨文化交际中表现出来的中国文化底蕴苍白的现状，就要从我们英语文化教学的单一性和片面性入手。教师要注重自身对于本民族主题文化知识的贮备，扩大阅读量，特别是关于中国文化的书籍、报刊，积累有关母语文化背景、社会习俗、价值观等方面的知识，培养对于母语文化的自觉意识。在教学中不能只是简单地导入异语文化，要注意保留本民族文化，增加中国文化的含量，避免因不知道如何用外语准确表达自己的传统文化的无奈与尴尬，培养学生具备开放的心态与反思意识，平等地对待不同文化，扩大国际视野，增进双方的了解。

（二）提高跨文化交际能力

在以跨文化交际为目的的外语教学中，教师要注重提高学生对中西方文化差异的敏感性，培养学生具有觉醒意识、危机意识、超前意识，还有超越国家、民族、社会、文化障碍从全球角度考虑问题的国际意识，从而实现成功的跨文化交际。

要培养学生的跨文化交际能力，对于教师而言，应该清楚地看到语言文化教学本应就是一体的，它贯穿于整个外语教学的主线，它是一个"语言文化基础教学＋跨文化意识培养→跨文化交际能力培养"的教学实践过程；对于学生而言，它是一个由点到面、由表及里，将语言知识内化为自身素质，并逐步转化成跨文化交际能力的学习发展过程。

因此，在文化教学中有两个原则是应当把握的：一是相关性、实用性原则。因为大学英语教学的对象是非英语专业学生，这些学生的语言基础相对来说较为薄弱，加上课时少、学习任务重等客观条件的限制，要进行社会文化的专门学习是不切实际的。可行的办法是让这些学生在学习语言知识和培养语言技能的过程中最大限度地获取母语与目的语所属的社会文化知识，尤其是"交际文化"方面的各种知识。这就要求教师在教学中通过讲解语音、词汇、句子结构、篇章结构、修辞、文体等知识的同时，让学生了解其中蕴含的文化意义，并逐步加深了解。同时提示学生注意教材中的"文化信息"，进行基本的英汉语言文化比较，了解二者的语用差异，力求在运用中"语用得体"，从而逐步提高听、说、读、写、译的能力。二是从易到难循序渐进的原则。即文化教学的内容、方式应根据不同层次、不同类型的教学要求，合理安排，循序渐进。如在初始阶段，可以介绍一些普及性、表层的文化知识，像中、西方社会的习俗、习惯和日常行为模式的内容，让学生明白在日常生活和交往方面主体文化与目的语文化的差异以及在语言形式和交际中的具体表现。随着语言水平的提高，到了高级阶段，文化教学应从文化的深层入手，应让学生从更广泛的角度了解英美文化及其他国家与民族的文化，形成相应的文化视角，并逐渐成为自觉意识，能在口头和书面交流中正确表达，基本养成对文化差异的敏感性和宽容性。在跨文化交际过程中能准确接受对方信息（听和读）和发出信息（说、写、译），具有处理文化差异的灵活性（如词语的选择、句子的多样化、组段和谋篇、修辞能力等）。

总之，在以跨文化交际为最终目的的外语教学中，主体文化与目的语文化对培养外语学习者的跨文化意识和文化的敏感性都起着重要的作用。因此，大学英语的文化教学的发展模式要遵循从目的语文化—主体文化—目的语文化这一发展模式。忽略了主体文化这一核心因素是阻碍当前学生成功进行跨文化交际的重要原因。

二、大学英语教学中文化教学的意义

文化教学指的是在语言教学中将某个语言国的国情、文化背景、文化知识等融入语言教学中。在大学英语教学改革的背景下，大学英语教学内容也应随之进行改革，具体改革措施主要包括在顺应社会发展及考虑学生具体英语水平的基础上，将文化教学渗透到英语教学中，关注学生的情感态度，从而丰富学生的文化知识，培养学生的文化素养，使学生以积极的态度学习英语，通过这种多元化的途径来提高学生的英语综合能力。

（一）文化教学是大学英语教学改革的必然要求

文化教学的开展对于大学英语教学意义重大，它对于提升学生的语言能力、培养学生的文化意识、提高学生的跨文化交际能力等都十分有利。传统英语教学将语音、语法、词汇、修辞等作为教学的核心内容，将它们当作英语教学的主要任务。但英语教学的不断改革与发展使得传统英语教学的缺点与不足逐渐被放大，传统的英语教学已不能满足社会和发展的需求，也不能算作是英语教学的全部内容。而随着跨文化交际的深入和文化语言学的发展，文化教学已逐渐发展成为英语教学的重要部分，并对英语教学产生者深远的影响。例如，如果学生仅仅了解英语的语法、词汇、听力、阅读、写作等知识和技能，却不了解英语语言所承载的文化，那么他们就难以完全理解并正确使用英语。

大学英语教学归根到底是为了培养学生运用英语进行交际的能力，为了实现这一目标，我们尤其要注重大学英语教学实质是一门跨文化交流教学的科目。语言是文化的物质载体，我们更要注意隐藏在大学英语教学之后的文化教学。同样一个词语可能在中英两种语言中有不同的表达意义，如"狗"（dog）这一个词，在外国人的文化中，狗是人类最忠实的伙伴，所以 dog 在英语中所潜在的隐含义是褒义的，他们会说人"lucky dog"，意思是祝你好运；但是对于中国人而言，狗的出现多是在一些贬义的词语中，如"落水狗""癞皮狗""狗腿子"等都是一些不好的含义。由此我们可以看出存在于语言之中中外文化的巨大差异。所以，在大学英语教学中除了教给学生词汇、语音、语法之外，更要教给学生隐藏在词语背后的文化意义，以避免当学生和外国人交流的时候，因为文化差异而导致的交流障碍和矛盾。

可见，大学英语语言教学离不开文化教学，因为语言教学与文化教学两者是相互作用、相互影响、相互促进的。甚至从某种程度上来讲，语言教学必须进行文化教学。

（二）文化教学是激发学生学习兴趣的必然途径

在大学英语教学中渗透文化教学，能够有效地激发和提高学生的学习兴趣。所谓兴趣，是指人们从事活动、探究事物的一种心理倾向。就兴趣与学生的学习行为之间的关系来讲，兴趣是最好的老师，一旦学生对所学内容具有浓厚兴趣，学生本人就会自发地投入英语学习中，同时也可以高效地完成学习任务。因此，激发学生的学习兴趣是激发学生积极主动学习英语的前提条件。在大学英语学习中，课文的题材选自于不同的方面，如生活、社会、地理等。如果老师只是单纯地讲解课文中的生词、语法，学生将会觉得非常枯燥和乏味。因此，在大学英语教学中，教师如果不仅仅做到课文知识的讲解，相反在课文讲解中可以涉及文化背景知识，不仅可以激发学生对英语的兴趣，而且也能使学生更好地理解课文内容。总之，教师应该引导学生透过语言来看这种语言的内涵与文化，给语言教学注入新鲜的文化内容，便能变枯燥的语言知识教学为生动活泼、富有趣味的文化教学，进而调动学生的学习兴趣，激发学生自主学习的热情，学生的学习效率自然也就能随之提高。

（三）文化教学是素质教育的客观要求

文化教学不仅是大学英语教学的组成部分，而且是素质教育的必然要求，也是培养学生文化素质的重要途径。毋庸置疑，培养学生的语言能力是大学英语教学的主要目的之一，但同时培养学生的文化素质也是大学英语教学的重要任务。学生可以通过文化教学了解世界各国和各民族的文化历史、风土人情等，从而借鉴和吸收国外文化知识。具体来讲，文化教学可以为学生扫除语言学习中的文化障碍，从而使学生更好地理解和掌握语言基础知识，提高语言能力；文化教学可以培养学生的英语思维，使学生跳出自我的文化价值的束缚，从而用英语思维客观地看待英语事物；文化教学可以有效培养学生的文化敏感度，提高学生处理文化差异的灵活性，进而培养学生的跨文化交际能力。

（四）文化教学是文化全球化的迫切需求

近年来，由于我国综合国力的上升，与世界各国之间的交流越发频繁，文化全球化趋势越来越强，英语作为最主要的国际通用语言，它在全球文化多元发展中的作用也日渐突出，社会也变得迫切需要用英语进行跨文化交际的人才。跨文化交际是在理解对方文化的基础上进行的交流。换言之，要想顺利得体地开展跨文化交流，如果只是具备良好的英语语言知识是远远不够的，还需要了解对方的文化历史、风俗习惯和价值观念等。文化教学是语言交际的内在需求；是跨文化交流的必然要求；是高校英语教学改革的基本要求。随着科学技术的进步和全球一体化的加快，学习一种语言，文化交流的内涵比语言交际更加广泛和深刻，除了准确掌握相关词汇、语法等基本知识，并正确运用以外，更重要的是懂得各种词汇在使用过程中对应的社会地位、语境及社会含义，英语教学过程中进行文化导入。因此，在大学英语教学中导入文化教学是社会发展的必然需求，是培养大学生跨文化交流能力的必然要求。在大学英语教学中，教师不仅要提高学生的语言能力，还要向学生传授英语背景文化知识，引导学生了解中英文化的差异，培养学生的文化素养，提高学生的跨文化交际能力，进而培养符合社会发展要求的英语人才。

（五）文化教学有助于提高学生的英语综合运用能力

英语的应用能力体现在听、说、读、写等层面，在传统的英语教学中，学生更加注重单词的记忆和语法的应用，导致只会做题却不会应用。语言离不开文化，如果学生在英语学习中脱离了文化的学习，在应用过程中就会产生一定的障碍。语言中渗透着丰富的文化内涵，要想学好一门语言，首先要掌握其国家的文化背景。随着文化多元化和经济全球化的发展，在进行大学英语教学过程中，教师需要把大学英语教学与文化知识有效地结合在一起，这样可以使学生更好地掌握英语基本知识，不仅可以培养学生的多元文化意识，而且还可以全面提高学生的英语学习水平。

语言是受文化的制约的，所以在大学英语教学中我们要格外注意不同地区的学生受当地文化的影响会对同一种外语有不同的理解方式，也因为不同地区有不同的方言，发音方式也格外不同，从而产生不同的学习效果，也就会使学生的英语综合运用能力有所不同。

同时也要关注整体中国人比较爱犯的错误，例如，中国学生为什么口语化能力远远比不上书面表达能力呢？除了与中国教育普遍关注笔试之外，更多的是受制于文化的影响，在外语学习中，中国人的语言表达习惯是讲求字正腔圆，英语口语想要更标准就要失去爆破，才能发出带有"洋味儿"的英语。除此之外，中国语言中存在大量可以儿化的词语，这就导致许多中国学生在学习英语的时候就会不自觉地加上一些儿化音，这样就会产生误差，不利于英语的学习。

（六）文化教学有助于开阔学生的视野

教师在英语讲解中，通过介绍英语语言国家的文化背景，可以让学生了解一些涉猎历史、地理等方面的知识，拓宽学生的知识面，使他们对外部的世界更加了解，有助于他们成为具有国际视野的开放性人才。

综上所述，外语教学中的文化导入是至关重要的。因此，大学英语课堂的教学不仅是语言的教学，更应该加入西方文化的教学。同样，语言和文化之间的区别从来都不是明确的，二者是相互联系、互相影响的。学习英语的过程，也应该是了解和掌握英语文化背景知识的过程。因而，对文化背景知识的了解就直接影响到学习者的英语运用能力，尤其是学习者的口语实践能力。

在经济和文化不断发展的今天，各学科之间相互影响、相互交融。英语已经成为人与人之间交流的必要技能，同时也是世界各国政治、文化、经济交流的重要工具。英语这一全球性语言的重要性越发显著，英语教学也成为高等教育的一个重要课题。在经济文化全球化的背景下，大学英语教学中，也应适当地融入文化教学。如今，各大高校对英语教学非常重视，而传统的英语教学仅仅进行语音、语法和词汇的教学，让学生写出合乎语法规则的句子，很难提升学生的英语综合能力。所谓文化教学，是指在传统教学的基础上，引导学生多阅读一些英语书籍，观看一些英语视频、电影等从而了解中西方的文化差异，认识到西方文化所特有的魅力，实现渗透文化教学，使学生深入理解西方文化与语言的含义，培养学生的学习兴趣，逐步提高学生的文化素养，从而达到扩展学生文化知识面的目的。

近年来，尤其随着中西文化的交融，如何在英语课堂中进行文化教学已逐渐成为当前英语教学的首要问题。要进行文化教学就必须要了解和掌握母语和目标语之间的文化差异，也就是指英语和中文之间的文化差异，这里的文化不仅仅是指"Culture"，而是一个更加广泛的范围，是指一个社会所具有的独特的信仰、习惯、制度、目标等，也就是指一个民族的全部的生活方式。所以，我们所面临的英语课堂不应该只包括语法教学、单词教学等，更应该穿插文化教学。语言的工具性和人文性决定了外语教学不仅是知识的拓展，更是文化的传承，蕴含着丰富的人文内涵和学术研究价值。当代外语教学研究的最大突破在于将文化置于语言环境之中，外语教师要重视外语教学中的文化导入和文化对比、树立文化教学意识、培养学生文化认知能力和跨文化意识，才能让外语教学真正实现学以致用的教学目标。因此，大学英语教学中应该融入文化教育，提升学生对语言的理解能力。

第二节 英语教学中文化导入的内容

不同的民族有不同的语言和文化，而文化差异的客观存在，极大地阻碍了不同文化背景下人们的交流与学习，中西文化差异也为中国人学习英语带来了挑战，同时也正是因为这种文化差异的存在而使得人们在学习外语的同时，获得了不同的文化体验乐趣。大学英语课堂教学中，为了让学习者能更好地习得英语，使其掌握听、说、读、写、译等各项专业技能，培养其良好的跨文化意识，适时、适当地导入中西文化差异知识，进行文化教学就显得极其重要了，这也是必不可少的语言教学内容。

一、文化差异

由于全球经济一体化的发展，不同文化背景的人们之间的各种交流活动越来越频繁。21 世纪随着中国经济的快速发展和文化影响力的日益加强，与西方国家之间的交流与合作更是日益频繁与广泛。同时，中国学生出国交流、深造的机会也日益增多。在这种情况下，跨国界、跨民族、跨文化的经济和社会交往与日俱增，这就为我们提供了许多与西方人接触和交往的机会，然而，这也并不是一件简单的事情，因为我们所面对的是陌生的文化和国家，由于历史、政治、地理位置等因素的不同，导致了各国、各地区文化的不同，这就是所谓的文化差异。

文化差异主要包括思维方式、道德观念、风俗习惯、政治信仰等各方面的差异，我们其实可以将其汇总为文化方面的差异（表6-1）。

表6-1 文化方面的差异

文化分类	具体文化内容
思维模式	中西思维模式差异
观念文化	中西文化价值观差异 中西意识形态差异 中西地理、历史文化差异 中西文学、艺术文化差异
制度文化	中西生活习俗差异 中西政治、经济、法律制度文化差异
物质文化	饮食文化差异 服饰文化差异
语言文化	词语内涵语言文化差异 习语、谚语文化差异 汉英语篇结构差异

二、中西文化差异对比

中西方文化差异不仅体现在语言交际方面，还体现在非语言交际上，它包含了表情、手势、身势、触摸、界域、服饰等。例如，一些西方国家的人喜欢用耸肩这个动作来表达不知道或是不置可否的意思。同样的非语言行为在不同的文化中有着不同的含义，因此，跨文化交际中对不同文化的非语言行为的了解和研究是必不可少的。

在中西跨文化交际中，文化冲突的事屡见不鲜，这严重影响了社会的和谐和交往的顺利进行，并使交往双方处于十分尴尬的境地。人们在这种跨文化环境中相互交际之前，必须对对方的文化习俗和历史背景有所了解，才能避免在跨文化交际中产生尴尬的局面。因此，我们很有必要找出其深层次的原因，并采取一定的措施来培养跨文化交际的能力，避免文化冲突现象的发生。在全球化的背景下，不同文化的碰撞、交流和融合势不可挡，理解中西方文化的差异及其文化冲突是进行跨文化交际和提高跨文化交际的基础，有助于中西方文化的交流与合作，有助于世界文化的发展。

究其原因，中国自古以来便是一个典型的农业社会，人们更加注重人与人之间的交际关系，提倡和谐，因此倾向于拉近人与人之间的距离，用称谓来表达一种亲近，同时提问一些能够体现人与人之间和谐关系的问题，维持关系。在中国人的观念里，如果两个人面对面无话可说，就表明这两个人的关系极其冷淡，毫不相关。而西方社会自发展以来，较为注重商业和工业，在社会的不断变迁中，淡薄了人与人之间的血缘关系，更加注重个人的隐私，崇尚个人思想。因此，倾向于提问一些公众性的问题来与对方进行交流，不把自己的私生活当作一种问候。同时由于地理环境的影响，也会对口语交际造成一定的影响。例如，英国是一个岛国，温带海洋气候，所以英国人一般见面问候的问题主要是与天气相关，当他们相见的时候，通常会先谈论关于天气的这些问题。语言与文化是相互依存、相互影响的，了解异国语言的特定文化背景，能够更好地帮助我们理解语言，理解文化，用语言去理解文化，从文化中升华语言。

下面我们将针对几个主要方面展开详细讨论。

（一）中西思维模式差异

思维模式是最为隐含的文化内涵之一，是一切文化特别是交际文化的深层基石。所谓的"思维模式"是指人类看待事物、观察世界并进行认知推理的基本模式，它包括思维形式、思维方法、思维路线、思维顺序及思维倾向等基本要素。在漫长的历史发展过程中，人们把对客观现实的认识凝结成习惯与经验，借助语言形成思想，赋予思想一定的模式，进而形成一种思维形态。不同的民族，不仅有着彼此不同的民族文化，而且还有着各自不同的思维模式。思维模式的差异反映着使用某一种语言的民族群体千百年以来形成的语言心理倾向。

语言不仅是一套符号系统、一套语法规则和一组习惯，而且还是人类思维依存及其交流的工具。人们常说语言是文化的重要载体，但它首先是思维的唯一载体。思维与语言有着密切的关系。人类的思维是借助语言进行的，没有语言就谈不上严密的思维。人类以外的其他动物之所以没有真正的思维活动，其原因首先就是它们没有语言这种高级符号/代码系统。思维离不开语言，而且借助语言创造了文化，并成为文化的一个组成部分，反过来也受到文化的影响和制约。思维不仅离不开作为材料和工具的语言，而且还支配着语言。语言是思维的重要载体，也是思维的主要表现形式和思维发展的基础。人类在远古时期经过极其漫长的生产、生活实践后，产生了进一步认识实践的迫切需要及组织生产的需要和交际的需要，使得语言在特定的自然条件、生存环境、生产活动社会制度等客观因素的共同作用下应运而生并发展起来。语言的产生和发展帮助人类更好地认识客观世界和主观世界，进而进一步促进了人类思维的发展，极大地提高了人类认识世界和改造世界的能力，从而逐步形成了思想意识、哲学观念体系。在特定的外部条件、环境因素、社会制度的共同作用下形成的特定的世界观、价值观对思维会产生影响，使思维具有明显的民族文化的特点。不同的思维模式反过来导致了不同的世界观、价值观、信仰、情感与态度取向等方面的差异，从而造就了不同的社会习俗、行为准则、伦理道德乃至生活方式。这样，特定的思维模式在特定的民族文化的发展进程中逐渐完善。

人的语言表达是受思维模式支配的，研究语言不能不研究思维。在所有内存外在的主客观因素中，语言是孕育、铸就人类思维模式的最为至关重要的因素，或者说语言对特定人群思维模式的形成起到了强有力的暗示、诱导作用。相反，思维模式又制约着语言的结构，特别是句子结构的分布，是主体在反映客体的思维过程中，定型化了的思维形式、思维方法和思维程序的综合和统一。所以，若要真正获得某种语言能力，熟练地掌握某种语言，关键不仅在于掌握该语言的语音、语法、词汇，还在于对蕴藏于该语言深层的文化结构和文化思维模式的认识。由于英汉两种语言是在截然不同的社会、历史环境和生活环境（包括地理条件、气候条件、自然环境）和经济社会制度中历经数千年的发展逐渐形成的，这使得使用汉语与英语的两个民族在思维习惯与表达方式方面自然有很大差异。而这种差异在英汉两种语言的转换过程中往往被忽视，这就容易产生跨文化交际中的障碍。因此，大学英语教学中引导学生认识中西思维模式差异是文化教学中至关重要的一个环节。

中西思维方式差异的第一个重要特点是中国人重直觉经验性思维，西方人重逻辑实证性思维。也就是说，中国传统思维较注重实践经验和整体思考，因而往往借助于直觉感悟，即通过知觉从整体上模糊而直接地把握认知对象的内在本质和规律。中国人对事物的认识大多满足于对经验的总结与现象的描述，而较少追求对感性认识的深层思考，缺乏对隐含在现象背后事物的本质的哲学思辨。而西方人的思维传统往往重视理性知识和实证结论，主张通过大量的逻辑分析和实证分析得出科学合理的结论。换言之，西方思维则是理性判断和实证验证的结果，是形式分析和逻辑推理相结合而形成的一种理性思维定式。

这种中西思维方式差异表现在语言方面就是无论在单句内部还是在句群结构上，英汉两种语言的最显著的差别就在于汉语重意合，英语重形合。中国人的整体思维偏向形成了一种强调意念流而比较忽视逻辑形式论证的思维定式；英美人的分析思维偏向形成了一种强调以经验为基础，注重形式逻辑论证的理性思维定式。汉语句子重意合，强调内容或表意的完整性；英语句子重形合，强调结构的完整性和形态的严谨性。汉语句子的语法构造和语义信息的传达借助于意义的整合，是隐性的，以意统形；英语句子的句法建构和信息传递借助于词语的纯粹的、丰满的形态变化，是显性的，以形统意。汉语不太注重形式，句法结构无须完备，动词的作用没有英语那么突出，重意合、轻分析；英语高度形式化、逻辑化，句法结构严谨完备，以限定动词为核心，重分析、轻意合。汉语句子意合特点的突出表现是时间的先后顺序，即通过多个动词的连用或流水句形式按时间先后顺序和事理推移的方法，把事情一件一件地交代清楚，一层一层地铺开，呈现的是一个时间顺序的流水形图式；英语句子形合的突出特点是空间搭架形式，即以主谓结构为主干，以谓语动词为中心，通过大量反映形式关系的动词不定式、分词、介词连接词、关系代词、关系副词等把句子其他各个成分层层搭架，呈现出由中心向外扩展的空间图式。因此，短句、连动句、流水句是汉语的主要特征；而复合句则成了英语的特色。例如，"他站住，转过身来，定睛一看，原来是个年迈的妇女。她身材修长，虽受岁月的折磨而显憔悴，但风韵犹存。"英语则是"It was an old woman, tall and sharply still, though withered by time, on whom his eyes fell when he stopped and turned."。

　　中国人擅长形象思维，而西方人善于抽象思维。形象思维指人的头脑对记忆表象进行综合分析、加工创造，从而形成新的表象的一种心理过程。而逻辑思维则是运用概念进行判断、推理的一种思维活动。中国人的形象思维表现在他们往往喜欢联系外部世界的客观事物形象，结合重现在大脑里的相关物象进行思考。换言之，中国人的形象思维很发达，擅长依据事物的外部特点展开联想。例如，中国文学史中形象类比的手法很丰富。思维的顺序不是由具体到抽象，而是由具体到具体。汉语善于将"虚"的概念以"实"的形式体现出来，重动静结合、虚实结合，给人一种"实、明、显"的感觉，如"接踵而来""揭竿而起""混口饭吃气中国人擅长形象思维的特征是历经数万年的历练、受其汉语文字的诱导暗示而形成的。中国文字是由整体象形文字发展而来的会意文字，有书画共源的特点，其起源的形象为原始图画，经世世代代的演化逐渐由图画形式发展为线条，即成为象形文字，它凸现简单的物象，有较强的直观，性。因此，现代汉字的写法或结构浸润着丰富的物象，颇具立体感，仍容易让人将它们同客观世界事物的形象联系起来。有些现代汉字甚至仍保留着很强的意象感，即清晰的意境。诸如，"舞"字的字形就很容易让人们在脑海中浮现出一个单脚立地翩翩起舞的舞者形象。汉语文字所隐含的物象是十分丰富的，在长期运用汉语进行思考的过程中，中国人逐渐形成了形象思维的思维模式。此外，这种思维模式也被称之为"悟性思维"，即借助形象，运用直觉灵感、联想、想象等思维形式，把感性材料组织起来，使之构成有条理的认识，具有直觉性、形象性、主观性、整体性、模糊性等特征。

　　与中国人不同，西方人所擅长的思维形式则是与外部世界的客观事物的形象相脱离的抽象思维，是基于逻辑推理和语义联系的逻辑思维。西方人抽象的逻辑思维非常发达，热衷于建立概念体系或逻辑体系。西方民族的文字虽然也是由图形演变而来，其字母的形成与发展跟汉字的象形文字有非常多的相似之处，但由于西方文化的"尚思"传统，主体抽象思维抽走了具体事物的形象，西方语言多数使用拼音文字，它强调了人的智力运行轨迹。它的书写形式形成一种回环勾连，如同细水长流、斩而不断的流线效果一般，容易引导人们去关注事物的关联性，从而逐渐形成了概括某类物象的概念符号，即拼音文字，故而英语不像汉字那么直观形象。这种文字状态和语法形式共同起作用，极大地强化了印欧语系民族对事物表面的逻辑联系的感知能力。抽象的文字符号和语音形式与现实世界脱节，容易迫使印欧语系的民族在更多的情况下脱离现实来进行抽象的纯粹借助于文字符号的形而上思考。由此可见，西方拼音文字是通过毫无意义的字母的线形连接从而构成单词这种有意义的最小语言单位，然后再通过一个个单词的线形排列构成短语、句子和篇章，故而英语缺乏象形会意的功能，很难启发人们的形象思维。历经数千年的演变，西方人逐渐形成了脱离现实世界的物象而纯粹借助于文字符号及其语义联系的抽象思维。这种思维模式也被称为"理性思维"，即借助逻辑，运用概念、判断、推理等思维方式，进而探索、揭示事物的本质和内在联系，具有确定性、客观性、逻辑性、分析性、抽象性等特点。英语国家的人们多用抽象概念来表达具体的事物，比较重视抽象思维的运用，在语言方面主要表现为英语往往使用许多指称笼统的抽象名词来表达复杂的理性概念和实的概念。这种表达方式容易让人产生一种"虚、暗、隐"的感觉。例如，"A lot of Diana's appeal comes from her stunning physical presence."（戴安娜之所以受到公众的关注主要是因为她那令人倾倒的身段），此句中的"presence"并非是它的抽象意义"出席""存在"或"到场"等。

中国人擅长形象思维，而西方人善于逻辑思维，这种中西思维模式差异使得汉语具有流散性，而英语具有聚集性。汉语的流散性是指汉语缺乏丰富的形态变化，句子一旦变长，就容易造成逻辑混乱，因而只能化整为零，用大量的短句、散句、流水句来表达含义。例如，"她身材苗条，个子高高的，前额突出，鼻子翘起"。这句话共由 4 个短句组成，若用英语表示则是"She was a slender and tall girl with slightly bulging brows and a turned up nose."。由此可见，中文的 4 个短句可以用一个简单的英语句子来表示。但是，中英语言之中，抽象与具体的分类只是相对而言，英语中也存在着大量的十分具体的描述，汉语中也不乏许多抽象的表达方式。英语的聚集性是指英语的构句可以借助丰富的形态变化，可采用"楼房建筑法"，以主语和谓语为焦点，把各种相关成分与句子主干连接起来，构成一个系统庞大的主体结构。阅读时，我们经常可以遇到长达 100～200 个单词的英语句子，有时甚至一个段落就是一个句子。但是，无论句子的修饰成分是多么复杂，总是与句子主干保持着密切的逻辑关系，而且句内、段内之间总是有条有理、逻辑严密。例如，"On the whole such a conclusion can be drawn with a certain degree of confidence. but only if the child can be assumed to have had the same attitude towards the test as the other with whom he is being compared, and only if he was not punished by lack of relevant information which they possessed."。这一段就是由大概 50 个英语单词构成，但句子主干非常清晰明了，各句子成分之间一环套一环，环环相扣，逻辑非常清晰、严密。

总之，西方人注重思辨、理性分析、实证，剖析整体再加以综合；在西方哲人看来，只有思辨性的东西才是最真实、最完善、最美好的。从古希腊时代起，自然科学家和哲学家们都把抽象思维和逻辑思维方式作为认识和把握事物真理的最基本手段，并把"分析学"或"逻辑学"视为一切科学的工具。中国传统的思维方式，不是通过归纳推理，演绎推导，而是基于事实，凭借已有的经验和知识，对客观事物的本质及其规律性加以识别、理解和进行整体判断 – 中国历史上缺乏实证科学的探索，封建保守思想束缚中国人主要借助直觉、想象、灵感等形式来表达思维，属于抽象思维；西方人则依靠概念、判断、推理等形式来思维，属于具体思维。西方人的思维特点就是精确和直接，而中国人做事则喜欢拐弯抹角，处事比较圆滑。

(二) 中西生活习俗文化差异

中西习俗文化在很多方面存在很大差异，不仅包括大家熟知的节日习俗差异，而且体现在各种日常习惯、礼貌用语及禁忌文化差异之中。

第一，中西方礼貌用语差异。例如，称谓礼貌用语方面。称谓是一种普遍的语言现象，是指人们在交际中用来指称说话对象的称呼语。它是一种社会礼制的表现，受社会制度与伦理习俗的制约，但同时也具有重要的交际功能。交际双方遵从一定的社会传统，选用恰当的称谓，来明确双方的身份地位及亲疏关系，以确定保持何种人际关系。由于受到不同社会制度和伦理体系的影响，汉英社交称谓系统也有着显著的差异。相比较而言，汉语的社交称谓要比英语的社交称谓复杂一些，因为在中国文化中，人们特别注重身份、辈分、亲属等关系，因此称呼语中需要表现鲜明，体现出一种基本的礼貌、礼节。

例如，亲属称谓方面，中华民族自古以来就是礼仪之邦，中华文化中也比较看重辈分尊卑。在汉语中，亲属称谓系统可谓是繁复多样，而且直系旁系、血亲姻亲、长辈晚辈、年长年幼、男性女性、近亲远亲及姑、表、堂等各种关系都规定得十分清楚，并严格地划分出家族中的长幼尊卑。在现代汉语中，亲属称谓能帮助我们判断出一个人的身份及与其他人的关系，例如，辈分（父辈：伯、叔、舅；同辈：哥、妹），父系或母系（姑、姨），直系或旁系（孙、侄），年龄的大小（叔、伯）及血亲或姻亲（哥、嫂子、姐、姐夫）。另外，汉语中的亲属称谓亦有泛化使用的倾向，在交际过程中为表达礼貌、尊敬、亲近等情感，对非亲属成员也使用亲属称谓。年轻人对长辈称大叔、阿姨；对平辈称大哥、大姐等。这种亲属称谓的扩展在汉语里司空见惯，整个社会成员不管认识与否都可以用亲属称谓串联起来，亲属称谓在社会中更多地起到了一个纽带的作用。相比之下，英语的亲属称谓就比较笼统模糊，一词多义，覆盖面较广。英语中用 grandfather、grandmother、uncle、aunt、cousin、nephew 和 niece 等几个词就可以分别表示亲属中的长辈、平辈和晚辈。而亲疏、内外、长幼都无从判断。例如，grandfather 和 grandmother 可分别指爷爷/外公和奶奶/外婆，不区分父系、母系；uncle 可表示叔叔、伯伯、舅、姑父、姨夫，年龄、父系、母系都忽略不计；aunt 可以表示汉语的姑姑、姨妈、婶婶、伯母、舅母；brother 指兄弟，sister 指姐妹，不管年龄大小；cousin 一词可以表示汉语中的堂兄弟姐妹或表兄弟姐妹，对父系、母系、年龄甚至连性别都不分；nephew 和 niece 分别指侄子/外甥和侄女/外甥女。

在中国文化中，孩子见到朋友的父母常称伯伯、伯母、叔叔、阿姨等。一般是特别熟悉的朋友之间或平级之间才可以直呼其名，而在西方文化中，直呼其名的情况较为广泛，不管家庭成员的地位如何，通常都可以称呼对方的名字或昵称。孩子也可以直呼父母、父母的兄弟姐妹的名字。而且，西方的家庭观念不如中国的强烈，因此称呼比较简洁，不如汉语复杂。例如，"grandfather"既可以指爷爷，也可以指外公。但在汉语中，爷爷与外公是不能够混淆的，特定的人对应特定的关系、特定的称呼。再如，"aunt"可以指姨妈、婶婶、姑姑等，"uncle"可以指姨夫、姑父、叔叔等，但是在汉语中，都必须使用特定的称呼，否则会被认为是不礼貌的行为。

又如，社交称谓方面。社交称谓是指亲属称谓以外的社会交际称谓，反映人们在社会生活中相互关系及相应的社会角色等的称谓习俗，它也可以表现出某个人的社会地位或者是受尊重程度。因为中西方民族的生活习惯、历史文化、思维方式、友谊观及信仰观等都存在很大的差异，所以社交称谓也会存在一些不同。在中国文化中，人们历来都习惯以一个人的职业或职务作为称谓，以显示对某些职业的尊敬和认同。汉语中这样的称呼基本都可以实现。例如，可以用职务、军衔、职称、学位等加上姓称呼别人，如周主席、陈会计、张省长、林上将、武教练等。因为受中国传统文化的影响，自古以来便有尊师的传统，老师也成为一种对人的尊称。对艺术家、大师或者是其他在本职业中稍有建树或者年老资深的前辈都可以用老师来称呼。在中国人的日常生活中，我们经常称呼别人为王老师、李师傅等，通常会在姓的后面加上这个人的职业，体现一种尊重，尤其是对老师的称呼，体现出了尊师重道的优良传统，这在中国文化中，似乎已成为一种约定俗成。在英语中，"teacher"仅仅只是一种职业，除此之外，别无他意。但在中国，学生知道"teacher"的含义是"老师"，也就相应地按照中国人的习惯把"王老师"称为"Teacher Wang"。而中国有尊师的传统，"教师"已不仅仅是一种职业，已经加入了隆重的尊师色彩。正是由于这种文化上的差异，造成了学生的简单理解。英语中称呼人一般用"Mr." "Miss" "Mrs."等。因此，在西方，他们不能接受如王老师、李师傅这种称呼，习惯于用"Mr." "Mrs."对别人进行称呼。

除此之外，我们熟悉的"先生""小姐"这对沉寂了几十年的称谓近几年随着改革开放的深入也日益受到人们的青睐，在社交称谓中使用得较多。但汉语中的先生不同于英语里的 Mr. 或 Sir，它不但可以用来称呼男性，也可尊称有地位的女性。在西方，无论长幼尊卑都可直呼其名以表示亲近，而那些礼貌规则也只是上层社会的一种文明装饰与点缀。所以说，英语中社交称谓远没有汉语多，使用频率也不高。英语中的头衔性称谓仅仅局限于对皇族、政府上层、法律界和军界人士的称谓。对那些在社会上较有地位的人，如法官、教授、医生、政府参议员、军官和主教，可将其姓名连同职业一起称呼，如 Doctor Smith, Professor Jack，也可只称呼其职业名称，如 Mr. Lawyer, Mr. Judge。常见的职称或职业＋姓氏的称谓是 Doctor 和 Professor。军衔也可用于称谓，如 General Smith, Colonel Lee，但美国人从不用行政职务，如省长或校长等头衔称呼别人。

综上所述，中西语言文化中的称谓语涉及文化习惯，思维方式、政治、经济及语言学、词汇学等综合知识。称谓语作为交际的先导和语言的重要构成部分，已成为社会语言学和文化语言学的重要研究课题。中英称谓语在亲属关系和社会关系上都存在着巨大差异，主要反映了民族文化和民族思维方式的不同。因此，熟知中英称谓语差异及中西方的文化差异，可以帮助我们准确地实现英汉作品互译中的称谓互换，以此达到信息传递效果和交际目的，而且有助于世界各民族文化之间的沟通，以便于更好地进行英汉跨文化交流。

第二，问候与告别用语。所谓问候语，是指交际双方见面打招呼时所使用的语言。例如，在问候方面，英美人多简单地说"Hello!""Hi!""How are you doing?"等，而我们中国人遇见熟人总爱寒暄说"吃了吗?"之类的。但是在英语文化环境中，如果你和西方人打招呼时，说"Have you had your meal?"，你可能会被误会为要请对方吃饭。此时，这种语境下，这句"吃了吗?"就没有发挥原来打招呼的功能，并让西方人产生了误解。同样，我们也可以认为，这时，语言就失去了它本来的交际功能，没有办法让交际双方进行有意义的沟通与交流。告别常常会发生在一些社交活动，如会面、拜访、聚会等即将结束之时。英语国家的人结束交谈或访问告辞时所提出的理由总是自己因故而不得不告别，终止交谈或访问不是出于本人的意愿，而是因为其他的安排而不得已为之，因此，总要提出不得不离开的理由，并表示歉意，如"I'm afraid I have to go."。了解英语使用国家的问候和告别方式，对于学生有效地开始和结束交际非常有帮助。

第三，恭维礼貌用语。中国人的传统美德是谦虚谨慎，对别人的恭维应推辞。西方人从来不过分谦虚，对恭维一般表示谢意，表现出一种自信的姿态。这也充分体现了中国人含蓄礼貌和英语国家人坦荡直率的不同性格。西方人比较简单直接，对于对方的赞美，都会欣然接受并表露出自己的喜悦之情，而中国人则比较含蓄委婉，对于对方的赞美一般会谦虚谨慎，即使心里是感到高兴的，口头表达上也会表现出一种谦虚的态度。对于中国人的谦虚回应，有时候西方人可能会误以为对方质疑自己的判断，引发一些尴尬的问题。

（三）中西饮食文化差异

饮食在人类的生存和生活中是不可或缺的，随着社会的不断变迁与发展，饮食也逐渐变得更加的丰富多彩，形成了自己独特的饮食文化，为世界文化的丰富性贡献了自己的一分力量。由于地域、文化、观念的差异，中西方的饮食文化在各个方面也呈现出巨大的不同。

同时，中国饮食注重色香味俱全，过度注重味道，菜品繁多，体现了中国人民对美食文化的执着与孜孜不倦的追求。而西方人对饮食则较为理性，西方饮食多注重食物的营养，而忽视了"味道"的重要性。从这点而言，中西方应该共同借鉴，相互学习，让中西饮食文化以一种更好的姿态共存。

首先，饮食理念方面。中国饮食文化注重色香味俱全，俗话说"民以食为天，食以味为先"。而西方是一种理性饮食观念。不论食物的色、香、味、形如何，他们讲究营养，即营养一定要得到保证，讲究一天要摄取多少蛋白质、热量、维生素、矿物质等。即使食物味道千篇一律，也一定要吃得营养丰富。

在中国，对饮食美味的追求远远压倒了理性，这种饮食观与中国传统的哲学思想也是一致的。中国哲学，作为东方哲学的典型代表，其显著特点是宏观、直观、模糊以至不可捉摸。中国菜的制作方法是调和鼎鼐，最终要调和出一种美味。此处讲究的就是分寸，是整体的相互配合。它包含了中国哲学中的丰富的辩证法思想，一切以菜肴味的美好、谐调为度，度以内的千变万化就决定了中国菜的变化万千。中国饮食独特的魅力就在于它的味。而美味的产生，在于使食物的本味，加上配料和辅料在加热之后，相互调和，交织融合在一起，互相渗透，水乳交融。中国烹饪讲究的调和之美，是中国烹饪艺术的精髓。重菜肴的味而不过度展示菜肴的形和色，重内在而不刻意修饰外表，这是中国饮食文化的最重要的体现。中国人非常重视"吃"，中国人饮食主要是以馒头、大米、面条等为主，由于地大物博，人口分布较广，各个地域的人们有各种不同的口味：酸、甜、苦、辣、咸。古人言，"民以食为天"，足以说明吃在中国人心目中的重要性。我们中华民族几千年来都处于生产力水平较低的阶段，经常会有吃不饱穿不暖的时候，因而有一种独特的饮食文化——吃重于一切，在这种理念的驱使下，产生了两种社会现象：第一种是把某种食物的功能发挥到极致，不仅维持生存，也以此来维持健康，俗话说"药补不如食补"，这足以体现我国饮食文化的雄厚基础；第二种是推崇对美味的极致追求。中国人对饮食追求的是一种难以言传的"美好意境"，纵然人们通常会用"色、香、味、形、器"将这种"境界"具体化，但仍然很难涵盖享受美味的心情。在中国饮食文化中，对美味的追求几乎达到极致，以至于中国人到海外谋生，都以开餐馆为业，食物成了我们安身立命的根本！但是，对美味的追求，导致我们忽略了食物的营养价值，尤其是某些传统的油炸食品。因而营养问题成了中国饮食文化的最大弱点。而营养丰富却正是西方饮食理念最重视的。

西方人的饮食观念深受西方哲学体系的影响。西方哲学的主要特征是形而上学，所研究的对象为事物之理，事物之理常为形上学理，而形上学理互相连贯，便形成了形上哲学。这一哲学思想给西方文化带来了巨大的生机，使之在自然科学、心理学、方法论等方面实现了突飞猛进的进步。但这种哲学观点极大地阻碍了饮食文化的发展。在宴席上，西方人讲究餐具、用料、服务、菜之原料的形色方面的搭配。但无论怎么豪华高档，一种特定的西方料理几乎只有一种味道，几乎无艺术可言。西方饮食文化中最主要的食物是面包和肉类，西方人认为菜肴是充饥的，所以他们会制作牛扒之类的大块肉。作为料理，炸鸡翅就是炸鸡翅，牛排就是牛排，即使有搭配，也只是在盘中加几片青菜或番茄。西方菜肴色彩上对比鲜明，但在味道上各种原料互不相干，各是各的味，简单明了。

其次，餐桌礼仪方面。中国人的餐具主要是筷子、汤碗、汤匙，而西方人的餐具主要为刀叉和汤匙，中西餐具摆放更是各有一套严格的礼仪。中国人喜欢围桌而坐，共同食用餐盘中的食物，这就是我国的传统习俗，符合了中华人民对团圆的期待和向往。但是对于西方人来说，就可能认为大家同吃一盘菜是极其不卫生的，以自助餐为例，自助餐进行中，人们可以自由地走动，吃自己喜欢吃的菜，同时也可以寻找聊得来的伴儿交流感情，避免因为坐在固定的位置不好交谈而感到难为情。这更好地体现了西方人的饮食习惯与中华文化的不同。在餐饮氛围方面，中国人喜欢热闹，所以往往在就餐时营造一种热闹欢快的用餐氛围。一般场合中，中国人比较随意，如中国人吃饭时喜欢围成一个圆桌，边吃饭边聊天，气氛热闹欢快，象征着团圆和谐，营造了一种亲密的氛围。在餐桌上大家互相敬酒、夹菜，有时候甚至会站起来走动，绕着餐桌走上一圈给亲朋好友逐个敬酒，这也算是中国的一种餐桌文化，是一种知礼懂礼的行为，体现出人们互相礼让，相互尊重的中华民族优良传统。但在中国古代，中国人讲究"食不言"。而西方人在用餐时，都喜欢幽雅、安静的环境，有时还伴有音乐，节，例如，在进餐时不能发出难听的声音。

第三节　英语教学中文化导入的原则及策略

随着大学英语教学的不断改革和对语言与文化的深入研究，学习者开始意识到文化教学是英语教学中不能缺少的重要部分，英语习得离不开英语文化习得。两者之间相辅相成，相互促进。英语教学中的文化教学应该包括两方面的内容：一是文化知识的传授，二是跨文化意识的培养。文化知识的传授主要是英语教学中导入文化的内容，因此也称"文化导入气教师通过加强文化导入，进一步有效地提高学生的文化敏感性，以培养其跨文化交际能力。

一、大学英语教学中文化导入的原则

随着世界一体化进程的加速和中国对外交流的日益频繁，英语作为一门国际语言，在跨文化交流中起着举足轻重的作用。既然语言与文化密切相关，相辅相成，中西文化差异又不可避免，因此，必须在大学英语教学中进行文化导入。中国大学英语教学中的文化导入对培养学生的文化敏感性，提高其跨文化交际能力起着不可低估的作用。正如许多语言学家所讲，我们不掌握文化背景就不可能教好语言。语言和文化相辅相成，不懂得文化的模式和准则，就不可能真正学到语言。那么，如何有效地加强大学英语教学中的文化导入？这已是亟待众多语言文化研究者及教育界人士解决的问题，但鉴于语言和文化的复杂性，教师在大学英语教学中必须遵循一套有效的方法或原则。

（一）循序渐进原则

文化知识有着自己的科学体系，对此教师应遵循循序渐进原则，合理安排不同阶段的学习内容，以使教学内容符合学生的认知特点和发展规律，使学生由简到繁、由浅入深地掌握文化知识。文化不仅博大而且精深，它包括了文学、艺术、科学、技术等的方方面面。因此，学习文化不同于学习知识，靠突击强化往往是难以奏效的，必须遵循循序渐进的原则，在日常生活、学习中去慢慢地了解、思考、领悟，才能有所得。在大学英语教学中，教师进行文化教学时，也要遵循循序渐进的原则，文化导入的内容必须充分考虑学生的年龄特点、语言水平和认知能力等，注意由浅入深，由现象到本质，阶段性地把英语国家的社会文化知识与学生的日常生活相联系，要通过日积月累去培养学生对英语文化的感知,才能让学生感受到语言的魅力。具体来讲,在文化教学的初始阶段,应该以日常生活的主流文化为主要教学内容。在中间阶段,可以教授文化差异带来的词语的内涵差异及如何使用这种差异。在最后阶段,就可以将一些文化差异导致的思维方式、心理方式及语言表达差异渗透到教学之中,使学生深层次地了解英语文化,从而达到文化教育的目的,逐步帮助学生提高他们的文化敏感性,以培养其跨文化交际能力。

(二)开放性原则

英语文化内涵丰富,仅仅依靠大学英语课堂有限的教学时间,是无法帮助大学生建立起对英语文化的良好感觉的。因此,在大学英语教学过程中,教师在文化教学的过程中必须要秉持开放性的原则,既要保持日常教学对英语文化内容的开放性,也要保持教学形式的开放性。在英语文化内容方面,学生对英语国家的文学、科技和风俗习惯等都应进行适当了解;在教学形式方面,可以大力开展形式多样的第二课堂如鼓励学生观看英语电影,听英文歌曲,阅览英语杂志、书籍等。

(三)以学生为中心原则

课堂教学应该本着以学生的需求为原则,因此,在大学英语教学中渗透文化教学时应遵循以学生为中心原则。在具体的文化教学中,教师应以培养学生的自主学习能力为中心,以学生为主体,引导学生在学习过程中感受和领悟语言与文化,适当进行文化体验,促使学生进行知识与意义的内在建构。具体来讲,在文化教学中,教学的设计和活动的安排都要考虑到各种因素对学生的影响,要考虑的不仅仅是英语语言知识学习,还要注重学生对本族语和本族文化的理解和体验、对目标语文化的态度、学生个人的综合素质等。与传统的大学英语教学比较,大学英语文化教学的内容与目标扩大了数倍,但教学时间并没有随之增加,因此为了实现教学目标,教师需要在以学生为中心的前提下培养学生的自主学习能力,进而弥补课堂教学的不足,更加有效地培养和锻炼学生的跨文化交际能力。

(四)教师传授式与学生体验式教学模式相结合原则

在大学英语教学中开展文化教学时应该多注意传授式与体验式这两种教学模式的相互结合。传授式教学模式是利用讨论、讲座等方式传授知识技能,提高学生认知理解能力,促使学生掌握语言和文化知识,其不足之处是学生多处于被动地接受状态,缺乏实践的机会。体验式教学模式则是以学生为中心,努力为学生创造真实的跨文化及交际情景,让学生在这种情景中感受、体验、认知和实践文化知识,这种教学模式能有效弥补传授式教学模式的不足。这两种教学模式各有所长,对此教师要注重将这两种教学模式有机结合起来,使课堂教学活动多样化,确保教学中既有语言与文化知识的讲解,又有促进认知、培养实践能力的角色扮演、模拟活动等。

(五)因材施教原则

学生的思维、价值观、世界观和文化体验等在大学英语文化教学中发挥着重要的作用，它们是语言和文化教学的基础，因为学生跨文化能力的培养需要从学生现有的文化体验出发，通过母语文化与目标语文化进行对比，从而提高学生的文化意识。因此，在开展大学英语文化教学时，教师应针对学生的特点、个性、学习风格、学习基础等选用合适的教学方法，因材施教，并尊重学生的个人体会、价值观念、思想情感等，不能对学生持有轻视、否定及批评的态度。

（六）文化整体性原则

文化总是具有很强的整体性，任何民族的文化都不会是单一的，每一种文化类型都具有多元性、丰富性、层次性的特征。在学习英语文化的时候，必须关注文化的差异，对文化要有一个整体的把握，才能准确地理解一个个具体的文化现象。在大学英语教学过程中，教师在进行文化教学时，不仅要注重培养大学生理解英语语言的文化思维，也要注重提升大学生对英语文化基本特性的理解能力。

（七）文化相对原则

文化的多样性决定了不同的国家或民族有不同的语言和文化。许多语言学家主张人们的思想和行为要以目标语国家的社会规范来评判，于是便提出了文化相对原则。在文化导入时，要时刻提醒学生语言和文化没有优劣之分，只存在着个性差异。我们在学习英语时，既不要因我国五千多年的中华灿烂文明而沾沾自喜，也不要盲目崇拜西方的新鲜事物。在大学英语教学中进行文化教学时，也应遵循文化相对原则。学生只有在母语文化和英语文化的对比当中才能深刻感受二者的共性和差异性所在。例如，某词语在汉语和英语中的概念意义和内涵意义都基本相同；某词语在两种语言文化中的概念意义相同，然而内涵意义有区别；某词语在两种语言文化中的概念意义相同，但是只在一种语言中有内涵意义。这3种情况是普遍存在的，并且是通过对比被发现和理解的。运用这一原则进行教学时，教师需要有意识地引导学生正确、客观地看待本土文化与外国文化之间的差异。一方面要使学生对外国文化持客观、宽容的态度，避免产生狭隘的民族主义；另一方面也要使学生坚持本国的优秀文化传统，避免盲目崇仰外国文化。

（八）文化发展原则

文化是不断发展变化的，永不停息。正因为如此，文化才能不断得到继承和发展。同时，随着社会文化的发展，人们的观念在不断更新，反映社会文化的语言也不断产生新词汇。例如，近代英语中我们使用"dinner time"，而不是古英语中的"pudding time"。随着跨文化交际的加强，文化的演化特点将会越来越明显。

二、大学英语教学中文化导入的策略

（一）注重文化差异，提高教师重视程度

在文化教学中，教师占主导地位。教师需要树立正确的大学生教学理念，才能更好地

引导学生采用正确的学习方法，文化教学效果和质量才能得到提高。在大学英语教学中，教师应该不断转变自己的教学理念，注重文化差异，将西方文化融入大学英语教学中，将语言教学和文化教学融合，使大学生了解更多的知识。

（二）明确教学目标

教学目标是大学英语教学的重要组成部分之一。许多教师在教学目标的设置上忽略了英语教学目标是培养学生的多元文化素养。除此之外，他们也没有正确、充分地意识到中西方文化差异的存在，只是固守传统教授语法等死板知识，是不能培养好综合型英语人才的，也不能很好地满足当前社会对综合型英语人才的需求。因此，当下教师更应该重视大学英语教育，明确英语教学目标，培养学生的文化素养，通过师生间的有效交流，结合大学生的英语基础制订合理的教学目标，促进大学生的全面发展。

（三）完善大学英语教材内容

在大学教材编写环节中，应该完善各个环节内容的比例，完善大学英语教学的内容，提升大学生对西方文化的整体认知，从而可以拓宽学生的知识面。大学英语教学中应该融合文化，将文化方面的内容编写到教材中，不断提升大学生学习英语的积极性。教师在备课时可以参考不同教材，并准备文化背景相关的补充资料，对英语国家的历史、风俗等进行介绍。

（四）注重人才培养、师资提升和教学质量

在大学英语教学环节中，教师起着至关重要的作用。要提升大学英语教学质量，实现文化教学，需要提升教师的综合素质。教师应该不断更新自身的教学观念，从而推动大学生英语教学改革。并且科学地评估教学效果，才能切实提升学生的学习积极性，推动我国大学英语教学的改革。可以从以下两点做起：第一，拓展教师的文学视野，只有这样才可以更好地满足不同学生的英语文化需求，提高大学生英语文化学习的热情；第二，教师要对传统的教学理念进行改革和创新，提高英语文化教学的效果和质量。

（五）改进教学策略

传统的大学英语教学策略不外乎还是听、说、读、写，但传统的教学策略已经不适用于当前的社会文化背景了。教师们需要与时俱进，不断创新，寻找最适合当前学生的教学方式，积极调动学生对英语的学习兴趣。因此，教师研究出一套最适合学生的教学策略势在必行。

世界在发展，各民族都在不断前进，全世界各民族之间经常性地进行语言交流、情感沟通和文化交流。因此，我们必须正视和面对文化差异。我们应从外语教育心理学理论维度和学科教学论角度分析，以求得外语教育与教学中文化导入的教学策略。

第一，认知层面。语言学习就其本质而言，是一个认知过程，主要是通过诸如感觉、知觉、思维、想象、注意、记忆等认知活动来完成的。它以培养实践能力为目标，在学校情境中普遍使用。对许多教师、学者来说，跨文化交际能力主要是指如何在目标语文化情境中适宜地使用母语文化因素及谈话规则和母语知识。在教学实践中，应强调文化知识的传授和测试，培养学生对目标语文化和母语文化的敏感度。在课程设置上，应充分考虑相关的文化知识的导入。学生利用外语进行交际的能力的培养将得到充分的重视，文化知识的传授将成为外语教学的一项主要内容。这些说明外语课堂是传授文化最适宜、最主要的渠道。在外语课堂教学内容上，由于文化学习无法与语言学习处于平等地位，因此，最大限度地将目标语文化中的主要文化因素如价值观念、世界观及民族性格等成分导入课堂，目的在于培养学生自己去用科学的方法吸取有关文化因素的知识，提高对目标语文化的敏感度，通过对比母语文化对目标语文化将有更清楚的认识。

第二，行为层面。在这一层面上将文化视为行为，文化的导入是以培养跨文化交际能力的实践为中心，这类模式在西方很盛行。交际法教学的目的主要是帮助身处目标语文化环境中的学生克服交际障碍，其内容主要是培养解决问题的能力、建立关系的能力、在跨文化情境中完成任务的能力，它是文化因素和心理因素的外部表现结果。对于那些准备去其他文化环境的人员来说，这种注重行为功效的模式是比较合适的文化导入方式。在课堂教学方面，始终以交际行为为重点，以语言使用为关键。学生逐渐被推到课堂学习的中心，教师仅仅是课堂活动的组织者及自主学习的鼓励者。交际教学给学生提供了足够的、可理解的信息输入和亲身体验的交际行为，学生得到从实践中获得文化知识的机会，这些知识在以后的实践中又变成行动。在教学内容上，首先，教材是引进的原版材料，西方的风土人情、社会习俗、生活习惯等文化因素进入视听系统，由耳濡目染逐渐变成自觉行动。其次，辅之以多种形式的实践活动，融知识和应用、所学和所为于一体，在用中学、学中用，特别是针对那些难以言表的潜在的文化知识的导入更应如此。

第三，情感层面。这一层面以培养文化意识为中心，即对文化多元性的意识和对差异的宽容态度、对异文化成员的共情的能力，以及对自身文化价值观念及行为方式的觉察和反省。文化导入注重的是态度和情感反应，特别是批判性的反思能力的培养。

认知层面的文化导入虽然易于操作，但常常灌输性强而启发性弱，与学习者切身体验缺乏关联，而且难以处理文化的多元性、发展性，所传授的文化知识难免流于文化定型。行为层面的文化导入执着于具体的行为目标，由于是未来要接触的目的文化，尤其是在文化任务不明确的情况下，很难进行有针对性的文化导入活动及进行相应的测试、选拔。从情感层面进行的文化导入弥补了前两个层面的某些不足，它以前两个层面的导入为基础，使文化导入进入一个更高的境界。情感层面的文化导入旨在培养学习者的共情力，评价和整合能力，通过文化导入使学习者培养起特殊的理解力，它也是一种感情能力，一种共情能力，一种设身处地从他人角度看待和感觉世界的能力。

同时，学习者能够对导入的文化信息进行认真思索，对母语文化中的某些现象和观念进行剖析，有意识地引用国外的有关思想、观点，他们或弘扬中国文化（母语文化），或站在跨文化的角度对东西方进行客观对比与阐释，比较之后对自身行为准则进行整合，而不是激烈的冲突和人格分裂。在这一层面进行的文化导入，不再是单向的，而是目标语和母语双向互动的过程，两种文化处于一种相对平等的地位。这种多元文化互动综合模式突破了以目标语文化知识为目标，以目标语团体的交际行为为标准的单向文化教学的局限，将本民族文化和目标语文化同时提到了教学的议事工程，实现了多元性质的双向文化教学，不仅使文化教学的范围拓宽与扩大，而且使教学的内容更加丰富。更重要的是外语教学中确立了学习者本民族文化的合理与合法的地位。对本民族文化在外语教学中地位的确立，有助于打消外语学习者在面对目标语文化冲击下所产生的惊异、迷惑与困扰，从理性的教学目标来说，外语学习者既可以保留自己的文化身份，又可以是个了解目标语文化的一语习得者。这也是文化导入理想的发展模式。

一方面，从情感层面进行文化导入时，在课堂教学中始终要坚持体现多元性文化的双向互动过程，始终以学生为主体和以课堂教学为中心。既要有坚实的语言基础，又要了解异域文化，并能结合特定的语境以特有的方式，创造性地表达自我；既能吃准、吃透异域文化及其所蕴涵、表达和象征的意义，尽可能为我所用，同时又能把本国文化清晰、得体并准确地介绍给不同文化背景下的人们。另一方面，从教学内容层面上进行文化导入时，首先，应有足够的文化信息量，使学习者获得充足的知识，以及足够的语言文化技能的训练；其次，选材尽量多样化，尤其是从文学作品中寻找隐蔽的价值观，并在外国语言文化中去寻找自己的声音；最后，还要就目标语中的文化现象，结合母语讨论和归纳对文化的理解和感受，逐渐培养起建构于两种文化之上的文化意识，培养起一种跨文化交际的理想能力，同时也是人格的进一步完善和更科学的思维方式的培养。

（六）完善文化教学体系

完善的文化教学体系，能让大学英语文化教学更加准确和科学。这不仅需要学校和老师的力量，也需要学生各个方面的全力合作。学校要将英语文化教学设置成为学校的教学体系，重视并且宣扬文化的魅力，让全校师生感受到不同文化的力量，例如，可以让学校的外语学院组织在校国外学生讲述自己的经历，也可以组织学生去更多的海外学校，一起交流学习。教师也要在教学中渗透文化的讲解，让学生明白文化差异存在的意义。

多元文化背景对大学生的思想观念和生活方式都具有一定的影响。英语是世界上使用人数最多、影响力最大的语言，学好英语的意义在此不再重复。因此，大学的英语文化教学必须进行不断改革与创新以适应当前发展趋势，把我国的大学英语文化教学提升至新的高度，为学生全面综合发展做出积极贡献。文化的传播需要语言的交流，语言与文化密不可分。文化教学是英语教学的重要内容，随着国际社会交往的不断扩大，在英语的教学过程中，不应仅教授其语言形式，更应让学生了解语言背后的文化，更加重视语言的实际运用，只有这样才能使学生在实际中正确应用语言，培养出社会所需要的应用型人才。英语教学中的文化导入应该是当前摆在每一个英语教育工作者面前的重要课题。然而，本节只涉及文化导入的一部分内容，我们应认真思考外语教学中文化教学导入的作用，界定其地位和内涵，并在课程设置、教材编写、教学内容及策略上做出相应的调整，以培养出真正合格的跨文化交际人才，使人才能更直接、迅速和频繁地接触外国文化，更敏锐和深切地体会不同文化体系的碰撞、冲突、调节和融合，并在文化融合中发挥积极作用。

第七章 英语教学中跨文化交际能力与文化意识的培养

第一节 英语教学中培养学生的跨文化交际能力

一、跨文化交际能力的培养

长期以来，语言学着重研究的是语言本身，研究语言的语音系统，语言的结构，语言的历史发展等，对所谓"理想的听话人——讲话人"的语言能力的研究，大致都撇开了语言的社会环境和社会制约。这种情况现今已发生了变化，重心逐渐从结构转向功能，从孤立的语言形式转向在社会环境中使用的语言形式。培养学生的跨文化外语交际能力是目前英语教学界迫切需要解决的问题。在学校教学中可尝试用以下几种方法：

英语教学中的文化教学不仅仅是培养学生掌握关于某一具体文化的知识和能力，还要培养学生了解跨文化交际的普遍规律，掌握跨文化交际能力，习得非言语交际的知识和技能，增强跨文化意识，培养积极主动的跨文化态度。

跨文化敏感性发展模式（A Developmental Model of Intercultural Sensitivity，DMIS）为在外语教学中培养学生跨文化意识和敏感性提供了一个参考框架。这一模式将跨文化敏感性发展的过程分为 2 个主要阶段和 6 个步骤。

民族中心主义阶段：

（1）否认（Denial）

（2）防范（Defense）

（3）弱化（Minimization）

民族相对主义阶段：

（4）接受（Acceptance）

（5）调试（Adaptation）

（6）融合（Integration）

学习者否认文化差异的存在、逃避或抵制文化差异、弱化文化差异，逐渐发展到认可文化差异的存在、调整适应文化差异、灵活应对文化差异，自由徜徉在不同文化之间，从而完成从民族中心主义阶段到民族相对主义阶段的转变，这就是跨文化意识和敏感性培养的全过程。

（一）非语言交际能力的培养

任何一种文化都由若干符号意义系统构成，语言系统只是其中一个重要的组成部分。

与语言系统相辅相成的非语言交际系统也是文化的核心内容，对交际起着不可忽视的作用。文化不仅通过语言教育、语言学习和言语行为习得和传播，文化还通过非言语交流，隐含地、有意识或无意识地进行传播。无论是语言系统还是非语言系统都是文化的组成部分，都被置于文化的大环境之中，受该文化的影响，所以不同文化的言语行为和非言语行为存在着文化差异。

人际间交流是通过两种方式进行的，一是言语行为，二是非言语行为。非言语行为包括所有人际互动中所交换的各种行为信息，即身势行为、手势行为、目光行为、交谈时的身体距离、沉默行为、声音、语调、音量、绘画、图像、衣着打扮和人体姿态、实物标志等。这些非言语行为都可用作交流信息、传递感情、表达感情、态度，以及标志交际者的社会关系、社会地位等。

非语言跨文化交际领域主要包含以下方面。

第一，直接文化指人类行为两种截然相反的表现，即亲密、亲近和回避与隔离。一个成功的交际者应该善于对这两种行为进行互补与调节。

第二，性别文化性别文化与非语言交际行为有着不可分割的关系。男性文化表现出刚毅果断、争抢好斗的特性；女性文化的特点则是情感丰富、举止文雅。

第三，权力差异文化权力和财产在不同的文化背景中分配也不同。近年来，研究世界各国不同文化过程中有一个测试权力等级的办法，即"权力差异指数"（power distance index），简称"PDI"。"PDI"较高的国家有南亚，非洲和加勒比地区的一些国家。在那里，其文化特点是权力高度集中在几个人手里，而不是平等地分配于多数人之中，其突出表现是不同阶级间的交往、接触、联姻等社会活动有严格的制约。然而，在"PDI"较低的国家和地区，讲究民主气氛，社会等级不是很森严。

第四，冒险文化从字面上来看是指"不确定"，但从文化含义上来讲是指一种"冒险文化"，即将价值观建立在冒险或探索不可知事物上。

第五，个人主义文化和集体主义文化。

第六，高语境文化和低语境文化。高语境文化是指人们利用互相熟悉的非语言环境开展交际的行为，这种行为无需明确的话语或详尽的描述。反之，则是低语境文化。

不同的文化规范着不同的非语言交际规则，人们总是无意识地遵循这些规则。由于非语言交际行为一般都是自然、无意识的行为，而且目的语文化学习者都已习得了母语文化的非语言交际行为，因此要学会目的语文化中的非语言交际行为非常困难。所以外语教学要针对跨文化交际中文化差异最大，最能导致交际失误的非言语行为，即身势语和体距语进行重点分析，引导学生了解不同文化的时空观。

1. 身势语

身势语是非言语行为中非常重要的行为，相同的身势语行为在不同的文化中可能表示不同的意义，完成不同的社会功能，这不仅为跨文化交际造成困难，而且会产生严重后果。例如，美国人常伸出舌头表示对对方蔑视，中国藏族人则以此行为表示对客人的尊敬或礼貌，中国汉族人则以此行为表示惊愕。

2. 体距语

体距语是指交际者利用空间距离传递信息，即所谓人际空间或人际距离行为。不同文化的人们在交往中表现出不同的体距语。在美国除非最亲近的人，如父母、子女、夫妻，许多美国人维持在大约1.2米远的距离；阿拉伯人彼此站得很近，常常互相碰撞，他们对空间的使用方式常常令美国人望而生畏。文化教学的目的不是力求让学生掌握一套完整的目的语文化的非语言交际行为系统，而是让学生了解目的语文化和母语文化之间主要的非语言行为差异，以便在跨文化交际中不断调整自己的非语言行为，增强其灵活性。

（二）比较外国和本民族文化的异同

比较和深刻理解外国和本民族文化的异同，首先可以从称呼、介绍、打招呼、告别、做客、谦虚、道歉、赞扬、关心、谈话题材等方面进行比较。通过比较，学生将会对本国和所学语言国家文化的差异有个比较深刻的认识（表7-1）。

表7-1　中国和英美国家的文化异同

	中国	英美国家
称呼	姓+头衔 王教授	头衔+姓 Professor Wang
招呼语	吃过了吗? 你上哪去?	How are you? Hello!
对赞扬的反应	A：你干的真出色! 哪里，哪里…	A：You did quite well! B：Thank you
价值观念	群体育个人的约束，出头的椽子先烂	个人主义精神
好客	今天没什么好菜，随便吃点	我很高兴，欢迎再来
谈话题材	年龄、婚姻、工资、家庭、他人隐私	天气、运动、国际局势、假日安排

（三）原文阅读

在英语教学中，我们常常发现在学生中普遍存在着这两种现象：学生在阅读一篇既没有生词，也没有一点语法障碍的文章时，对文章整体大意也不能百分之百地理解，一做选择题就出错。在用英语写作时，总是受到本族语的干扰，写汉语式的英语，这是因为学生天生接触的是本族语，在英语学习中没有良好的语言环境，没有机会与以英语为母语的人接触，以了解他们的风俗、习惯和情感，因此，在读写英语时受本族语思维和情感的影响是在所难免的。对学生输入英美文化及社会知识信息的良好途径就是在教师的引导下，进行大量的原文阅读。在原文阅读的实践中，学生们会遇到一些中国人不好理解的西方习俗和社会现象，就随文向学生扼要地介绍英美人的习俗、重要节日、婚姻家庭等社会知识。如在读到一位美国中学生需要用钱正式向父亲提出借款要求时，有些学生对此很不理解。向他们解释：在英美诸国孩子向父母借钱是常事，这并不意味他们的父母没有人情味，根据英美习惯，青少年从小就养成了非常强的自立性，在经济方面尤为如此。学生对英美人的个性、情感和思维方式体会得越深，对原文的理解越深，吃透原文的能力就越强。

在原文阅读中有时会出现从字面上很难看出其真实意思的词语。在遇到 "The businessman offered him ＄500 under the rose." 这句话时，给学生讲述了有关的罗马神话故事，使他们了解 under the rose 的出处和含义。了解了这方面的文化背景，这个词组就不难理解了。再如，学习 go dutch 这个词语时，向学生介绍了 17 世纪末，英国与荷兰为争夺海上贸易而形成恩怨的历史，学生们再理解 dutch concert，dutch bargain，dutch defense，dutch comfort 就比较容易了。

原文阅读拓宽了学生们的视野，在丰富语言知识的同时，对英美文化背景和社会知识都有了相当的了解，这对于提高学生英语整体水平是不可缺少的重要环节。

（四）研究词汇和习语的文化背景

词汇和习语是语言中最能反映民族文化特征的部分，具有博大的内涵和外延。英语和汉语中大量的词汇和习语植根于两种截然不同的文化环境。有着迥然不同的民族形象和文化色彩。许多词汇和习语明显地反映出中国文化和英美文化的差异，所以研究词汇和习语明显地反映出中国文化和英美文化的差异，所以研究词汇和习语的文化背景，并将他们进行比较，就会对本族文化和异国文化有一个较详尽的了解。例如：

（1）在中国和英、美等西方国家的人民都有养狗的习惯，但中国人一般都鄙视狗，于是语言上便产生了用它来形容和比喻坏人坏事。如"狗腿子""狗仗人势""狗嘴里吐不出象牙""痛打落水狗"等。而英美人在许多习语中是以狗的形象来比喻人的普通生活和行为如 "dog – tired" 意思是非常疲倦。

（2）英语的典故习语多来自《圣经》和希腊罗马神话，如 "Pandora's box"（潘多拉之盒是灾难、麻烦、祸害的根源），meet one's Waterloo（一败涂地）等。

（3）在汉语中常用"铁饭碗"来比喻职业的稳定性，"做东"表示做这件事的主人。对于英美国家的读者来说就很难领略其中的含义。

（4）"东""西"二字合在一起可以指一件物品，"南""北"二字合在一起就没有任何意义。我们可以说："我要去买东西"。但不能说："我要买南北。"在英语中，我们可以说："We are human beings，we are not objects." 但在汉语中则不能说："我们是人，我们不是东西。"

（5）在汉语中形容一般事物的迅速发展大量生产用"雨后春笋"，而在英语中却用 "like mushrooms"，这是因为英国不出产竹，所以没有以竹笋做习语的比喻。

（6）美国习语："Cry all the way to the bank"，如果理解为"一路哭哭啼啼去银行"就太简单了。实际这条习语表示"因遭抨击而发大财"。1954 年，美国著名钢琴家利贝雷斯的作品受到一个音乐评论家的抨击，结果反而使他名声大振，作品畅销。他在给这个评论家的电报中说 "I cried all the way to the bank." 言外之意是你的抨击使我发了大财。

（7）中文和英文有许多表示颜色的词汇。红色，按照中国的习俗，常是喜庆的象征，人们在举行婚礼时，要在门窗或墙上贴上"喜"字。新娘要穿上红色的礼服，戴上红色的头饰，以表示吉利、喜庆。按照这些传统，人们往往把红字带入生活之中去，如"开门红"表示好运气，取得好成绩，"To begin well, to make a good start."这一点与英语国家有很大不同，因为在这些国家里，在这些场合下人们往往选用白色代表红色，因为红色象征不洁，但在表示一些节日的时候，如"red-letter days"（喜庆的日子，纪念日），在西文一般指圣诞节或其他节日，因为这些日子在日历上是用红色标明的，所以"red-letter"的转意就是"可纪念的，喜庆的"。有如"to point the town red"表示"狂欢""痛饮""胡闹"，多指夜生活的狂欢作乐，饮酒胡闹，不是"把全城染红"。那么 black and blue 这个词组是什么意思呢？它应该被译为"青一块，紫一块"。通过这种举实例，了解和比较不同词汇和习语的文化背景，逐渐积累，学生会受益匪浅。

（五）广泛利用课外英语资源，组织第二课堂英语活动

1. 英语短剧表演

对学生进行跨文化交际的培养只在课堂上进行是远远不够的，因为一个民族的文化内涵是多方面的。教师应该让学生尽可能多方面的感受这种文化的氛围。在平时的教学中，我们可尝试让学生利用课余时间表演英语短剧，短剧内容可以是英语教材上的课文，也可以是一些著名的英语故事、童话及小说等。英语短剧表演是学生获取文化信息的一条重要途径。教师可号召学生将课文改编成短剧，让学生在表演中、在英语故事的情节里呼吸文化气息。通过这些活动，学生了解和感受到了西方文化的气息以及锻炼他们运用英语的能力。

2. 英语文化课题研究和讨论，英语角会话

众所周知，学习语言最好在一定的语境和气氛下进行。所以，教师更有责任为学生创设适合于学生感受英语语境和接受英语文化熏陶的气氛，激发出学生的兴趣并鼓励学生参与进来。教师在备课时可依据教学内容专门设置英语话题。教材中的这些对话生活气息浓，与英语文化及该国风俗习惯紧密相连，学生参与进来，可感受到其强烈的异国文化情调、呼吸其浓郁的语言文化气息，而且语言交际能力也潜移默化地得到了提高。

（六）大量收集、利用课外英语资源

教师可以收集一些有关国外文化方面的资料，如画报、杂志、图片、照片；研究不同国家人民的服饰、装饰、发型，鉴赏不同风格的外国流行歌曲，交流各地的风貌民俗，让学生在这一过程中了解不同文化、风俗习惯、审美标准，然后提出一些问学生回答并讲出自己的见解。教师还可以建议学生多读国外有关游记，人口统计，民意测验，官方思想研究等方面的书，从中了解文化。教师可以准备一些有关文化的课题让学生思考，问他们有何看法，然后进行交流讨论。例如：①有些国家的人在交往上注意策略，而一些国家却不是这样。②微笑是人类普通的习惯，无论走到哪里，微笑都是最重要的。③在男女关系上，美国恋人以个人情感为中心，在公众场合互表亲昵，似乎除了他们的爱，一切均不存

在。中国恋人总是避免在公众场合表达感情。④中美文化的一大差异是中国崇尚集体主义，而美国崇尚个人主义。

(七) 研究非言语交际在跨文化交际中的作用

非言语交流和言语同样是文化的一个组成部分。姿势，面部表情，目光接触，手势动作，衣着打扮，时间，空间等大多数非言语行为也是以一定的文化为基础的。教师可以问一些有关非言语交际方面的问题，让大家来讨论。例如：①两个男青年或女青年同行时，手拉手是否合适？②两个男人见面时是否互相拥抱？③耸肩代表什么意思？④在美国，老师坐在桌子上讲课是不是为了和同学打成一片？外国人何时打扮得西装革履，何时打扮得花里胡哨？

二、树立语言平等观和文化平等观

文化的相互交流与碰撞能够丰富文化的内涵，但交流首先要有最基本的平等。要让学生明白由于文化差异导致两种文化接触时产生的碰撞和误解是正常的。对话是人类历久弥新的交流方式，只有充满尊重、宽容、平等、开放和自由的对话，才能激发和实现真正的沟通和相互理解。跨文化交际是双向交流的过程，交际双方都应了解对方的文化特征，并彼此尊重对方的文化习惯。只有在充分了解的基础上，才能相互体谅以促进交流。在跨文化教学中，要强调平等意识，参与交流的各方在对话过程中都应享有平等地位；都应反对片面的权威或对真理的独占；都不应该固执己见或差强人意。任何一种文化能够在世界上长期持续发展必然有其作为文明核心的文化。没有任何文化可以凌驾于其他民族文化之上。大千世界，和而不同。"和"的主要精神就是协调不同，达到新的和谐统一，使各个不同事物都能得到新的发展，形成不同的新事物：只有"不同"才能在差别的张力和互动中发展创新。如果都相同，都统一，就会泯灭生机，难以为继。只有民族的，才是世界的。事实上，不同文化在保持各自特色的前提下互相碰撞、交汇乃至融合，会创造出一种动态的和平。学习外语是出于交流的需要，目的是能够与外国人成功地进行跨文化交流，了解、吸收他们文化的精华，为我所用。同时学习外语更要注重以我为主，要学会如何准确地用外语去介绍和传播母语文化。放弃民族特点与文化身份去学习外语是不可取的。每一种文化都有其独特的优点和长处，都能为人类解决面临的各种问题提供有价值的资源。各种文化都应该在和其他文化的交往中，取长补短，充实和更新自身，以适应经济全球化和文化多元化的新趋势。要教育学生重视西方文化，但不应该唯西方文化是从。东西方文化交流本着彼此尊重的原则，在平等的基础上进行对话和交流，相互吸收、相互融合，在比较中鉴别，在互动中发展。

三、树立文化自觉意识

文化自觉是指生活在一定文化中的人对其文化有"自知之明"，自知之明是为了加强对文化转型的自主能力，取得决定适应新环境、新时代对文化选择的自主地位。在任何形式的文化交流中，文化之间的参与都是不平等的。强势文化由于比较自信，往往轻视其他文化；处于弱势文化的一方，也总是顺应文化霸权的一方。解决东西方文化交流与传播的不平等问题，不但要确立平等交流意识，而且要树立文化自觉意识，积极主动地传播中华文化。所谓自知之明，首先要弄清中国文化的精髓是什么。中国文化上下五千年，源远流长，灿烂辉煌。以全球视野来审视中国传统文化，就会发现：中国传统文化独特的人文精神，特别是其对人的价值的关注，其奋发有为、自强不息的精神；其"先天下之忧而忧，后天下之乐而乐"、克己为人的自我牺牲精神；其天下兴亡，匹夫有责的忧患意识；其倡导万物一体、天人合一、世界大同的宽容精神；其对人与自然和谐关系的探索；其对现实社会的关注，其对人伦关系协调的重视；其强调"和而不同"、以综合见长的思维方式等等，对世界文化的大融合、对先进文化的构建、对跨文化交流都有积极的促进作用。在外语教学中，教师应该有意识地进行文化对比、导入中国文化，以中国文化为自豪，并学会怎样用英语表达，把优秀的民族文化推向世界，积极主动地传播中国的传统文化精华，让学生了解世界、了解中国；并通过英语教学，让世界了解中国，让中国走向世界。

由于人们对本族文化大都处于一种潜意识接受的状态，不经过有意识的引导和刺激，人们很少会对自己赖以生存的文化进行反思，即使偶尔有这样的冲动，因为文化因素纷繁复杂，常常也无从下手。文化教学的任务之一就是增强学生对自己本族文化的意识和理解，这样有利于消除或减弱民族中心主义思想，客观认识自己的价值观念和行为习惯，从而培养一种开放、灵活的思维方式。

文化自觉是一个艰巨的过程，首先要认识自己的文化，理解所接触到的多种文化，才有条件在这个已经在形成中的多元文化世界里确立自己的位置，经过自主适应，和其他文化一起，取长补短，共同建立一个共同认可的基本次序和一套各种文化能和平共处，各抒所长，联手发展的共处守则。

四、跨文化交际中的文化认同

在英语教学中，常常发现多数学生虽然能写出并讲出符合语法规则的句子，但表达方式往往不恰当或不得体。究其原因，在很多情况下，这些不恰当或不得体的句子违反了所学语言的文化规则，导致交际失误。其主要根源是交际双方没有取得文化认同。

文化认同意指个体对于所属文化以及文化群体内化并产生归属感，从而获得、保持与创新自身文化的社会心理过程。文化认同包括社会价值规范认同、风俗习惯认同、语言认同、艺术认同等。当今世界，全球化空前地拉进了各国家、各民族之间的距离，每一民族在发展自身文化的同时，都在有意或无意地进行着与其他文化的交流和互动，人们对本己文化和异己文化的异同之处不断加深理解和认识。在这一过程中，彼此间一方面在寻找共同话语，放弃或改变原有的一些观念和行为方式，以达到求同存异；一方面又在加固着本民族文化的认同，以求民族文化有存在的根基，这即是费孝通先生经常告诫的要加强文化自觉。这在跨文化交际中文化认同是相互的，人类需要这种相互的文化认同，以便超越文化交流的重重障碍。文化认同是人类对于文化的倾向共识与认可，是人类对自然认知的升华，是支配人类行为的思想准则和价值取向。因此，文化认同可以被认为是指导跨文化交际的语用原则。

坚持以多元文化观为文化认同的价值取向，其目的正是为了帮助学生理解自己的民族文化和享有应有的文化尊重，并在认同本族文化的基础上，树立平等的、包容的、尊重的文化观，并从中吸取精华部分，以便获得参与未来多元文化社会所必需的价值观念、情感态度、知识与技能、有和平共处及维护文化平等和社会公平的意识和信念。

经济全球化、文化多元化，使跨文化交际成为时代的特征，不同国家、不同民族间的交际或交流活动更加频繁。跨文化交际是在不同文化之间进行的交际，交际双方分属于不同的文化群体。这就意味着交际双方对彼此的文化身份有明确的认知，交际者非常明确我们是谁、他们是谁，明确在文化群体意义上是谁在和谁进行交际。如果交际者不能确认对方属于哪一个文化群体，不能确定彼此的文化身份，就不能构成跨文化交际活动。这是由于交际主体基于对本民族文化与异质文化的价值判断，会产生对文化差异性的认识和对本民族文化的认同。交际时交际主体会站在一定的立场上，或者说交际主体会无意识地进行文化比较，选择自己的文化立场。通过文化比较，交际主体会产生强烈的自我认同感，而恰恰是这种文化比较使文化身份认同问题得以凸显。因此，探索跨文化交际中的文化身份认同问题，对于提高跨文化交际的有效性具有十分重要的意义。

（一）文化身份

身份是指某人或某一群体独有的品质，指向的是某种自我认同的同一性和这种同一性得以标示的独特标记。文化身份是"身份"的延伸概念，它来自西方心理学理论。"认同"一词译自英语的 identity，在国内文化研究语境中"identity"译作：身份，认同，身份认同。identity 本身有两重含义：一是"本身、本体、身份"，是对"我是谁"的认知；二是"相同性、一致性"，是对与自己有相同性、一致性的事物的认知。有对群体一致性的认知，也必然伴随着对他群体差异性的认知。由于这一概念强调文化群体的共同性，再加上 identity 一词既可译作"身份"又可译作"认同"，因此，文化身份又称为文化认同。尽管学者们对文化的概念有不同的界定，但是至少在这一点上可以达成共识，即文化来源于一个群体成员们的生活方式。也就是说，文化具有群体性的特点。无论文化在宏观或在微观层面上，一旦一个群体形成，其相应的文化便应运而生。一种文化由其所属群体成员创造、继承并发展。从这个意义上来讲，人们都属于不同的文化群体，具有不同的文化身份，例如，东方文化（人），西方文化（人），中国文化（人），美国文化（人）等。

文化是那些深层的、普遍的、未曾道出的经验和行为准则。同一文化群体的成员有意识和无意识地用文化来约束自己的行为并衡量他人的行为。文化具有群体共有性，文化是通过其所属群体成员的传播活动继承、巩固和发展的。因此，文化身份是一个文化群体成员对其自身文化归属的认同，其特征可以通过该文化群体成员的言语、行为和情感等表现出来，同一文化群体的成员也因此具有同一种文化身份。从整体来讲，文化身份是某种文化或某个民族所特有的、与生俱来的一系列特征总和。由于同一文化群体的成员长期生活在某一特定的历史传统与地理环境下，形成了自己独特的文化，因而也造就了其独特的文化身份。另外，文化身份还表现为一种文化情结，是个体或群体对自身所属的文化体系自发形成的一种内在情感，是人们在一个民族共同体中长期共同生活所形成的对本民族最有意义的事物的肯定性体认。其核心是对一个民族的基本价值的认同，包括一个人对本民族各个领域的总体态度、语言、社会、政治和历史等的认同。文化身份认同是民族认同和国家认同的基础，而且是最深层的基础。对个体来讲，认同是一个人的自我概念，即对"我是谁？""我是一个什么样的人？"之类问题的理解与回答。面对世界复杂的文化背景，跨文化交际中的交际主体会感受到由于自身本民族文化与异质文化两种不同文化身份所造成的矛盾或冲突，一旦这种冲突达到失衡状态，交际主体就可能会陷入迷茫或失落之中，表现在文化心态上就是：面对纷繁复杂的多样文化感到无所适从，文化身份缺失，个体将会"不知道我是谁"，或者对"我身在何处"的极端的不确定，即主体失去了社会文化的方向定位，没有了文化的归属感，这种状态也就是我们通常所说的认同危机。当今世界以美国为主的西方发达国家的文化已成为世界文化的主流，强势的西方文化在潜移默化中无情地摧残着发展中国家和欠发达国家的文化个性，甚至文化自主性。在这种文化背景下，如果个体缺乏文化导向和精神信仰，其文化身份认同是盲目的，对一些基本的价值判断也是模糊的，就会出现以丑为美、以恶为善、以耻为荣的现象。这就极易造成文化迷失或导致整个民族的集体无意识，形成文化身份认同危机。文化身份认同会直接影响人们的理性价值判断、交际的成效，甚至影响文化发展的走向。因此，确立跨文化交际主体的文化身份，是保证跨文化交际的顺利进行的重要因素。

（二）文化移情

在跨文化交际中，交际双方会不自觉地对本民族文化与异质文化进行比较，会自然地感受到两种文化身份所造成的冲突，文化移情为交际双方站在对方的立场上进行体验、换位思考找到了切点或交点。简单地说，文化移情是跨文化交际中链接主体与客体的语言与文化以及情感的桥梁和纽带。文化移情是心理学的一个概念，其基本涵义是用自己的感觉去"体验"他人的感觉，目的是实现"我"和"你"双方的一致性。文化移情是以承认文化差异为前提，交际主体以积极开放地对待异族文化的态度，自觉地转换文化立场，从对方的立场出发来感受其文化，设身处地替对方着想，并且在立足于本族文化的基础上将自己置于另一种文化模式中，达到主动对话和平等沟通的目的。从实质上讲，跨文化交际的过程就是文化移情的过程，文化移情能力会直接影响到跨文化交际的有效性。文化移情已经成为跨文化交际主体能否有效感知和弥合不同文化之间的差异，防止出现因为文化的误解而导致文化冲突的有效途径。但是移情"不及"或"过度"都会为跨文化交际带来障碍。移情"不及"即不到位，是潜意识中存在着以我为中心的思想，在跨文化交际中表现为缺乏对文化差异的敏感性，不能及时回应客体的情感或产生共鸣，其结果必然严重阻碍跨文化交际的顺利进行。

由于交际受制于文化，跨文化交际主体受自己长期生活中的文化环境和思维定势的影响，其行为必然按照自己的文化背景以及由这种文化背景所决定的规范进行。因此，不同民族文化背景中的人们在潜意识中都存在本民族文化优越的倾向。如果在跨文化交际中交际主体过多地表现出民族文化优越感，过分的自信、目空一切，认为本民族文化是绝对优越的，本民族文化高于一切，唯我独尊，将其他民族的文化说的一无是处，把本民族文化作为对待其他民族文化的参考系，以自己本民族文化的价值标准来衡量其他民族人们的行为和社会现象，并把本民族文化与其他文化隔离开来，这种思想只会加深不同文化间的隔阂，最终只会导致交际失败。移情"过度"是过度地放纵了自己的情感去呼应别人的感受，为此而完全放弃自己本民族文化的立场，将自己定位于异域文化之中。如果交际一旦失去了本民族文化作为基础一味地模仿，交际就会失去意义。每一民族的文化都植根于自己民族的土壤，都打上了自己民族特色的深刻印记。没有文化个性，就没有文化身份、文化地位和文化独立存在的意义，这样就会导致本民族文化的褪色或消亡。因此，正确的文化移情应是立足自身文化身份又超越自身文化的统一，在文化立场上不能脱离民族文化的本土背景，但是又能够主动去体验他人的情感和情绪，达到自我与他人情感的融合以及感情的共鸣。通过移情在不同交际主体之间建立起超越文化阻碍的桥梁，以减少或消除文化矛盾和文化冲突，增进处在多元文化背景中交际主体的相互理解、协调和沟通。总而言之，文化移情研究是跨文化交际学从表层研究进入到深层研究的转折点和重要标志。跨文化交际中的文化移情并不是要交际主体完全放弃自己本民族文化身份，而应坚持正确的文化移情，创造性地坚持本民族文化身份，有意识地超越本民族文化和异族文化的界限，摆脱自身原有文化传统的束缚，主动地领悟、感受和理解异域文化，并按照新的文化环境进行调适，达到多元文化间新的整合。

（三）文化整合

在跨文化交际中交际双方通过沟通、相互宽容与体谅、互相适应与各自调整，整合建立一种新的文化身份。这种新的文化身份建立的过程就是对不同价值观的选择、融合、创新的过程，它将两种文化整合在一起，以新的文化身份进行交际。通过不断地融合、互渗和互补，不断突破本民族文化的地域和模式的局限性而走向世界，不断超越本民族文化的国界，发生内容和形式上的变化，逐渐整合为一种新的文化体系。任何文化都有自己产生和发展的过程，都有着从不完善到完善的发展阶段。在其形成的过程中，由于受到地域性和交际范围的限制，各自保持着相对的独立性，同时这种独立性也限制着文化的发展。随着经济的发展、文化交流的日益频繁，尽管文化的独立性依然存在，但是文化的兼容性和开放性相对增强。世界任何国家不可能完全脱离整个世界文化发展的基本格局而封闭起来，所有文化都不是隔绝的而是互动的，都不是纯粹单一的而是异质混杂的，没有不受异质文化影响的文化。在相互融合的过程中，每一种文化都按照自己的价值观念和标准对不同类型的文化进行判断、认同和吸收整合，成为具有内在联系的文化体系。文化体系的重新整合是原有的本民族文化的创新，它不仅保留着本民族文化最本质的特征，而且充实了新的内容，注入了新的生命，也更能适应新时代发展的需要。

在跨文化交际中，交际主体新的文化身份构建的过程也是不断进行文化整合与创新的过程。跨文化交际中的主体与客体通过交流与沟通，解决或减少了文化矛盾和冲突，提高了跨文化交际的有效性。在交际主体解决交际文化矛盾或冲突的同时，对本民族文化和异质文化都有了更深刻的理解和认识，交际中就会有意识地对自己原有文化的思维模式进行调整，并会对自己本民族文化进行不断思考和反省，将异族文化中积极的部分转化成自己文化的内容，也正是这种交际中的矛盾和冲突成为文化发展的动力。每一个个体对自身文化的理解是不完整的，因为从他人的角度来看会有不同的理解，只有在交际中利用他人的视角，通过他人的评价和反馈才能获得对自己文化深刻、完整的认识。因此，文化的发展与整合不仅要保持本民族文化的基本特征和内涵，更要在跨交际过程中对本民族文化重新诠释，发现新的自我。

一个具有深厚民族文化底蕴的民族，如果不向其他民族学习，不从外部汲取营养，不顺应时代的发展就会落伍。但是，如果不懂得珍视自己民族文化的价值，轻易地丢弃民族文化传统，民族文化就会消亡。在全球化时代任何民族都不可能不受异族文化影响，只有在多元文化对话和交流的框架中，在认同多元文化的同时，既保持自身文化的相对独立性，又使自身文化保持持续开放性和长久交汇性，以开放的心态，海纳百川的胸怀，秉承"和而不同"的理念，通过与其他民族文化的相互比较，发现文化彼此之间的差异，在与他文化的对话中重新认识自我和不断修正自己，使自己文化保持旺盛生命力，从而有力地推动民族文化的创新与发展。因此，文化整合是在跨文化交际中，以促进本民族主流文化的存在和发展为宗旨，在主动汲取异质文化的精华、舍弃糟粕和综合创新的基础上，形成新的文化体系。也可以说，文化整合并不是在文化全球化进程中完全抛弃本民族文化的独特性，而是要在跨文化交际中构建新的文化身份，在文化全球化体系的建构中体现民族文化的世界性，最终实现"各美其美，美人之美，美美与共，天下大同"的目标。

综上所述，跨文化交际是一项构成要素复杂而多样的综合性学科。在跨文化交际中，如何选择自身的文化身份决定了交际主体的立场，并会对跨文化交际的有效性产生重要的影响。跨文化交际的顺利进行并不要求交际一方完全放弃自己的文化身份以迁就另一方，交际活动的成功与否取决于双方能否通过交际手段建立一种新的文化身份。在跨文化交际中交际主体要确立本民族文化的主体地位，保持本民族文化的个性特征，自觉在本土文化与异域文化之间进行权衡与选择，既不固守本民族文化唯我独尊，也不完全放弃本民族文化而全盘接受异域文化。在跨文化交际实践中不断汲取多元文化中对民族本土文化有用的精华，促进我国社会主义文化的丰富和发展，为整个人类文化的丰富和发展做出贡献。

第二节 英语教学中文化意识的培养

一、文化意识的涵义

文化意识是指对异国文化与本国文化的异同的敏感程度和在使用英语时，根据目标语

（如英语）文化调整自己的语言理解（如听、读）和语言产出（如说、写、译）的自觉性。这种敏感度和自觉性都是可以培养的。

文化意识的培养不仅是大学英语教学的基本要求之一，而且也是大学英语教学发展的动力与源泉。文化意识的培养与大学英语教学两者之间是互惠互利的关系。语言教学必须与文化意识培养相结合，这样才能真正培养学生的英语综合应用能力。学生文化意识的提高必然会反映到语言学习的兴趣上，从而促进学生的语言学习，给大学英语教学创造较好的学习氛围，使大学英语教学进入一个良性的循环。

二、文化意识培养的必要性

文化意识的培养不仅是提高大学生综合素养的需要，也是提高大学教师文化素质的需要，改革当前学科教学内容和教学方法的需要。

其一，文化意识的培养是提高大学生综合素养的需要。文化意识与人文修养是大学最重视的素质，无论是人文课教学还是自然科学教学都应加强学生人文意识的培养，这有助于学生的成长和持续发展。而且，文化意识的培养有利于促进学生语言综合应用能力。文化教学是语言教学中不可分割的一部分，同时它对于学生的听、说、读、写、译能力有着促进作用。

其二，文化意识的培养是提高大学英语教师素养的需要。学科教学中文化意识的培养，需要教师自己首先要成为一个有效的文化学习者，自己主动积极地去体验文化学习，不断提高文化素养。学科教学中文化意识的培养，有利于教师更顺畅地开展语言教学，可以引发学生学习的兴趣，提高学生学习的主动性和积极性，学生能积极配合教师教学进程。而且，文化意识的培养可以促进师生间的交流与互动，有利于师生关系的和谐，这为培养和谐的师生关系创造了良好的氛围。同时，文化意识的培养，也有助于大学生跨文化交际能力的培养。

其三，文化意识的培养是学科教学内容的需要。要培养学生的文化意识就需要选择具有时代气息、能够培养学生创造性思维、有利于提高文化素质及对人格品位提升有益的真实材料。这就要求教材编制者和教学人员改革现有的知识内容，提供能够培养学生文化意识的知识素材。如选择一些中外文化精髓等。

其四，文化意识的培养是改革教学方式的需要。要培养学生的文化意识，就需要采用丰富的教学组织形式和手段，运用现代化媒体教学，将文化内容与语言材料结合一起的教学方法。这就要求改变传统的照本宣科、只教词汇和语法的教学方式。

总之，文化意识的培养，不仅是提高大学生综合文化素养的需要，也是改革教学内容、教学方法和提高教师综合素质的需要。

三、英语教学中文化意识培养的策略

（一）大学英语教学中文化意识培养的导向

大学英语教学中文化意识的培养应该坚持两个导向，即文化的多样性和多元性。

1. 保持文化的多样性和多元性

近年来，英语逐渐成为一种国际交流的通用语，为了更好地交流，学习者不得在了解本民族文化的基础上了解目的语国家的文化，否则将难以实现真正的跨文化交流。因此，大学英语教学要实现对大学生文化意识的培养，就不得不在教学的各个环节遵循文化多样性的导向。如教材编制时，编制者在选编素材时，就不能只限于对某一民族的和某一国家的文化素材的选择，而应该是各类群体、各社会的文化及习俗的引入；在教学时，对大学英语教师提出更高的要求，因为，英语教材的选择往往涉及心理学、社会学、科技、教育学等各个领域的知识，如果教师不了解这些领域的文化，也就无法很好地实现对英语教材的解读与教学，显然也无法实现高水平的教学；在评估大学英语教学时，更不能仅用英美文化价值观为标准作为评价教学好坏的唯一标准。还必须考虑到文化多样性的和谐共处。只有这样才能培养学生广泛的爱好和兴趣，并激发他们积极进取。

总之，大学英语教学中培养大学生的文化意识，就必须坚持文化的多样性和多元化，这样不仅能够增加每个人的选择机会，还能够满足人们多样化的智力、情感、道德精神的需求，进而促进不同文化间的对话。

2. 维护世界文化生态

世界各民族间经济的交流与对话，加速了文化间的对话与融合，重塑了世界文化格局。西方文化在当今世界主导着世界文化格局。西方的主流话语——英语也越来越成为国际通用语言。但是，由于地理环境、人文环境、制度环境和文化历史传统的不同，各民族的生活方式永远也不可能统一的，因此，世界文化将永远是多元的和多样的。西方文化的主导地位也只是相对的，而不是绝对的，我们可以说西方文化在某一领域内是卓越的，其他领域未必如此。一样和一元文化，构不成世界文化。

因此，在培养大学生的文化意识时，教育者还需引导学生通过保持文化多样性和多元化来维护世界文化生态。也即是引导学生处理好两个方面的关系。一方面，要以积极的态度去应对日益频繁的文化交流与融合的趋势，切不可将自己的文化孤立起来，要培养一种开放、平等、尊重、宽容、客观、谨慎等积极的跨文化意识，消除故步自封、妄自尊大、歧视、狭隘、偏见、盲目等消极的跨文化意识，批判性地吸收世界文化精髓，最终达到真正理解不同文化的内涵。对待不同文化，我们要采取去其糟粕、取其精华、互相渗透、互相吸收之策略，才能形成多元化的世界文化格局。另一方面，还必须保持自己民族文化的精华，维护文化的多样性。

（二）大学英语教学中文化意识培养的维度

文化不仅是多样性和多元化的，它也是多维度的。概括起来说，文化可分为：文化的民族性、文化的区域性、文化的历史性和文化的国际性。因此，在大学英语教学中，一方面引入多样性的文化，另一方面从不同的维度去理解大学英语教学的内容。

1. 文化的民族性

语言是人类用来表达思想、传递感情的交际工具。在人类生活中，语言几乎无时不在、无处不在，与人的活动形影不离。语言与民族文化息息相关，蕴含着民族文化的发展和变化中最为敏感的部分。长期以来形成一些体现民族特色的习语、谚语等。由于不同民族、种族和地域形成的文化，有其迥异的文化性质和文化形式，这种差异性就是文化的民族性。因此，一种语言的发展和变化，也反映了使用这种语言的民族文化的发展史。在学习一门语言时，回顾这个语言的民族文化，犹如翻开一本厚厚的民族历史文化的画册，在回顾中品味出今天的意义，不仅能使学习者从语言中学习文化，也能使他们从文化中习得语言。

一个民族的语言作为这个民族的特殊组成部分，必然反映出该民族的风俗习惯，如不同的民族，形成有不同的民族习语。如黄油（butter）、面包（bread）、果酱（jam）和奶酪（cheese）都是英国人的家常食品。因此围绕这些主要食品产生了许多习语，辐射到生活得各个方面。当人们用英语说"cheese"这个词时，总是微张嘴巴，露出牙齿，呈微笑形，才能发出这个音。后来人们在拍照时就常对被照对象说"cheese"，意为"笑一笑"。在英语中，人名同样经常出现在习语中。再如：人名在习语中有两种情况。一种是历史文化事件中的人名形成典故，在长期的使用中，成为习语；另一种是风俗习惯、民间传说中出现的由人名构成的习语。例如：Every Jack has his Jill，看起来像是说"每个杰克都有自己的吉尔"，其实它是一条谚语，比喻"人各有偶"或"有情人终成眷属"。

因此，在大学教学过程中教材编制者、教师都应将文化的民族性作为教学的重要组成部分。大学英语课文多是选自英美国家的原版著作，而这些课文又因作者的思考、投入和关怀是多元的，体现的是不同的民族文化。英语教学人员在教学中，不仅要挖掘教材中的文化知识，更要挖掘不同民族的文化，使学生对不同的民族的文化有所了解，并接受文化的多样性和多元性。西学东渐数百年，中西文化的交流推动了中国乃至世界文化的进步和发展。今天的大学英语学习，其目的不仅在于了解西方文化，还在于坚守、维护并发扬自有的民族文化，并在此基础上提高他们的多维度跨文化交流能力。

2. 文化的区域性

一个区域的群体在发展过程中形成了独自的文化心理、生活方式和风俗习惯，具有明显的区域特质。由于地理环境、生产条件的影响，使得一个区域的群体在发展过程中形成了独自的文化心理、生活方式和风俗习惯，具有明显的区域特质。文化源流和它的特征都是附着于一定范围的地域生存的，也就是说，某一个特定区域是某一种文化的载体，文化就是在这样一定的载体中流变、传承、延续。在文化发展过程中，区域文化又始终保持着各自特色，并因经济、政治的变化而使其格局有所变化。在世界范围内，各地自然条件千差万别，经济社会发展程度不同，受历史、地理等因素的影响，各地区的文化带有明显的区域特征。因此，我们在了解文化的同时，应该先了解其地理环境等因素，不然就可能造成文化认识的偏差。比如：因地理文化因素不同而造成的中西方人对"东风"与"西风"的不同理解，在中国，人们常说"东风报喜""东风压倒西风"。然而英国的地理环境正好相反，暖和的西风从大西洋徐徐吹来，恰似中国的东风；反之，东风从欧洲吹来正如中国的西风。

3. 文化的历史性

强调历史，是希望通过个人的关怀来实现文化的关怀。人的繁殖指的不仅是生物体的繁殖，也是文化的继替。无视或脱离历史去谈文化，其实是不现实的事。在"全球化"的今日，提倡尊重历史，了解文化的历史渊源，有利于对文化的理解并达成共识。对待中西文化的态度，既不能"全盘西化""文化守成"也不能"折中"。当我们在接触不同文化时，首先应从其历史渊源去考察，这样就能帮助我们更好地解读文化，而不至于造成文化误解。

由于语言与文化密切相关，学习一种语言在一定程度上，就是学习一种文化。这就要求英语教学者和学习者，在教和学英语这门语言时，不仅要了解整体的英语使用者国家的历史文化，更要挖掘每一篇课文所根植的历史文化。如罗马人征服对语言的影响，Do in Rome as the Romans do（入乡随俗）；诺曼底人的征服对英语的影响也是巨大的，它使法语成为现在英语的三大来源之一，同时，向英国社会施加法国文化的影响。英语中有不少习语是从法语直译过来的。法语不仅能直接译成英语，还能直接借用到英语中。如"onthe quivive"中的"quivive"就是法语，是哨兵查问口令时的话语："什么人？"这个短语借用进英语后就变成了"警惕"的意思，整个习语的意思是"留神，小心，警惕"。如果不懂文化的历史性，就可能会错误地理解英语的原意。在英语语言中，有很多习语都有其特定的历史背景和文学渊源，很多习语的典故都源于不同的历史背景和文学作品。每个习语背后都有一个历史故事或传说，有源于历史事件的，有源于寓言故事的，等等。它们语句短小精炼，寓意深刻明了，读起来耐人寻味。这些典故习语从各个不同的方面反映了该民族固有的文化特征和丰富的文化蕴含，展示了英语民族语言文化的发展和演变，体现了不同民族的社会生活及价值观念，对英语的语言文化也产生了极其深远的影响。这种情况下，如果我们不了解这些习语的历史文化背景，就极有可能会出现误读。

4. 文化的国际性

一个民族的文化成就，不仅属于这个民族，而且属于整个世界。文化是世界各民族文化都是世界文化中不可缺少的色彩。如古代两河流域人们在法律与天文学上的成就，古代埃及人民在建筑与医学上的成就，古代中国人民的四大发明，古希腊人的哲学与艺术成就等，都以其鲜明的民族特色丰富了世界文化，共同推动了人类社会的进步和发展。在经济全球化，文化多元化的当今社会，从国际性的高度去理解文化，这是提高跨文化意识和跨文化交际能力的有效途径。随着经济全球化的迅猛发展，世界范围内的文化交流达到了一个空前的高度。人类的进化，似乎将创造出一个跨大陆、跨文化的"全球统一"。因此，不仅要引入其他国家的优秀文化，更要使本民族的文化具有国际性，实现与不同国家文化间的对话或交流。英语作为国际交流的通用语言，也是一种行之有效的文化交流工具。因此，大学英语教学，首先，应根植于本民族的文化，同时，还要通过英语宣扬和介绍本土文化，提高本土文化的国际性。其次，英语教育者和学习者应了解英语所根植国家的文化，以促进我国文化的入乡随俗，实现跨文化的有效沟通。再次，由于文化具有多样性和多元化的特点，英语教育者和学习者还应该防止文化异化现象。中国文化有着强大的包容性和同化力，但是，近年来，人们的文化意识日益淡薄，再加上，西方文化的挤压和渗透，文化异化现象日益严重。这不得不引起英语教学界的重视和思考。

（三）大学英语教学中文化意识培养的途径

1. 教学大纲中体现文化意识

教学大纲是根据学科内容及其体系和教学计划的要求编写的教学指导文件，它以纲要的形式规定了课程的教学目的、任务；知识、技能的范围、深度与体系结构；教学进度和教学法的基本要求。它是编写教材和进行教学工作的主要依据，也是检查学生学业成绩和评估教师教学质量的重要准则。因此，如果大学英语教学大纲中没有体现文化意识，教材编写者和使用者往往也会忽略对文化意识的培养。因此，在大学英语教学大纲中可明确指出文化意识的定义和培养目标。对语言运用能力和文化素养还应提出具体要求，就像规定听、说、读、写、译能力那样，规定学生要掌握哪些交际策略，学习哪些交际习俗、礼仪、人际关系、价值观念等等。完善大学英语教学大纲也是促进加强文化教学的一个有效保证。

2. 教材开发时强化文化意识

大学英语教材开发时必须从以语法为纲，以语言为中心转向以培养学生的综合素质为主，以内容为中心的思路，将语言知识、语言能力、素质教育和趣味性融为一体，通过教材将异国的文化习俗，历史背景和故事介绍给学生，让他们感受不同的文化现象和文化内涵，更好地调动学生学习的积极性，拓展学生的知识面，切实提高语言学习的效果，培养出一种跨文化敏感性。所以我们在编写和选择教材时，要采取理性的、科学的态度，多选用真实的语言素材，内容要覆盖天文、地理、文学、社会、科技、价值观、文化风俗等方面，要适当增加跨文化教育的内容。

首先，增加民族性的内容。开设大学英语课程的目的，一是为了提高学生的语言技能，二是让学生了解西方国家的文化，三是使他们能用英语表达自己的思想和对外宣传自己国家的文化。我们在编写教材时不要一味地直接把外国的东西拿来，而是选取一些与自己国家文化有关的优秀文章选材。一味强调原版引进，原汁原味，势必造成有关我国社会生活内容的缺失，学生不能用英语向西方国家宣传自己的民族文化，以至于在当前中西文化交流中我们常处于"失语""失声"的不利形势下。故此，应该在大学英语教材中适当增加关于中国文化、中国社会生活和中国大学生生活的英语文章。

其次，增加经典作品。无论是语言还是内容他们都堪称典范，通过熟读这些篇章，学生既可以学到纯正、优美的语言，还可以接受文学、文化的洗礼。选材要做到兼顾中西，以西为主。大学英语教材因其使用人数众多而影响极大，其质量优劣关系到一代人甚至几代人的英语水平与文化素质的提高。在教材编撰中，既要注意提高学习者的语言水平，又要注意增强其人文素质和民族认同感。

3. 课堂教学中渗透文化意识

传统的大学英语教学，偏重于词语在语法方面的正确性，而忽视了词语的社会文化意义及学生综合素质的培养。对于置身于汉语文化背景中的中国人来说，掌握英语语言的社会文化知识与掌握词语概念意义、语法知识同样重要。不深入了解英语与汉语的文化差异，就谈不上真正地学好英语。因此，这就要求大学英语教师在英语教学中，应该创设一个丰富的英语语言文化情景，熟悉有关文化知识有助于保证使用外语得当，在这种情景中学生能接触到熟悉的语言文化场景，并能够表达出语言中实际存在的和可以为人们接受的说法。

课堂是学生培养文化意识的重要场所，教师应引导学生通过比较，取舍、参照、传播、批判性地吸收世界文化精髓，培养学生树立民族文化的自信心和自主意识，同时还要激发学生的兴趣。因此，外语教学，要从纯语言技能教学转向内容教学。在课堂教学实践中，要从文化理解和语言感知能力方面着手，创设以学生为主体的激发学生创造性思维的融洽氛围，运用多种教学手段，通过科学性的、开放型的教学大纲设计和教学实践来培养和提高学生的思维能力，最后获得一定的语言交流能力，从真正意义上把学生培养成为有思想的，有一定鉴赏能力的文化传承者和宣传者。英语教师在教语言的同时应结合语境的文化背景、文化内涵，一方面要经常给学生灌输一些英美文化习俗，另一方面还要不断纠正一些不适合英美文化习俗的语言。这样就能帮助学生进一步理解教材，更恰当地接受并运用材料中的语言知识。

4. 课程实践中重视文化意识

课程实践活动的不仅仅指课堂教学，还包括一些课外活动，如实习活动，研究活动和论文的撰写等。怎样才能保证英语课程的设计和课程实践有利于学生文化意识的培养和提高呢？首先，在现有课程设置中可加入一些专门讲授英语文化的选修课程，如"语言与文化""跨文化交际学""英美概况""西方文化导论"等等，选修课的内容应以交际文化为主，知识文化为辅。其次，在教学场合设计中，要通过师生，学生与学生间的互动，让学生在各项学习游戏活动中尽可能体味这种差异。另外，还可引导学生自觉地通过书刊阅读、实践交流活动、网络资源获取文化信息。

组织有关的文化活动，如欣赏英语电影、庆祝体会不同的节日，开辟第二课堂，如举办文化讲座，介绍英语国家的文化、历史、地理、社会风俗等内容。组织英语角、英语晚会等，学生把课堂上学到的语言知识和社会文化知识运用到语言实践中，同时又在语言实践中获得更多的语言知识和社会文化知识，从而有效地提高他们的跨文化意识及其交际能力。

总之，一个优秀的外语学学习者，不仅是一个语言工具的使用者，还应该是另一种文化的接受者。大学英语教学中培养学生的文化意识也是一个很复杂的问题，其培养方法也应该是多角度的，多层次的。教师只有根据教材、学生、环境等多方面因素，加强大学英语教学中的跨文化意识的培养，才能促进学生更好地学习目的语，培养出具有创新理念和全面发展能力的21世纪新型人才，真正实现大学英语教学的目标。

第八章 渗透式交际能力的培养

第一节 "渗透式"跨文化交际能力培养模式构建

"渗透式"培养模式是研究者构建的一种跨文化交际能力培养模式，对跨文化交际能力培养的培养理念、培养目标、培养原则、培养内容和培养环节5个方面进行了梳理和明确，此模式适用于我国高校外语/英语专业和公共外语教学中跨文化交际能力的培养。

一、培养理念

"渗透式"模式的跨文化交际能力培养理念是：跨文化交际能力培养的主线应渗透至高校英语教学及相关环节，形成完整的跨文化交际能力培养体系；跨文化交际能力培养应渗透到学生的个体发展之中，以学生为主体，充分调动学生的主观能动性。

"渗透式"跨文化交际能力培养理念的总体特点是渗透，有两方面含义。其一，将跨文化交际能力培养主线渗透至高校英语教学及相关环节，形成完整的跨文化基础，跨文化交际能力框架构建依据已有培养理念和模式，借鉴培养途径和方法实证研究，依托培养现状分析交际能力培养体系。具体而言是指，高校英语教学及相关环节自上而下统一跨文化交际能力培养目标，遵循一致的培养标准，明确培养理念，诸环节整体合力，采用多种方式方法，多方位孕育、渗透和滋养，培养学生的跨文化交际能力；避免支离、片面、局部性的培养。其二，将跨文化交际能力培养渗透到学生的个体发展之中，以学生为主体，充分调动学习者的主观能动性。跨文化交际能力的提升是多种因素长期共同作用的结果，非一方之力、非一日之功能够实现。跨文化交际能力培养应从学生长远发展出发，站在可持续发展的高度，注重内因与外因的共同作用，将跨文化意识、跨文化交际能力培养理念渗透到学习个体发展之中，通过学生不断学习、体验和实践，点滴积累，在跨文化交际能力的知识、能力、态度和素养四个层面均得到发展和提升，并实现由在校培养到离开学校后可持续发展。

二、培养目标

"渗透式"模式下的高校英语教学中跨文化交际能力培养的目标是：通过高校英语教学，使学生在跨文化交际能力的知识、能力、态度、素养四部分全面发展和提升，能够有效、得体地进行跨文化交际，逐步成为跨文化人，最终实现跨文化交际能力的自主性培养和可持续发展。培养目标虽有待逐步实现，但跨文化交际能力培养的内容和培养过程应以完整的培养目标为指导。

三、培养原则

跨文化交际能力培养原则是"渗透式"模式的主要内容之一。研究者认为高校英语教学中进行跨文化交际能力培养应遵循的原则包括：培养内涵明晰化、培养实施体系化、培养方式多样化、培养过程循序渐进、以能动发展应对变化。本书将逐一进行阐述。

（一）培养内涵明晰化

"渗透式"模式下跨文化交际能力的"培养"包含了通过外因的教育、培训和辅导来发展跨文化交际能力和内因的个体自主发展跨文化交际能力双重含义，"培养"不同于"教授""提高"或"培训"。跨文化交际能力各构成要素在培养方式、培养用时上存在差异。不应局限于传授和灌输，或完全依赖于出自特定目的、内容局限、有针对性的培训；部分能力的提升是短期行为、短期效应，部分能力的提升需要一定的时间和空间。一般来说，通过短期课堂教学、特定培训、个人训练即可实现听力理解能力的提升，而对他族文化包容态度的培养需要以本族和他族文化知识的积累、长期跨文化体验和实践、个人素养的提升为基础，不可能在短时间内实现。

"渗透式"培养强调发展和内因的重要性。首先，强调培养的动态和发展特征。学校教育不是跨文化交际能力培养的终结，而是要实现学生跨文化交际能力的可持续发展。学校教育应为学生毕业离开学校后继续学习和跨文化交际能力提升打下知识、能力、方法、策略、资源、技术等方面的基础。从跨文化交际能力"培养"到跨文化交际能力"发展"，最终实现"自主、可持续发展"。同时，强调内因的重要性，以学生为主体，由外至内、内外结合，由量变到质变。跨文化交际能力的发展是和人格完善、个人成长、社会化过程、人生经历同步的。学习者性格不同、成长环境不同，表现在思维方式、敏感度、信息接收情况不同，针对不同的学生，对其跨文化交际能力培养的方式方法应有所变化和调整。跨文化交际能力的培养应正确看待教与学的关系，将二者紧密结合。学校教育与学生自主学习结合、课上与课下相辅相成，社会需求和个人需要兼顾，培养符合社会和个人自身需要的全球化的人、发展的人。

（二）培养实施体系化

跨文化交际能力培养主线应广泛、深入渗透至高校英语教学及相关环节，注重学科间、各环节间的共同作用，形成完整的跨文化交际能力培养体系。一方面，跨文化交际能力培养的目标、意识、理念和内容应体现并贯穿于英语教学的大纲制定、课程设置、课堂教学、课外实践、教材建设、师资培养、测试与评估等诸多环节。

英语教学的各环节是相互影响的，有效的语言教学涉及语言理论、教学原则、教学方法和技巧、教材编写和使用、课程设计等多个方面，有效语言教学是课程标准、教师、学生、方法、教材相互作用的结果。跨文化交际能力培养应是整体协作式的，需要英语教学各环节系统连贯、合力作用，上至教学大纲、教学理念、课程设置、测试与评估，下到教材编写和使用、教育技术的使用、课下活动与实践、国际交流与合作，多方努力、各环节密切协作。另一方面，应注重学科间、英语教学各环节间的共同作用。"渗透式"培养模式强调跨文化交际学与英语教学结合、语言教学与文化教学融合、教学与实践结合。首先，跨文化交际能力培养是一个同其他学科共同完成的跨学科任务。跨文化交际学和英语教学不仅仅是相互借鉴的关系，二者应以培养跨文化交际能力为共同目标，密切合作，最终融合为一个整体。跨文化教育不仅仅和语言教育有关，应该扩展到所有课程。其次，语言和文化不可分割，交际和文化不可分割，英语学习和目的语文化学习无法分割，应构建文化教学与语言教学一体模式，不仅仅是局限于文化教学与语言教学的结合，而是二者的深度融合。另外，跨文化交际能力认知过程存在于课堂学习、实践体验和个人学习三个环节，跨文化交际能力培养不能仅仅局限于英语课堂教学，课堂教学应与课外活动及实践结合，相互补充，共同培养学生英语学习和跨文化交际兴趣，丰富学生跨文化交际知识，锻炼学生跨文化实践能力。

（三）培养方式多样化

"渗透式"培养的另一原则是方式多样化，即采用多种方式渗透滋养，知识传授、能力培养、交际实践相结合，培养学生的跨文化交际能力。具体而言是指，采用多种方法进行知识传授和能力训练，通过多样的文化体验和实践锻炼，开阔学生视野，增强他们的跨文化交际意识，提升跨文化交际能力。首先，英语课堂教学方式应多样化。英语教学必须为学生提供在语境中学习语言的机会，在各种实际语境中练习使用语言的机会。英语课堂教学中，教师应以学生为主体，根据课程性质和具体教学内容采用角色扮演、个人陈述、案例分析等适当的教学方式方法；有选择地使用教学材料，构建立体化教学资源库；将信息技术与英语教学融合为一体，充分发挥现代科技的作用，弥补教学材料的不足、交际语境的缺失。其次，高校应利用现代技术、学校资源、社会资源为学生创设跨文化交际语境、增加跨文化交际实践机会。学校可通过加强校内文化环境创设，通过定期开展文化活动，增加学生文化体验、跨文化交际实践的机会。利用校际国际合作平台与国际交流活动，增加跨文化体验与实践的机会，逐步实现师资的国际化、课程的国际化、学生的国际化，从而实现师生跨文化意识培养、跨文化交际能力的提升。

（四）培养过程循序渐进

跨文化交际能力的培养非一朝一夕能达到目标，不仅仅是某一阶段的任务，是逐步浸润、培养和提高的。跨文化交际能力的培养是一个由浅入深、循序渐进的渗透过程。

首先，跨文化交际能力的发展是一个由低到高、不断进步和发展的过程，对跨文化交际能力的培养应由表至里、由浅入深。由培养直接作用于跨文化交际的语言能力、交际能力等，到培养那些间接作用，但却起决定性作用的能力，即创新能力、思维能力和学习能力。由表层文化知识学习到价值观等深层文化的习得，由传授知识到培养意识和能力。以文化教学为例，当前的英语教学对文化背景因素的重视仅停留在较肤浅的层面，文化的内涵本身是动态和发展的，文化背景教学应从根本上放弃程式化的思路，应帮助学生培养学好一门英语必需的文化意识，以及发现和理解文化差异的能力。

其次，跨文化交际能力的培养是循序渐进的。语言学习是循环往复的，并非一个直线型的过程，语言的螺旋型本质不仅体现在语言结构的学习中，还体现在语言学习涉及的所有领域。跨文化交际能力各构成要素的发展敏感性不同，在培养上需要不同的培养方式方法、不同的培养环境、不同的时间长度。对知识方面的培养，包括特定文化的价值观、价值标准、总体文化差异、跨文化交际过程的知识的培养，是一种自然认知，可以在短时间实现；在技能方面，可以在短期到中期实现；态度部分的培养是情感和自然认知，培养内容包括交往管理能力（情绪控制），认知能力（开放、创新思维、重视不同），情感力量（内在目的、探险精神）等，态度方面培养目标的实现是中、长期效应，是有难度的。跨文化交际能力的发展对于"教"来说，是一个长期滋养、浸润的过程；对于"学"来讲是一个长期点滴积累、体验和实践过程。跨文化交际能力不是简单地阶梯化发展和提升的，而是在各构成要素错综发展和相互影响下螺旋上升的。因此，跨文化交际能力的培养是一个循序渐进的过程。

（五）以能动发展应对变化

"渗透式"培养模式强调以学习者综合、能动发展应对外部变化，从而实现学生的跨文化交际能力自主培养和可持续发展。文化具有一定的稳定性，但同时也是动态的、不断变化的，文化的价值观也是不断变化的，语言随社会的发展而发展，变化而变化。跨文化交际的知识是动态的，随时代和环境不断发展而变化，知晓和回忆一些固定的跨文化交际知识远不能适应交际的需要，跨文化交际能力的提升是建立在大脑是一个开放的系统、人们有选择的自由两个观点之上的。再者，现代信息技术的发展和教育理论的变化意味着在当前的教育环境中，任何实践和态度都必须是动态的。人才培养在理论研究与实践层面是动态的，是随着社会需求、外部环境、个体差异等因素而变化的。英语教育体系构建的发展性原则，认为英语教育体系是开放的、不断演变的，指出英语教育体系的构建必须适应国家的长远发展需求，以终身教育观为依据。另外，跨文化交际是复杂的，跨文化交际的哲学是变化的哲学。在全球一体化背景下，跨文化交际语境和跨文化邂逅永远不会固定不变，而是一直在变化，跨文化交际语境日趋多元化，交际过程是动态多变的，跨文化交际的对象、内容和方式方法随外部大环境和具体交际环境的改变而变化。跨文化适应是一个动态的过程，是当个体迁移至一个新的、不熟悉的、变化的文化环境时，建立或重建并保持和此环境相对稳定、互惠的、功能性的关系的过程。跨文化交际知识、意识、能力根据跨文化交际语境和跨文化交际邂逅的变化而不断修订、变化。跨文化能力不是永久性的，对它的实践和学习永远不会结束。由此可见，跨文化交际能力自身具有全面性、复杂性、发展性等特征。

因此，跨文化交际能力的培养应考虑诸多外在和内在的动态发展因素，以动应动，以发展适应发展，站在可持续发展的高度，从学生长远发展出发；应调动学生自身能动性，发挥内因的巨大作用。一方面，重视跨文化交际能力构成的综合性，培养学生跨文化交际兴趣、跨文化意识，丰富学生语言、文化、交际等方面知识，开阔学生的视野，培养学生交际能力、跨文化能力、学习能力等多方面能力，帮助他们树立端正的跨文化交际态度，塑造学生良好个人素养。同时，跨文化交际能力的培养还要侧重学生的社会知识、专业知识的丰富，注重培养学生的学习能力、学习策略、创新能力和社会能力，从而实现跨文化交际能力的自主性发展和可持续发展。

综上所述，高校英语教学中跨文化交际能力培养应遵循五个原则："培养"内涵明晰化，培养实施体系化，培养方式多样化，培养过程循序渐进，以能动发展应对变化。

四、培养内容

高校英语教学中跨文化交际能力培养有其特定的培养内容，不完全等同于跨文化交际能力框架，仅是其中的一部分。原因主要有两点：其一，英语教学以跨文化交际能力为目标，并不意味着英语教学独自承担培养任务。跨文化交际能力培养是由多个学科共同参与、通力合作的配套工程。其二，跨文化交际能力是一种复杂的综合能力和素质，其发展和提升不完全依靠高校英语教学，其中的一些要素不一定非得和语言学习同时发展。高校仅仅是学生发展跨文化交际能力的一个场所，大学阶段仅仅是跨文化交际能力培养的一个时期，毕竟真实的跨文化交际发生在社会环境之中。因此，有必要明确高校英语教学中跨文化交际能力培养的具体内容。

具体到我国高校英语教学，跨文化交际能力培养有其重点培养内容，高校英语教学中跨文化交际能力培养总体上应实现学生在知识、能力、态度、素养方面均衡发展，整体同步提升，对跨文化交际能力各构成要素的培养应是并驾齐驱的，应注重跨文化交际能力中显性和隐性作用要素的共同培养。本书对我国高校英语教学中跨文化交际能力培养的具体内容进行了如下界定。

（一）知识部分的培养内容

在文化知识培养方面，既要丰富学生表层文化知识，也要让学生学习深层文化知识；使学生既学习目的语国家的文化，也要学习本民族文化和世界其他国家的文化。

语言知识的培养内容包括：目的语的词汇、语法规则（句法、篇章等知识）和发音规则（语音、语调）；不同国家和地区人的方言、口音、发音习惯；语言的变体、分支和衍生；目的语的使用规则；不同国家和地区的交际风格、语言及非语言交际特点；文化与语言之间的联系和作用，语言使用和社会文化之间的关系。社会知识的培养内容包括：本国和他国的社交礼仪、餐桌礼仪；政经知识、法律知识、社会学、心理学知识；重大社会事件、重要国际盛事/赛事，如奥林匹克运动会开/闭幕式、奥斯卡颁奖礼、NBA年度总决赛等。专业知识培养方面，可采取语言教学与学科教育结合，使学生了解学术写作格式、商务函件写作、贸易单证制作、商务谈判礼仪等知识。

（二）能力部分的培养内容

交际能力的培养包括外语交际能力和跨文化交际能力，能使用外语同目的语国家的人交际的能力，同其他（除目的语国家和本国）国家的人交际的能力。具体而言是指培养学生语言交际做到准确、得体、流畅，能够根据交际任务、交际环境、交际对象、交际内容的不同调整交际方式和言语行为，完成交际任务。由于非语言交际行为同样存在文化的差异，因此，应做到语言能力与非语言交际能力培养并重，不应忽视非语言交际能力的培养。

在社会能力方面，应培养学生的应变能力和适应的能力，能够在多元化、动态的真实语境中迅速判断、调整并适应；培养学生的合作能力，与他人合作、共同解决问题的能力；培养学生的跨文化能力，使学生能够理解和接受来自其他文化的人、价值观和行为。学习能力培养方面包括观察能力、判断能力、解决问题的能力，寻找和使用资源、使用现代技术的能力，还应注重学生自主学习能力和策略的培养，注重对学生创造力的培养。专业能力培养方面，要结合英语语言教学，培养学生的专业技能。比如对师范生的英语教学中，教师应留意培养学生的教学能力；对旅游英语专业的学生，应留意培养学生的导游技能。

（三）态度部分的培养内容

在交际态度层面要培养学生积极的交际态度和开放的心态，帮助学生意识到跨文化互动是一种宝贵的经历，培养学生从不同的角度和不同的价值观看待来自不同文化的交际对象并和他们进行交流，使学生具备本族文化自觉和对他族文化的尊重、理解和包容。

在个人态度层面，注重学生自尊自爱、胆量、信心、开阔的心胸、好奇心、求知欲和敏感性的培养。重视对学生学习兴趣、跨文化交际兴趣、跨文化交际意识、国际视野的培养。

（四）素养部分的培养内容

培养学生健全的人格和良好的品德，使学生成为善良、有同情心、真诚、诚实、谦逊、有涵养的人。培养学生较强的心理素质，能够得体、大方、自如地进行跨文化交际。

（五）培养环节

有效的语言教学涉及语言理论、教学原则、教学方法和技巧、教材编写和使用、课程设计等多个方面。有效的语言教学是课程标准、教师、学生、方法、教材相互作用的结果，英语教学的各个环节是相互影响的。为把跨文化交际能力培养和训练真正落到实处，英语教育工作者应在教学理念、教学目标、教学模式、教材使用、教学方法、课外引导等方面下功夫。由此看来，作用于跨文化交际能力培养的内部环节和因素涉及课程标准、课程教学要求、教学大纲、课程设置、教材、教学方法，以及教学手段、师资、测试和评估，等等。跨文化交际能力培养目标的实现依赖英语教学各个环节的共同作用。在课程设置方面，英语专业的英语专业课程设置应遵循目标性、系统性、国际化和实践性原则，即理论性课程、实践性课程、基础课程、专业课程均应围绕国际化英语人才的培养目标；课程之间应该相互融合，密切相关；丰富国际化课程模块。对于非英语专业的英语课程，学校除了开设常规的大学英语课程、公共英语课程之外，可开设跨文化交际的选修课，开设有关英语文化普及、中西文化比较、跨文化交际技巧的拓展课、选修课对于教学方法和手段，应依据具体课程性质、具体教学内容、教学技术状况而定，应考虑学生的需求、程度和喜好。总体上讲，应采用灵活多样的教学模式。

英语教学的另两个要素是英语教材和英语师资。英语教材在编写、选择和使用上应满足跨文化交际能力培养的需要。英语教师在能力、素质和意识上，应满足跨文化交际能力培养的要求，师资发展和师资结构也应与跨文化交际能力培养匹配。

在测试和评估环节，应做到测试的全面性和方式多样性。具体而言，指不仅仅对语言知识和语言能力进行测试和评估，还应注意文化知识、语言能力、跨文化能力的评价；对跨文化交际能力的评价要全面，注重对潜在和相关能力的评价，比如对学生交际体验和分析的表现的评价，对学生从本族语言和文化到目的语语言和文化转换的表现的评价。应采取多样的测试形式和方法，不能认为通过写作和口语测试就能判断学生跨文化交际能力的水平，对学生跨文化能力评价的方式可包括学生自我评价、要求学生完成论文撰写、辩论、个人陈述、进行文化比较等。

第二节　英语课外活动与实践对于跨文化交际能力培养的意义

一、英语课外活动对跨文化交际能培养的意义

英语课外活动与实践，以及其对培养学生的跨文化交际能力具有重要意义，体现在以下几个方面。

第一，语言具有社交功能，语言学习应满足社交需要。培养英语交际能力应注意做到以文化为基础的形式、意义和使用的结合。语言和基因、大脑、认知、智能、意识、文化、群体、社会都是紧密不可分的。一个群体学习母语以外的语言可能有几个层面的目的：满足生存的基本需要、满足社交需要、满足专业需要。语言具有的黏合功能预设了信息交换的交际目的，英语教学中不能单单强调语言的信息交换功能，还应重视语言的社交功能，我国英语教学应该面向交际，将重心从交际内容转移到那些用语言来达到交际目标的活动。

第二，文化体验是语言文化学习的一部分，交际的、外语的、互动的文化体验活动是跨文化交际能力培养的重要部分。首先，语言文化学习是体验文化、实践文化的过程，掌握一门语言意味着既要掌握其词汇、语法，又要学会在语言交际中进行恰当的应用。学生在获得相关的文化体验之后，自然而然地会通过语言交流实现跨文化交际。基于文化比

较，有明确文化学习意识的、显性的、体验性的语言文化学习过程，能够有效地帮助学生获得跨文化交际的能力。其次，真实的跨文化交际发生在教室之外、发生在社会环境之中，跨文化交际能力的真正提高需要学生走出校园、走上社会，通过国内外实习、旅游等亲身接触来体验不同的文化，直观感受外国风土人情，锻炼语言实际使用能力，提高跨文化交际敏感性，培养对文化现象的解读能力和跨文化交际的能力。因此，对文化的体验与实践应该贯穿、渗透在语言文化学习的全过程，跨文化交际能力培养不仅包括课堂系统输入，还依赖课外积极导入、亲身体验文化。

第三，英语课外活动与实践有助于语言能力的发展。语言能力的发展要通过改善认知能力、强调社会文化环境来实现，需要内因和外因的合力作用。语言根植于社会，来自生活，与社会发展和人类进步密不可分，语言与社会共变，必须从社会交际和功能用法的角度来审视语言，社会交往过程既是语言学习的手段，也是语用知识增长的途径。语言能力与人类的其他认识能力是融为一体的。体验哲学和认知语言学的基本原理可归结为"现实——认知——语言"这一核心原则，"人的认知"决定语言的成因，人类的认知包括客观和主观因素。学习的外在因素涉及社会生活环境、语言环境、民族文化背景等。想要了解二语能力、二语自信心、二语的使用三者之间密切复杂的关系，有必要考虑个体和其所处环境之间的交流。

第四，语言输出实践能够提升语言的自动化和清晰化。首先，二语习得水平的提高主要取决于隐性知识的发展，在英语教学中不仅要重视显性知识在习得过程中的作用，也要关注隐性语言系统的发展，通过加强有效的语言输出实践促使学生的显性知识向隐性知识转化，陈述性知识向程序性知识转化，从而提升语言的自动化。再者，语言是一种复杂的现象，语言学习是一个复杂的过程，涉及不同的技巧，其中一些动作技能是纯粹物理的，需要大量的练习。倘若我们不能清楚地表达自己想说的，倘若我们的书写难以辨认，我们就无法成功交际。

第五，教室之外的第二课堂同英语课堂一样，是锻炼学生跨文化交际能力的场所。提高跨文化交际能力分为由浅入深三个层次：增容跨文化交际知识，激发跨文化交际意识，锻炼跨文化交际能力。在第三个层次里，强调的是实战、锻炼和互动。英语课堂内外都可以成为学生锻炼跨文化交际能力的场所，教室外的大学第二课堂一样可以发挥巨大的作用。要达到与本族语者相近的英语交际能力，仅靠课堂教学是远远不够的，学习者必须学会学习，抓住并有意识地创造各种机会参加真实的交际活动。

第六，参加课外交际活动能够激发学生的学习积极性，增强学生的自信心，锻炼学生的自主学习能力。教育的最终目的是培养独立的学习者，学生的"学"比教师的"教"更为重要。学生仅仅学习语言是不够的，"用"是"学"和"习"的根本目的，参加课外交际活动，使用语言，特别是基于某种目的使用语言完成真实任务能够激发学生的积极性，增强学生的自信心，可以帮助学生明确学习英语的目的性，增强自主学习的意识和能力。

二、英语课外活动与实践

（一）英语课外活动与实践的目的和开展原则

1. 英语课外活动与实践的目的

基于英语课外活动与实践对于跨文化交际能力培养的作用和我国高校英语课外活动与实践的现状，高校学生进行英语课外活动与实践旨在于弥补我国跨文化交际语境缺乏的不足，充分发挥英语课外活动与实践的作用，通过课外文化体验与跨文化交际实践，帮助学生丰富文化知识，提升跨文化交际意识，锻炼语言交际和非语言交际技巧，提高学生语言学习和文化学习的兴趣和动机，锻炼学生自主学习的能力，从而发展和提升他们的跨文化交际能力。

2. 英语课外活动与实践的开展原则

英语课外活动应与课堂教学有机结合。课外活动与课堂教学是互补关系，课外学习与活动是课堂学习的延伸，课外的语言实践对英语教学尤为重要。为实现课外活动与课堂教学的结合，课外活动的开展应与课堂教学保持一致和连贯，教师应协调和指导好课内外学习，保持课内外学习在目标和内容上的一致性，课外作业和任务的布置应与课堂教学内容和目标相联系，教师应给予学生课外学习必要的指导，课堂上应给予学生展示课外作业成果的机会，教师应给予评估。

应坚持知识学习、学术研究、亲身实践同步发展，使学生学习、研究、实践三者合一。学校可根据各高校专业设置情况和学生的就业需求，开设更多有利于培养学生跨文化交际能力且具有实用价值的应用型课程，举办有关商务礼仪、文化特色、社会习俗等方面的专题讲座。利用课外活动开辟跨文化交际能力培养的第二课堂，让学生通过亲身实践去发现、体会、理解并掌握中外文化差异，从而提高他们的跨文化交际敏感性和适应性。鼓励学生在理论学习与切身实践的基础上积极参与相关研究，做到学习、实践、研究三者合一，从广度和深度两个方面同时培养学生的跨文化交际意识与能力。

仅凭大学校园有限的资源很难达到深层次锻炼学生跨文化交际能力的目的，走出校园是很有必要的，校内活动应与校外实践结合。学校应创造机会让学生参加各种社会和语言实践活动，培养学生的社会实践能力和自主学习能力，可通过开展校企合作，更多地提供学生涉外实践的机会。通过校内文化活动和跨文化交际实践，为学生参加校外实践和实习做好铺垫，打好基础。在学生涉外实践和实习中可安排适当的跨文化交际命题，使学生结合课堂所学语言文化知识和跨文化交际技巧，提升分析文化问题和解决文化问题的能力。

（二）英语课外活动与实践的方式方法

1. 依托媒介和网络资源的跨文化学习和交际实践

现代科技为学生提供了自主学习和实践的空间和时间，学生可以利用媒介与网络进行跨文化学习和实践。首先，英语杂志、小说、电影、广播等都是学生接触、理解国外文化的有效途径，网上的文字、视频、音频资料能够帮助学生更好地理解文化话题，应鼓励和支持学生在课余时间积极开发和合理利用课程资源、学习资源与网络资源进行英语学习。其次，互联网也是进行交际实践的渠道之一，学生可以通过互联网与外国人交流沟通，在交流过程中逐步认识和了解异国文化，加强文化意识，提升跨文化交际能力。国内学生同国际学生可通过网络进行沟通、信息交流，具体方式包括：和外国学生建立笔友关系，利用网络交流信息，通过网上视频聊天工具和国外学生进行在线交流。

在跨文化交际能力发展方面，通过和来自不同文化的其他院校学生进行网上信息交流，那些善于提问、善于分享个人经历、善于提供例子、善于发现课程中没有提供的材料、投入地进行在线对话的学生取得了巨大的成功。

2. 校内文化体验和跨文化交际实践活动

学校可通过开展丰富的课英语言文化活动，帮助学生提升跨文化交际意识，储备跨文化交际知识，理论学习与切身实践相结合提升跨文化交际能力。学校可以组织一些既有趣味性又有助于学生跨文化意识培养、跨文化交际实践的活动，如英语角、外文歌曲比赛、英语演讲比赛、英语辩论赛、跨国商务谈判、模拟联合国大会等。学校可开展英语日、文化周、英语或文化专题讲座、英语经典剧目展演、英语音乐欣赏会、英语报刊和英语文学作品赏析等活动，以帮助学生储备跨文化交际知识。学校还可以定期邀请外教或其他外籍人士和学生交流，让学生在真实地道的语言交流中，感受异国文化，培养跨文化交际能力。

为使校内文化体验及交际实践活动的作用最大化，英语教师应该有意识地鼓励学生课外去体验和实践所学的文化和语言，应引导学生发挥他们自己的主观能动性，引导学生从无意识的文化体验和实践转化为有意识的文化体验和实践。学生应积极参加校园里的文化和语言活动，利用一切可能的机会与外教交流，使外籍教师办公时间最大化。在课外跨文化交际实践中，应注意培养移情，使自己同外国人交流时避免种族中心主义。

3. 国内学生与国际学生结对子活动

高校可开展国内学生与国际学生结对子活动，以便同时提升本国学生和留学生的跨文化交际能力。可结合专业学习或跨文化交际课程教学，给予每一个新来的国际留学生一个国内学生伙伴，在留学生到达学校后的最初几个月里，给予国际学生至关重要的社会支持，同时给予国内学生实际体验他族文化的机会，使本国学生和国际学生共同受益。要想使学生多进行文化交际和联系，需要进行必要的干预，虽然学生们都有意愿进行跨文化交际，还是需要给予他们强烈的激励，使他们真正参与其中。起到了激励学生进行交际实践的作用；结对子活动可能为学生提供学习跨文化交际的机会，加强了理论学习，挑战了文化偏见，能够提升学生的跨文化交际能力。

本国学生与国际学生结对活动的实施有如下建议：将此类活动与专业学习或跨文化交际课程结合，并作为其中一项作业；在学期开始前一周开始此类活动，越快开始越好，以便使国际学生受益；可适当延长活动时间，削减时间压力；参与活动双方面对面交流的机会要适度，不能完全依赖对面交流，还可利用其他交际方式，如电子邮件、电话等方式，但要谨防双方因缺乏见面交流而蜕变为笔友关系；和其他结对小组至少见面沟通一次，所有结对小组至少集体见面沟通一次。

4. 赴目的语国家体验和学习

中外大学校际交流是高校国际化建设的重要组成部分，交流的方式主要包括互派留学生、互派教师访学和任教、开展教育合作项目。

为培养学生的国际视野，丰富学生的跨文化交际知识，提升他们的跨文化交际技能，高校可充分利用对外合作与交流平台，扩大国际交流的规模，强化交流效果，为学生创造去目标语国家进行文化体验和语言学习的机会。主要方式有出国短期培训、游学，校际访问，交换生和留学。首先，学校可组织学生赴目的语国家进行短期学习、英语夏令营或冬令营、校际访问。这些活动不仅是学生实践课堂所学的知识和技能的机会，同时也是一个学习机会。通过这种体验式活动，学生既可以运用跨文化技巧，又可以获得新的知识、态度和价值观。学生可增进对较为陌生的异国文化的了解，同时可以换种角度审视自己熟悉的本国文化。这些活动的进行可分为三个阶段：准备阶段、进行阶段、后续阶段。准备阶段中学生需要宣泄他们的想法，兴奋和焦虑；进行阶段学生沉浸在新的环境，有意或无意地学习和体验，学生可以通过记笔记的方式表达自己的感受和思考；后续阶段中应对整个过程进行反思、总结和他人分享。教师应抓住三个阶段，应明晰活动的目标和方法，给予学生帮助、支持和引导。高校应重视让出国学习或体验返回的学生和教师与那些未出国门的师生分享他们新的理解。

交换生和出国留学项目是学生学习语言、体验文化、进行跨文化交际实践的另一种途径。二语学习者要想语言达到精通水平，和本族语者面对面的交流实践是非常重要的，最好是在目的语国家。要达到语言的高级熟练水平，毫无疑问需要在国外的学习，特别是整年在目的语国家留学，而非仅仅一个学期。出国留学过程中，大学生将沉浸在外国语言、文化和社会实践，会经历生活和学习等方面的改变。

参加出国留学项目的学生拥有更强的跨文化能力，增加了对多样性文化的开放度，比那些留在国内传统校园里的学生更具全球思维。参与调查的出国留学的学生认为自己在跨文化交际方面更有能力、平易近人、更为开放。因此，高校可充分利用国际交流与合作的平台，通过合作办学、交换生等形式，帮助具有需求和条件的学生到目的语国家学习和体验。

5. 校外跨文化交际实践和实习

学校可通过开展校企合作，提供学生更多涉外实践的机会。比如和外贸企业、涉外旅游机构、外企、中外合资企业开展合作，在这些企业和机构建立实习实训基地，向学生提供跨文化交际实践和实习的机会，可以创造机会让学生和外企、中外合资企业的员工座谈，近距离感受文化冲突和融合。

6. 基于校园文化环境的学习和熏陶

可通过校园实地文化环境和网络文化环境建设，创设校内跨文化语境，使学生丰富文化知识，得到跨文化熏陶。教学楼内的图片文字、校内的宣传栏、学校的网站是丰富学生文化知识、培养学生跨文化交际意识的媒介。结果显示，学生们关注的学校媒介依次是：教学楼内图片、文字，学校网站，校内宣传栏，校报、校刊。学生们浏览学校网站时感兴趣的版块依次是：学校新闻和专业活动，学习资源，通知、公告。一半以上的学生每天都上网，学生使用网络最主要的目的是和他人联系、聊天、收发邮件，其次是娱乐，之后是通过网络查阅资料、获取学习资源。高校有必要注重实地和网络的校园文化建设，加强网络学习平台建设，营造跨文化氛围，潜移默化促进学生文化知识的增长，强化学生的跨文化意识。比如在教学楼内的墙壁上可张贴国内外知名院校的图片和外文简介，在大厅内可设置中外文化展板，在校内的宣传栏中及时更新学校涉外活动信息，利用校园网构建学生自主学习平台，提供语言文化信息和资源。

第三节　英语教材与跨文化交际能力培养

教材对于教与学的各个方面都有着深刻的影响，在我国英语教学中，教材是教师教学和学生学习的主要依据和向导，适合跨文化交际能力培养的教材是实现英语教学目标的关键。

一、英语教材的重要性

教材是英语教学不可或缺的组成部分，是英语课程教学的有形核心、教学内容的主要载体。英语教学语境中教材是主要的、或许是唯一的学生可以接触到的语言输入，教材是教师组织教学的主要依据，为教学提供系统的课堂教学活动和安排，是促进学生和教师开展教学互动的重要媒介，是课外语言实践的基础。教材有助于教师克服自身水平不一的不足，是教学质量得到统一的保障。要保障教学大纲得以有效地贯彻执行，需要有一套或多套较高质量的教材。英语教材的选择和使用不仅要考虑教学目的和目标，教材的使用环境，还要考虑教师和学习者的需求。

二、跨文化交际能力培养对英语教材的要求

英语教学中跨文化交际能力培养对教学材料提出了新的要求。大学英语和外语专业教材不仅应符合合格外语教材的基本特征，在编写上遵循基本的原则，教材中的文化知识部分、教材的真实性和立体化教材建设方面均应符合跨文化交际能力培养的需要。虽然在中国和很多其他国家，狭义上的英语教材的编写和选用大都由国家教育部门或权威人士完成，但作为英语教师在对广义上的教学材料进行评估、选择和使用上均可以此为参照。

（一）英语教材的基本特征和编写的基本原则

作为教学的主要载体，英语教材应满足不同学习者的不同需要，能够潜移默化地拓展学生的文化背景知识，有益于培养学生的独立学习能力、英语应用能力、跨文化交际能力。如何将教材的编写与学生能力培养特别是实践能力和创新能力的培养结合并落到实处

尤为重要。21 世纪的英语专业教材应该具备以下几个基本特征：

第一，教学内容和语言能够反映快速变化的时代。

第二，要处理好专业知识、语言训练和相关学科知识之间的关系。

第三，教材不仅仅着眼于知识的传授，而要有助于学生的鉴赏批评能力、思维能力和创新能力的培养。

第四，教学内容有较强的实用性和针对性。

第五，注意充分利用计算机、多媒体、网络等现代化的技术手段。

英语教材应遵循系统原则、交际原则、认知原则、文化原则和情感原则，细言之，任何一套英语教材都应系统地介绍有关目的语的语音、词汇和语法等方面的知识；语言材料的选择和有关练习的设计要体现实践性和具体可操作性；语言材料的编排和练习的设计要考虑语言学习特别是英语学习的规律；英语语言材料要尽量选取典型的代表目的语主流文化的各种题材和风格的文章和段落。

（二）英语教材中的文化内容

跨文化交际能力培养对教材中的文化内容提出了相应要求。许多英语教材过多关注培养学生的语言能力，忽视了对学生文化意识的培养。英语教材应有效地帮助学生应对如何在广阔多变的世界进行交际，教材中的文化内容应满足学生跨文化交际能力发展的需要。首先，英语教材中的文化知识应具备国际性和跨文化特征，不仅包括目的语国家文化知识，还应包含多元的国际文化知识。以英语教材为例，在全球化背景下，英语已成为世界语言，由于英语越来越多地被那些英语为非第一语言的人们所使用，为了学习如何成功地和不同对象进行交际，英语教材中不仅要有英语国家概况和文化知识，还应有其他非英语国家文化知识，即国际文化知识。其次，英语教材中的文化知识部分应覆盖面广、更具多样性，应准确呈现关于人本身、生活方式、环境、政治和文化所包含观点的多样性知识，应能体现文化内容的核心，即价值观。

英语教材的文化内容应体现在四个方面：具有真实意义，即教材中应包含目的语国家艺术、文学、音乐、媒介等内容；具有社会意义，即教材反映目的语国家的工作、家庭、娱乐、习惯；具有语义意义，指的是体现在语言中的概念系统；具有社会语言意义，即教材应体现礼貌原则，应能让学生了解年龄、社会地位对语言的影响，能帮助学生熟悉正式和非正式的书信、报告和其他写作文体。另外，英语教材还应丰富学习者的本族语言和文化知识，帮助学生用英语表达自己独特的身份认同。

（三）英语教材的真实性

真实的语言教学材料能够刺激学习者对所学的内容和过程在态度、心理、认知和行为层面产生反应，能够让学习者真实体验跨文化交际过程。教学材料是为了给学生提供充足的实用信息、真实实用的模板、丰富的使用规则的解释，以便协助学生发展英语使用能力，这些应引起教材开发者和教师的注意，特别是那些缺乏真实语境、对教材依赖性较高的教师。英语教材编写应从跨文化和批判性角度出发，提倡教材的真实性，确保学生理解教材使用的语境和使用意图，如果教材中的观点过于单一，应鼓励学生发掘其他真实教学材料，以呈现不同的观点。倡导学生对教材内容进行批判性比较、分析和评价，注重学生获取分析能力，而非获取知识本身。优秀的英语教材还应重视对语言形式和功能，以及所使用的语境之间的匹配和练习，应有利于教师和学生发挥他们的教与学的能动性。英语教材的编写应遵循真实性原则，所选的语言材料和语言要真实地道，能反映目的语社团的真实语言使用情况。虽然现在的教材能够向学习者展示真实语境和语言的使用，但值得注意的是，在现实中，随着环境的改变、交际对象的改变，交际活动也随之变化，为了培养和发展学生的跨文化交际能力，教材中不仅应包含语境的和谈话者的社会地位、年龄等信息，以帮助学习者更好地了解交际实践，教材中还应具有有助于跨文化意识提升和交际实践的内容，教材中的教学活动应包括文化模拟、游戏、角色扮演、戏剧等练习，以便重塑真实语境，为学生提供跨文化交际实践的机会。概言之，应注重英语教材的真实性，借助教材创建交际语境。

（四）立体化英语教材建设

立体化教材建设是指英语教材在种类上应多样化、形式上立体化，实现文本、音频、视频、网络连接组合，针对某一种教材而言，教材、教辅、学习资源丰富多样，既有印刷版，又附有光盘，还带有网上版本和网络链接，在网上有扩展和练习，便于学生自主学习、扩展练习。近些年来，英语教材不仅包括传统的静态纸质材料，还包括多媒体、网络学习资料。现代教育技术通过提供了充足的语言和文化方面的资源和实例。大量的评论和研究发现，能够协助学习者进行知识构建；网上的文字、视频、音频资料能够帮助学生更好理解文化话题，英语教材建设应更广泛地开发网络及多媒体配套资源，构建立体化教材资源库。英语教材已经过渡到包括各种媒介、立体的、动态的、全方位的语言学习材料的概念，教辅材料也日趋多样化，内容丰富、涉及面广的英语读物方便学生课外学习和自我提高，对于时尚话题和精彩电视节目、电影剪辑加工而成的音频和视频资料深受学生喜爱，使语言输入变得直接、生动和立体化。因此，有必要加强有利于跨文化交际能力培养的立体化英语教材建设。

下面将以国外影片在英语教学中的应用为例，阐述立体化英语教材建设对培养学生跨文化交际能力的作用。许多英语学习者缺乏到英语语言国家和地区生活、学习、旅游、工作的机会，影像资料是这种真实体验的替代品，它向英语学习者展示了一个英语世界，包含丰富的文化内容，为学生开启了文化之窗。相比之下，教师和传统课本在有限时间内只能展示有限的相关内容。电影容易抓住学习者的兴趣，看电影过程中同时有多种感官参与，涉及多种认知途径，例如，口语借助视觉元素，学生更容易理解对话和情节。学生可以通过电影感受外国人真实的讲话方式，电影能够调动学生的学习兴趣，能够引发学生对主角的同情。

在英语教学中结合课本教学，选取和播放与教学内容相关的英文影片有助于跨文化交际教学。在英语教学中，教师可借助电影欣赏帮助学生进行跨文化体验，引导学生进入真实的跨文化生活，进入对特定人和文化的思考。教师可将电影中的某段情节作为跨文化适应案例分析的基础、解释文化概念、通过创建强大的隐喻图像将课堂讨论扩展到更广泛的话题。在英语教学中借助电影，教师可以引发学生运用在课本中所学的文化知识和价值观念，对影片中文化偏见展开讨论，将普遍性文化应用到不同的领域，探索多样化的文化构建。

三、英语教材的选择和使用

（一）英语教材的选择

跨文化英语教学将文化能力培养提升到了与语言能力培养同等重要的地位，在选择英语教材上应体现这一理念。英语教材的选择应考虑跨文化交际能力培养的需要，在英语教材使用之前，管理者和教师应分析教材的优点和缺点，对教材进行评估，选择最适合课程的教材。

具体而言，要考虑学生英语水平、学习兴趣和动机；考虑文化涵盖面的广度以及所涉猎文化内容的系统性，注重文化信息、主题的呈现形式，注重文化传播的过程；考虑教学实践的可操作性；强调文化能力的培养，跨文化交际意识和能力的培养。

在引用和使用原版教材时，应注意全球性教材既要满足当地教学的实际需要，又要将学生的世界和语言的世界联结起来。

（二）英语教材的使用

文化学习和跨文化交际技能的发展很大程度上取决于课堂上教材如何被使用，即学生、教材、教师之间的交互质量。每个教学环境都是独特的，受到诸多因素的影响，包括课堂的动态性、资源的可供性、学习者的期望和学习动机、来自教学大纲的限制，等等。为更好地满足教学需要、满足跨文化交际能力培养的需求，教师可对现有课本进行必要的改编。

教师在教材使用上应具备一定的自主性、灵活性和创造性，在英语教学过程中以课本为主，辅助其他教学材料。教师可根据实际需要对教材进行合理的删减、增加、替代或改动，科学地使用教材。这种使用教材的方式的好处有：课本为课堂教学提供了通用框架，缺乏足够教学经验的教师可以有所依赖，同时仍有采用其他教学材料去弥补课本不足的空间，教师拥有实践其他教材的机会，为多样性教学活动的开展和教学技术的应用提供了可能，能够更灵活地满足学生的需求。因此，教师不仅要能够依据教学大纲、培养目标及学生需求创造性地使用核心教材，还要自主、有选择地开发、利用、整合同类教材内容和影视节目、网络资料、音像资料和报纸杂志等其他课程资源，包括增加、补充符合学生实际水平和现实需要的教学材料和课后练习，删除、替换陈旧的、学生不感兴趣的内容和活动，改编、加工部分过难或过易的练习和活动内容，以满足学生实际需求。英语教师对教材进行改编时，应基于对要改编的教材和教学环境有深入了解，应考虑学生的学习风格、学习兴趣和动机。综上所述，在教学材料的使用上，英语教师应不拘泥于课本，灵活使用教材，从实际出发，合理筛选、利用、整合教学资源。

第四节　英语师资与跨文化交际能力培养

教师是教学的灵魂，是教学质量提高和教育改革的关键，英语教师的素质和发展直接影响英语教学的成败，英语师资在跨文化交际能力培养中扮演着重要的角色。为了适应时代的发展，实现高校英语教学跨文化交际能力培养的目标，高校英语教师的观念、素质、师资发展和师资结构均应满足跨文化交际能力培养的需要。

一、跨文化交际能力培养与英语师资观念转变

（一）英语教师观念转变的重要性

从普遍意义上讲，为了最大限度地提高学生的跨文化意识和跨文化交际能力，教师首先要更新自身的观念，教育改革在教师方面往往会遇到多种阻力，主要包括：教师缺乏创新的意识，缺乏对改革的理解；改革与教师应有的价值观和信仰不相符；由于额外工作量引起消极的态度；认为改革和创新会威胁到个人利益。以文化教学和语言教学为例，文化教学和语言教学的有机结合面临挑战，原因主要包括：由于学习目的语文化需要时间，一些教师认为他们无法抽出时间；许多教师由于担心自己的文化知识不够丰富而害怕进行文化教学；一些教师认为，文化教学过程涉及处理学生对其他文化的消极态度和抵制情绪，任务较为繁琐。以上原因主要涉及教师的态度和意识。观念是实践的强大指引，英语教育只有通过转变教师信念，使教师彻底地理解跨文化交际能力培养，才能适当、有效地实施。

具体到我国，培养学生的跨文化交际能力是高校英语教学的主要目标之一，推广跨文化英语教学是我国英语教学改革的主要方向之一。然而，我国高校英语师资对跨文化交际能力培养的重视程度有待增强，对跨文化英语教学理念的理解尚待深入教师的意识和教师实践之间尚存在差距。因此，转变高校英语师资观念对于我国跨文化交际能力培养至关重要。

（二）英语师资观念转变的内容

师资观念转变主要包括三方面内容。首先，英语教师应增强跨文化交际能力培养的意识。高校英语教师如果不能理解跨文化交际能力培养的重要意义，就不可能在教学实践中积极给予实施。因此，高校英语教师应理解跨文化交际能力培养的重要性和必要性，提高培养学生跨文化交际能力的意识，增强文化教学的意识。其次，英语教师应了解高校人才培养目标、英语教学目标和高校英语教学跨文化交际能力培养的总体目标，并在此基础

上，明确自身课程教学中跨文化交际能力培养的具体目标。再者，英语教师还应清楚自己在跨文化英语教学中的角色、任务和应具备的素质。国外专家、学者关于教师的角色、任务和素质有以下观点：英语教师的任务是培养学生的跨文化知识、能力和态度；英语教师不能仅满足做一个传授语言知识的教书匠，应及时更新理念，应增强关注语言今天和未来的状态和功能的意识，还需要相应改变教学方法上的观念；英语教师应明确英语教学须努力实现的认知、行为和态度方面的目标，即通过向学习者提供一般文化背景知识使他们熟悉目的语文化，通过传授社会和社会语言学技巧使学习者为未来的跨文化需要做好准备，通过帮助学生克服对其他文化的偏见及成见，促进学习者的移情、开放和对他者的尊重。"授之以鱼，不如授之以渔"，这在相对固定的环境中是适用的，当今社会，人是移动的，环境在变化，英语教师应将把学习者培养成为有能力的、全面的渔者为目标。在教学实践中，英语教师不仅要强调基本知识的教学，还应该更多关注发展学习者的英语语用能力。

（三）英语师资观念转变的途径

将跨文化教学注入英语教师的信念系统是一种挑战，师资教育和培训是师资观念转变的途径之一。可以通过教师职业发展实现教师观念的更新，具体而言，可通过教师撰写论文、进行案例分析、进行教学反思、在教师在职培训中提供教师分享改变的机会，帮助教师习得文化知识，提升跨文化技巧，树立跨文化态度，通过跨文化体验如国际交换项目、校际访问帮助教师消除文化偏见。我国英语教师培训应重视教师观念的更新，重视教师自身跨文化素养的培养，以及跨文化敏感性的增强。

二、跨文化交际能力培养对英语师资素质的要求

英语教师专业素质框架是立体的、多维度的，维度之间相互渗透，动态互动。跨文化交际能力培养对英语师资提出了新的要求，英语教师不仅应具备普通教师和语言教师所具备的各种基本素质，还须具备必要的、充分的、符合跨文化交际能力培养需要的知识、态度、能力和技巧。英语教师自身的跨文化交际能力和跨文化教学能力是有效实施跨文化教学的有力保障。

（一）英语教师的跨文化交际能力

具备跨文化交际能力是英语教师进行跨文化英语教学的一个必要条件，英语教师应具备跨文化知识、技能和意识。跨文化交际能力由知识、能力、态度和素养四个层面的要素构成，英语教师应从这四个层面培养自身的跨文化交际能力。

1. 知识层面

英语教师的文化知识、语言知识和专业知识应符合跨文化交际能力培养的要求。在文化知识方面，英语教师应具备一定的文化知识和文化素养。英语教师不一定要了解所有目的语国家的文化知识，不必成为他族文化方面的专家，但需要了解目的语国家的社会文化知识。英语教师应对本族文化、目的语国家文化以及其他国家的文化有较深的了解，掌握

文化的普遍知识和具体文化知识，应了解文化差异，熟悉那些易产生跨文化误解的交际层面。英语教师应不断提高自身的文化素养，应经常多种方式地与目的语文化保持联系，经常性、多样化地和这些文化知识接触。在语言知识方面，由于学生的母语知识对英语知识习得有较大影响，可能引起正迁移，也可能引起负迁移，这就要求英语教师彻底掌握英语在使用语境中的语用规则，对母语和英语两种语言的结构和作用特点有较深刻和系统的认识。在专业知识方面，英语教师应了解跨文化交际的基本内涵，具备一定的跨文化交际的社会文化和心理层面知识，具备跨文化交际理论方面的知识；清楚英语教育在语言学习和跨文化能力习得方面的目标；了解跨文化英语教学的基本思想、原则和方法，以及新型语言文化教学理念，知道如何进行跨文化英语教学；教师还应了解文化人类学、文化学习理论。

2. 能力层面

在能力层面，英语教师应具备满足跨文化交际能力培养需要的语言能力、跨文化能力和学习能力。首先，扎实的语言能力是英语教师进行跨文化教学的前提，英语教师应具备语言交际和非语言交际能力，掌握一定的交际技巧和策略。其次，英语教师的跨文化能力是有效实施跨文化教学的重要保障，为达到文化教学的有效性，英语教师自身应具备跨文化能力。英语教师应具备跨文化意识和敏感性，应发展自己的本族文化身份认同。再者，英语教师还应具备在教学中学习的能力，能和学生同步学习文化知识，培养文化意识，提升跨文化交际能力。

3. 态度层面

在态度层面，英语教师应对他族文化持宽容、尊重、理解的态度，对不同文化表现出兴趣，愿意甚至喜欢与来自不同文化背景的人们进行交际。那些拥有好奇心、善于思考、灵活、有同情心、乐观、由衷对其他文化感兴趣的教师，即使不参加任何培训，仍然能胜任文化教学，有能力将文化教学和语言教学结合。

4. 素养层面

在素养层面，首先，英语教师应具备与跨文化交际相关的个人品质，富有感染力和令人愉快的性格，并具备一定的心理学和教育学方面的知识，从而影响和改变学生对英语学习和跨文化交际的态度和兴趣。其次，英语教师应具备移情和包容。在跨文化英语教学中，教师应能够推断或猜想学生的需要和感受，通过教师的移情和包容，学生将会学会移情和包容，教育最高的结果是包容。再者，英语教师还应正确对待文化差异，避免文化偏见。

（二）英语教师的跨文化英语教学能力

以培养学生跨文化交际能力为主要目标的英语教学涉及传授语言知识、发展语言能力、培养跨文化意识和能力，对教师的专业水平和教学能力要求特别高。根据我国英语师资现状、跨文化交际能力培养的需要和国内外专家学者的相关研究，我国英语教师应着重在5个方面提升跨文化英语教学能力：对教材的评估、选择和使用，英语课堂教学，对学生课外跨文化学习和实践的组织和指导，学生跨文化交际能力评价，现代技术的运用。

1. 英语教材的评估、选择和使用

英语教师应懂得从跨文化角度出发评价和挑选适合跨文化英语教学材料，能够根据需要选用其他教学材料、使用真实的材料，能够根据教学任务调整教材、对教材进行改编，以达到跨文化交际能力培养的目的。

2. 跨文化英语课堂教学

英语课堂教学是跨文化交际能力培养的重要环节。首先，教师应了解学生对目的语文化的理解和态度，了解学生文化知识掌握的程度，能够针对不同的教学目标和教学环境等适当选择文化细目，安排教学内容，根据跨文化英语教学的原则选择教学方法，设计教学活动。在教学过程中，视教学为动态的过程，真正使学生积极参与，而不是简单地听和重复，应师生、生生互动，相互激励。教师还应具备使语言学习穿越多元环境/背景，使课堂超越时空约束的能力。具体到课堂语言和文化教学，英语教师应适应新型语言文化教学的素质要求，掌握语言文化教学方法，努力实现语言教学与文化教学的有机结合，帮助学生将本族文化同他族文化进行比较，并理解目的语文化观点，帮助学生增强目的语文化的知识，避免在交际中因文化因素而引起失误，提高学生的跨文化交际的意识和能力。

3. 课外跨文化学习和实践的组织和指导

英语教师应将课外活动与实践和课堂教学紧密结合，成为学生课外文化学习的组织者和指导者，鼓励学生进行大量课外学习和实践，增加文化知识的积累。教师要思考自己如何帮助学生提高能力，以帮助他们同来自其他文化的人们成功交际。教师应培养学生的价值意识、态度和技能，好的教师能够激发学生对他者和其他文化学习的兴趣、好奇心、求知欲，丰富学生对某一国家和文化的知识，能够帮助学生发现本族文化和他族文化之间的关系，并使学生具备自我意识，使学生了解外国人是如何看待本族文化的。

4. 跨文化交际能力评价

跨文化交际能力评价不仅关系到学生成绩的评定，对学生跨文化交际能力的评估的同时，也是在间接评估教师的教学和课程教学的质量。教师应具备对学生跨文化交际进行评价的意识和能力。现有的英语评估和测试多忽视了跨文化交际的能力、态度和意识范畴，只有少数高校英语教师尝试评估学生的跨文化交际能力。教师使用最多的评估学生跨文化交际能力方式是书面测试，采用的其他评估多局限于传统的方法，如个人陈述、角色扮演、案例分析，很少使用其他新的方式。缺乏学生的自我评价。英语教师应考虑文化因素，设计和进行评价和测试应符合跨文化交际能力培养的要求，应能够设计和调整测试，既要评价学生的学习，也要评估自己的教学。

5. 现代信息技术的使用

在现代信息技术的使用方面，英语教师应能够利用那些可以提升学生跨文化交际知识、态度、能力和意识的信息技术。英语教师应根据教学需要，合理运用现代化教育技术进行教学设计，将现代技术适当和恰当地运用到英语课堂教学中，创设跨文化交际语境，进行语言文化教学，为学生创造跨文化交际实践机会，为学生自主独立学习和探究式学习创造环境。

（三）适应跨文化交际能力培养的英语师资发展

1. 英语师资发展的目标和内容

英语教师的发展是决定教育质量高低的关键性因素，是英语教学改革取得成功的关键；没有教师自身素养的提高，就很难有较高的教学质量；没有教师的主动发展，就很难有学生的主动发展，英语师资发展目标及内容的制定应考虑师资现状，依据教师的角色，明晰作为英语教师需要的技能、知识、价值观、态度和目标，全面理解教师进行语言教学、跨文化交际能力培养所需要的能力和专业知识。

我国高校英语师资发展应适应和满足跨文化交际能力培养的需要，重在转变师资观念，提升教师的跨文化交际能力和跨文化英语教学能力。增强教师跨文化交际能力培养观念是高校英语师资发展和培训的内容之一。在知识方面，英语师资应注重丰富英语教师的跨文化英语教学理论，丰富教师的跨文化知识，增强对文化差异的敏感性。在能力方面应关注教师跨文化交际能力和跨文化英语教学能力的提升。如果没有教师在跨文化交际方面的发展，学生跨文化交际能力的培养将受到威胁，因此英语教师教育应该将培养教师的跨文化意识作为起点。

2. 英语师资发展的方式和途径

（1）跨文化校本教研

跨文化校本教研是转变教师跨文化交际能力培养观念、提升教师跨文化交际能力和跨文化英语教学能力的方式之一。校本教研充分利用了学校和院系自身资源，节约了教师培训的费用，教师们可以共同更新知识、开阔眼界、提升素质。教师之间可通过相互学习、分享彼此的教学心得和教学方式得到共同的发展和提高，教师之间的协作是教师探索和发展教学知识的有力工具。校本教研方式有助于教师相互切磋、交流，费用低、操作性强。跨文化校本教研活动的开展包括多种方式。其一，可在校内或外语系内开展跨文化知识、经历分享沙龙，请具有出国留学、访学、培训等有跨文化经历和跨文化交际实践的教师讲解其他国家文化知识、教育教学情况、跨文化交际知识和技巧。其二，可以在外语系学院内定期开展跨文化英语教学教研活动，教师之间交流跨文化交际能力培养的感想、体会、经验和困惑。其三，可以搭建基于网络的跨文化交流平台，开展信息化的校本研究，教师借助网络彼此分享资源和体会，进行交流。网络专业学习共同体是英语教师专业学习共同体的一种方式，信息化的研究是促使教师专业发展的有效途径之一。

（2）跨文化英语教学方面的教育和培训

改变英语教师观念、提升英语教师素质的另一途径是加强跨文化英语教学的教师教育和培训。语言和文化教师需要在理论和方法方面接受复杂和丰富的教育，参与培训和职业发展活动有助于英语教师树立对课堂文化教学的积极态度。为满足跨文化语言教学需要，教师教育应更侧重跨文化方向，将跨文化交际作为语言教师教育课程体系不可分割的一部分，给予教师和师范生理论和实践上的支持с将提升文化意识和培养跨文化交际能力纳入职前英语教师的语言实践培训课。在英语师资培训中，跨文化活动和课程应置于和语言活动同等重要的地位，只有这样教师才会意识到文化教学不仅不能被忽视，反而应被重视，只有这样才能真正提升教师文化交际的方法和技巧。教师教育要有一种全球化的视角。我国英语教师教育和培训须包含跨文化交际能力培养意识、知识和技能方面的内容。教师教育和培训应帮助教师清楚教育的总体目标和具体语言和跨文化的目标，增强跨文化交际能力培养观念。为使跨文化英语教师具备丰富的文化知识，教师在职培训课程中应更广泛地涉及文化，教师培训应培养教师对不同文化系统的理解，使教师懂得如何阐释文化符号、在教学中建立文化间的联系，还需帮助教师审视本族文化价值观，培养教师批判性审视和分析本族文化。英语教师教育和培训还应培养教师的跨文化英语教学能力。

（3）跨文化体验与跨文化交际实践

英语师资发展的方式还包括跨文化体验和跨文化交际实践。精心设计的、有组织的文化和语言沉浸经历有助于跨文化交际能力培养，国外短期跨文化沉浸体验项目打开了一个新的社会、文化和语言环境，能够提升教师的文化敏感度，培养他们的跨文化意识，能让他们对自己的教学进行反思，能够帮助教师运用语言教学策略去应对学生的语言和文化多样性，能够导致个人的转换生成式学习。教师出国研修是培养教师具有国际意识和国际交往能力的重要途径。

英语教师跨文化体验和跨文化交际实践包括多种方式。首先，可以开展教师出国研修，开展国外短期文化沉浸项目，提供教师机会出国旅游和学习，文化沉浸活动可以包括：组织教师进行教学实习，学习英语教学方法、英语教学理论，体验当地文化，与寄宿家庭一同生活，与当地居民进行有关当地教育、历史、经济、政治、艺术等方面的非正式谈话，参观当地学校，参观课堂二语学习，周末进行文化之旅、广泛了解所在国家。另外，从学校层面推进国际学术交流，不断开辟国际学术交流渠道，可开展国际项目，推动教师开展国际合作，组织教师和其他文化的教师进行跨文化合作。我国高校英语教师可以发挥语言优势与世界其他国家的英语教师相互交流、沟通、合作，了解最新的语言文化等方面的知识，提升跨文化交际能力。

（四）满足跨文化交际能力培养需要的英语师资结构

为满足跨文化交际能力培养的需要，高校可加强英语教师队伍素质结构的复合型建设，打造专业多元化、国际化的英语师资队伍。首先，高校可采取多样化的师资队伍聘用方式并加强院系间师资队伍的相互合作。师资队伍不仅包括终身教职系列的教师，也包括语言学、文学和教学法等学科领域的外聘人员。加大引进其他学科领域受过专业训练的教师，这些领域包括艺术史、大众媒体、区域研究等。英语系和其他院系可以联合选聘合适的专业教师，形成院系间师资共享，加强学科间合作，如中文与英语，旅游英语与地理学院，商务英语和经管学院。另外，应加强高校英语师资队伍国际化建设。加快高校师资队伍国际化建设是人才培养国际化的需要，是师资素质提高的需要。高校必须树立师资队伍国际化的理念，大力引进海外优秀人才，加强师资队伍的国际交流与合作，完善出国研修管理制度，建立与国际接轨的师资管理运行机制。还可采用"请进来"和"走出去"的方式打造高水平、国际化的英语师资队伍，即引进海外高水平人才和派遣教师去海外研修。

依据"渗透式"跨文化交际能力培养理念、目标、原则和内容，英语教师进行跨文化交际能力培养方面，我国同其他国家和地区存在的问题大致相同，主要包括：教师对跨文化交际能力培养的重视程度有待增强，培养意识和观念同教学实践之间存在差异，教学中仍以语言教学为主，文化教学的深度不够，教学方式较为传统。之所以存在问题，国内外共同存在的原因主要包括：教师在跨文化交际和跨文化英语教学方面尚不能很好地满足培养需要；师资教育与培训不能很好地支持跨文化交际能力培养；教师有来自传统教学方式方法的影响。我国不同于其他国家和地区的原因包括：教师缺乏文化体验和跨文化交际实践的机会，师资建设不能很好满足跨文化交际能力培养需要。转变高校英语师资观念对于我国跨文化交际能力培养至关重要。师资观念转变主要包括三方面内容：英语教师应增强跨文化交际能力培养的意识；了解跨文化交际能力培养的目标；清楚自己在跨文化英语教学中的角色、任务和应具备的素质。师资教育和培训是师资观念转变的途径之一。

英语教师不仅要具备普通语言教师所应具备的素质，还须具备符合跨文化交际能力培养需要的素质，应具备跨文化交际能力和跨文化英语教学能力。英语教师应从知识、能力、态度和素养四个层面培养自身的跨文化交际能力；应从五个方面提升跨文化英语教学能力：对教材的评估、选择和使用，英语课堂教学，对学生课外跨文化学习和实践的组织和指导，学生跨文化交际能力评价，现代技术的运用。

我国高校英语师资发展应适应和满足跨文化交际能力培养的需要，可通过跨文化校本教研、跨文化英语教学方面的教师教育和培训、跨文化体验与跨文化交际实践，实现师资观念的转变、跨文化交际能力和跨文化英语教学能力的提升。

为使高校英语师资结构满足跨文化交际能力培养的需要，有必要加强教师队伍的复合型建设，打造专业多元化、国际化的英语师资队伍。多媒体技术和计算机网络的发展，改变了人们信息获取和沟通交际的方式、速度和范围，深刻影响着英语教学和跨文化交际能力培养。

第五节 "渗透式"模式下的现代信息技术应用

随着计算机技术和网络的发展，现代信息技术在高校英语教学中被广泛应用，越来越多的教师在英语教学中采用了由多媒体辅助的现代授课方式，教师和学生对课堂教学运用现代信息技术培养跨文化交际能力给予了极大的热情和支持。

一、现代信息技术应用的理念

在以培养学生跨文化交际能力为主要目标的英语教学中，不能仅把现代信息技术作为辅助教学的一种手段，而是应该全面整合现代信息技术和英语教学。针对现代信息技术在英语教学中扮演的角色，目前存在两种不同的观点。一是基于辅助的理念，认为信息技术仅仅扮演着媒体角色，作为教学媒体来帮助教师解决英语教学中的问题，难以引发真正意义上的教学内容、教学模式、学习方式的改变。二是基于整合的理念，认为信息技术不仅仅是辅助教学的手段，而是学习内容或教学内容的有机组成部分，是构建自主探究学习环境的重要因素，扮演着学习、研究工具的角色，发挥着学习环境的作用，能够引发教材、教学内容、教学模式、学习方式的改变。信息与英语教学整合后，课程的构成范式发生了变化，由传统的理论、方法＋课程或教材模式，转变为"3＋1"模式，即理论、方法、技术＋课程或教材，教学理论、教学方法、信息技术体现于课程或教材之中。

二、应用现代信息技术的方式

（一）应用现代信息技术构建跨文化语境

二语习得取决于学习者对目标语文化的接触、适应、接收和趋同态度。在全球化背景下，语言学习愈发多元语境化，英语教学必须为学生提供在今后使用目标语时可能遇到的各种实际情境中练习使用语言的机会。传统的语言和教育多集中在以句子为目的的分析和指导，今后的课堂教学必须集中精力在于更广泛的语境中语言的真实使用，对话语技能的积极指导。基于现代信息技术的网络环境为交际提供了新的资源和机会，网络技术为语言实践提供了穿越多元文化语境的可能。利用现代信息技术进行语言教学，发挥现代教育技术的作用，创设真实、有趣、轻松、自然的英语学习环境，能使学生积极、主动、投入地学习和领会非语言代码，分析和对照非语言代码的文化差异。

我国英语教学面临的瓶颈问题之一是没有学习和使用语言的社区，英语教学主要靠课堂上进行。没有语言使用环境，学生往往很难有学习语言的动机。部分高校缺乏真实的跨文化交际语境，教师和学生均缺乏跨文化体验和交际实践的机会。在高校英语教学中，可利用音频和视频资料、网络联系和聊天工具等现代信息技术构建交际语境，实现信息获取和交际方式的改变，增进学生对多元文化的理解，增加师生文化体验和交际实践的机会，从而弥补我国高校跨文化交际语境的不足。可以利用网络，采用虚拟现实技术创建语言交流的场景，使学生在虚拟现实创建的真实情景中习得和使用语言，在立体化的文化输入、输出情境中提升跨文化交际能力。在课堂上，语言教师可以在计算机辅助语言学习的语境中为学生创建参与协作互动的机会，特别是在以计算机为媒介的交际领域，既可以实时同步交际，也可以进行延迟交际，既可以和其他非本族语者也可以和本族语者进行交流和切磋。

（二）利用现代信息技术建设立体教学资源库

在现代科技高速发展的今天，利用现代信息技术进行网络教学资源平台建设对英语教学至关重要。教师备课时可参考的资源非常有限，在备新课时参考最多的资料分别是网络资料、配套教参和工具书。未来的英语教材建设应更广泛地开发网络及多媒体配套资源，为教师提供更宽广的教学资源平台。另一方面，培养和保持学生学习动机的一个重要因素是学习资源，学习资源不仅指学习材料，还包括学习的手段和条件，如多媒体、互联网、电视、广播。整合和利用多媒体资源、建立信息化英语学习资源库是影响英语教学效果的关键因素。利用现代信息技术，通过计算机网络与英语教学整合，将使教材的结构发生变化，变成立体式、多媒化的教材，能够加强网络教学资源平台建设，构建立体、时新的教与学资源库。语言、声音、形象，都是文化的介质，网络上的文化和语言学习资源非常丰富，有大量有关历史、地理、习俗、文学和语言教学的网页，随着现代信息技术的发展，基于网络的教与学资源还将继续丰富，迅速增长，与纸质教材配套的网络链接资源的范围将日益扩大。立体式、多媒化、时新的英语教学资源库无疑将有利于英语教学中跨文化交际能力的培养。

（三）应用现代信息技术丰富教学方式方法

以多媒体和网络为标志的现代信息技术彻底改变了传统的英语教学方式。现代技术在语言教学中的使用不断增加，比如交际白板的使用，移动电子设备的普及，智能计算机辅助语言学习等相关领域愈发引起人们的注意。现代教育媒体各自的功能不同，促使英语教学方式方法的多样性。

首先，在英语教学中利用现代信息技术，有助于丰富学生语言和文化知识学习的方式，有助于提升学生的语言运用能力。通过视、听相结合的方式向学生传授语言和文化知识，已经成为不可或缺的重要手段之一。借助多媒体和网络技术，通过英语报刊阅读培养学生的英语综合阅读能力，不仅能够培养学生的文化敏感性，丰富学生各方面的知识，提高他们的语言运用能力，还能够培养他们良好的阅读习惯。还可利用网络开展教师和班级之间、学生和学生之间、班级和班级之间的视频会议。再者，现代信息技术有助于营造新型的教学和学习环境。利用信息技术能够营造一种新型的教学环境，该环境能够支持情景创设、启发思考，帮助实现信息获取、资源共享、多重交互、自主探究、协作学习等多方面要求的教学方式和学习方式。近些年来，一些高校利用现代信息技术进行远程教育，打造出远程学习环境，越来越多的英语课程使用信息技术来改变学习环境，学生通过网络获取学习材料，和导师及其他学生交流，进行考试。另外，现代信息技术使交际对话教学成为可能。如智能语言课程利用各种教育媒体，有助于二语学习过程中的对话框架的构建，使许多交际对话教学成为可能。平面出版物、电视、视频、播客、DVD 给学生提供了叙述的手段；DVD 和网络资源提供给学生互动的空间；微信、博客等协助沟通；模拟和智能计算机辅助语言学习工具提供了交际适应的环境；网络上提供的模板为学生的自由产出提供了参照。

综上所述，应将多媒体、计算机网络和英语教学进行整合，利用信息技术来营造一种新型的教学环境，开展丰富的英语教学活动，优化教学过程和教学效果。

（四）应用现代信息技术助推学生自主学习

要实现学生跨文化交际能力的可持续发展，需要将课堂教学和学生自主学习结合，充分调动学生的学习积极性，培养学生自主学习能力。现代信息技术的科学应用，可以推动学生的自主学习意识和能力发展。首先，计算机网络与英语教学整合后，教学模式发生了变化，英语教学不仅强调要以学生为中心的教学模式，而且更强调运用现代信息技术促进学生自主学习的信息化教学模式。其次，借助现代信息技术构建网络学习平台有助于学生自主学习，学生可以通过自主学习发现、筛选和加工信息，可以根据自己的程度、需要和兴趣选择学习内容和学习进度。另外，在线信息交换提供了通过动态对话和建构观念对学生进行教育的机会，通过网络视频交际进行的虚拟交互活动，对学生的学习动机和学习成果有积极的影响作用，尤其是能帮助学生理解语言在特定的语境的使用和增进学生对文化问题的理解。再者，在跨文化网络在线协作学习中，对文化理解的增加能够促进学生深入探索，提升学生的求知欲和开放度，能够激励学生更加投入地进行文化学习。因此，英语教学中应利用现代信息技术，培养学生自主学习意识和能力，实现学校学习的成功，为学生长远发展和终身学习打下基础使跨文化交际能力可持续发展成为可能。

三、现代信息技术应用的实施

科学合理地应用现代信息技术，实现信息技术和英语教学的整合，依赖教育主管部门、学校、教师和学生的共同努力。

（一）教育主管部门的重视和引导

教育主管部门在现代信息技术的应用理念上应给予高校和教师正确的引导。首先，应加大对现代信息技术与英语教学整合的重视，不仅仅把信息技术作为辅助教或辅助学的工具，而是强调充分利用现代化教学手段，发挥网络的特点和优势，发挥现代教育技术在传授非语言代码知识和文化背景知识中的作用。其次，教育主管部门应引导学校和教师避免为技术而技术。在现代教育技术空前发展的今天，部分教师往往过于依赖多媒体，忽视黑板等传统教具的使用。事实上，板书的设计和使用不能废弃。盲目推广PPT只会带来进步的假象，并不能真正促进英语教学的发展，应避免为理论而理论和为技术而技术的做法，应根据实际情况有针对性地选择教学。

（二）加强高校软硬件建设和校际间技术合作

高校在技术的软件开发和硬件配置上均应跟上英语教学的需要。高校应成立计算机辅助教学课件制作中心，形成一支软件开发队伍，为教师们量身定做教学课件。目前基于网络的视频会议存在一些缺憾，会议进行中声音会出现传输延迟或中断，无法与面对面交流媲美，学校应进一步加强硬件设施建设，在网络建设方面加大力度，确保基于网络的交际活动正常进行。对故障设备应及时维修或更换。还须加强对资源的加工，加强基于资源的英语教学设计研究。高校之间应加大技术合作，实现资源共享。学校之间可相互提供技术支持，共同进行教学软件开发研究，进行网络资源共享，比如电子图书、数据库的共享。

（三）加强教师和学生在技术使用上的培训

为使现代信息技术的使用科学化、效益最大化，还应加强教师和学生在技术使用上的培训。建议加强教师和学生对互联网潜在作用的认识，保证教师和学生进行计算机网络英语教学实践的积极性，强化英语课堂教学的跨文化有效性目标，加大对教师进行计算机辅助英语教学的培训力度，为教师提供切实、具体的支持和指导。学生在网络在线协作学习之前应对自我有深入的了解，应逐步构建自己的理解和沟通技巧。

四、现代信息技术应用对英语师资的要求

多媒体、计算机、网络等现代信息技术只是英语教学的硬件，教师素质才是真正的软件。要适应多媒体网络环境下英语教学的要求，必须加强师资队伍建设。我国未来的英语教育质量很大程度上取决于教师的信息素养和信息技术能力水平的高低。

（一）英语教师应用信息技术中存在的问题

值得关注的是，英语教师应用现代信息技术开展英语教学的过程中仍存在诸多问题，影响了教学效果的提高。极为重要的一个问题是，部分教师缺乏课程与信息技术整合的观念，使用信息技术的动机略显被动。由于担心被视为过时、与新事物脱轨，很少有教师承认他们对现代技术不感兴趣，他们至少承认现代技术有助于语言教学。实际上一部分语言教师仍持有某些根深蒂固的观念，并私下里担心，现代技术的使用和新的远程教育课程的开展迫使他们改变传统的以教师为中心的教学环境，成为更多地以学生为中心。一部分教师使用信息技术出自应付检查、职称评定或竞赛、评优。即便使用现代信息技术，也多将其作为一种教学辅助手段。这些都是成功进行跨文化英语教学的障碍。再者，部分教师过分依赖于现代信息技术的应用而忽视了传统教学模式科学合理的部分，如设问、板书等的应用。比如一些教师在制作 PPT 课件时，过分注重形式，自定义动画、切换、音效等特技大量使用，与教学内容不够贴切，喧宾夺主、华而不实。

（二）应用信息技术对英语教师的具体要求

在瞬息万变的技术发展进程中，英语教师不仅要懂得语言学、外语习得理论、测试理论等，还需要紧跟技术发展的步伐，使用现代科技优化英语教学过程。在现代信息技术方面，英语教师需要掌握信息技术的基本知识，具备利用信息技术改进英语教学的能力、将技术和课程整合的能力。首先需要英语教师对技术与语言教学整合有较好的理解，掌握信息技术的基本知识，学会使用常用软件 Word、Excel 和 PPT 课件制作，熟悉相关网络知识。英语教师还应具备扎实完备的信息技术能力，能在教学实践中批判性地选择和使用技术，掌握技术和课程整合的能力，包括将技术有效应用于课程准备、课程设置、课堂管理和评估，能够把信息技术、信息资源、信息方法和课程内容有机结合起来，共同完成课程教学任务。另外，教师应成为探究网络资源的研究者和帮助学生利用网络进行有效学习的

策划者，帮助学生选用恰当的资源，使用恰当的信息技术工具进行英语学习。最后，英语教师应从学习如何使用信息技术，发展到通过信息技术进行学习，基于交互、灵活多变的网络学习环境和学术交流氛围，进行自我发展和协作发展。具体到教学过程之中，英语教师应学会充分运用信息技术进行教学和管理教学。应能在课前利用网络资源，结合教学需要制作各种教学课件，将教学计划、安排和教学内容发布在学校相关专业和学科的网页上，以备学生提前预习和准备。课堂上应在信息化教学环境中真正发挥学生的学习主动性，充分利用多媒体课件和网络资源。应注重利用信息技术进行课后教学拓展，能利用信息技术将课堂教学延伸到课外，使用 E－mail、Skype、BBS、MSN、QQ、微信等工具与同事、学生、家长在课外进行沟通，还应利用信息技术做好教学反馈，完善教学评价体系。

英语教师应引导学生有效利用现代技术进行语言学习和交际实践。教师应帮助学生发现基于网络和现代技术的学习资源和实践机会，并学会探索和利用它们。比如，在网络环境下的英语报刊阅读教学中，教师必须熟悉各个新闻站点，了解电子书库和期刊评论等网站的基本情况，以便及时选取最典型的教学材料以激发学生的学习兴趣。在计算机辅助语言学习过程中的对话框架下，应提高，而不是减少教师的有效干预。在线信息交换活动应仔细计划，涉及标准设定、话题选择等工作，教师应在活动中不断给予学生反馈，应鼓励学生参与，激发他们的信息交换意愿。网络在线协作学习的开展有赖于高度称职的教师的努力，在学习过程中，需要教师精心指导和引导学生解读矛盾、信息合成、丰富观点、做出判断，教师应将自己定位为学生学习和研究上的伙伴。

英语教师需要掌握信息技术的基本知识，具备利用信息技术改进英语教学的能力、将技术和课程整合的能力，需要引导学生有效利用现代技术进行语言学习和交际实践。

第九章　文化思维融合过程中的文化交流

第一节　思维方式与文化交流

来自不同文化背景的人有不同的思维方式，文化背景差别越大，思维方式差别也就越大。正如前文所述文化具有民族性，有民族化优越感的倾向，思维方式的不同会在很大程度上影响跨文化交流，成为跨文化交流的一大障碍。比如说中国写文章常常习惯于曲线性的思维方式，围绕着主题迂回接近主题，认为直截了当的"主题＋论述"太过直白，缺少深度，缺少美感；而美国人大都以直线式思维，文章的方式就是开门见山，提出主题，然后加以论述，对于许多中国学生以迂回的方式写出的英语文章，美国教师往往认为主题不明确，结构不清晰，并不欣赏其"迂回"之美。这种思维方式的差异导致的跨文化交流的偏差相当普遍。

一、不同文化中的思维方式

（一）中国人偏好形象思维，美国人偏好抽象思维

1. 概念与特点

形象思维指人在头脑里对于记忆表象进行分析、综合、加工、改造，从而形成新的表象的心理过程。

形象思维的特点：偏向形象思维的人在认识世界的过程中最大的特点是注重直观经验，以感觉、知觉、表象为依据，进行类比分析，而类比分析则强调相似性、相关性。由于忽视问题的个性及偶然性，因而形象分析难以对问题进行系统的阐述，也就难以做出符合事物发展、符合客观规律的结论，由此会得出似是而非的结论。

抽象思维是运用概念进行判断、推理的思维活动。

抽象思维（逻辑思维）的特点：抽象思维是对问题进行综合的分析，舍弃事物次要的非本质的属性，抽取其主要的，本质的属性的过程。通过对感性认识的分析，才能上升为理性认识，也就能够通过抽象看到事物本质。

2. 表现

中国人形象思维很发达，自古以来就重视形象，强调思维的表象作用。比如元代的小令"枯藤老树昏鸦，小桥流水人家，古道西风瘦马，夕阳西下，断肠人在天涯。"短短几行字，一些名词（形象）的罗列，勾勒出一幅黄昏乡间的小景。几个典型的形象具有强烈的表征作用：枯藤、老树、黄昏、乌鸦等等。体现出一种身在异乡，孤独萧索的感受。整

个小令没有表白，没有心理描述，有的只是形象的叠加。

中国人形象思维发达，重视直观经验，而在理论上往往停留于经验论，比如中国的中医药学，对于某个处方适用于哪一种病症来自经验，医生的论断是非曲直直观的判断：望、闻、切、问，缺少深入的分析和检查；医生的处方也是根据前人的处方，也是一种经验，至于这种药为什么对此症，其中什么物质在体内产生了什么变化而治好疾病则不得而知。这种形象思维方式能够以经验为参照，从总体上把握对象，有时能体验出逻辑思维所不能揭示的意境。但有时难免不够严谨，对对象的认识模糊不清，这是形象思维或直觉思维的缺点。

而美国人比较而言则抽象（逻辑）思维居多，在欧美文化中，有根据亚里士多德（Aristotle）的原理建立起来的一整套逻辑体系。他们的思维方式也体现了这些原理。大约2500年前三段论推理的运用已成为西方人的思维的基石。就拿西方艺术为例，西方抽象主义绘画集中体现了西方人的抽象思维，这种绘画艺术抛开事物的表层特征，只抽取出它的精神部分加以概括。比如梵高（Vincent Willem van Gogh）的《向日葵》并没有刻意去描绘向日葵的花瓣、叶片等细节，而是只用简单流畅的线条和明亮的色彩直接表现向日葵的生机勃勃。也就是说西方人擅长用符号一类作为思维的工具进行一种抽取事物精髓的思维方式——抽象思维方式。

（二）中国人较多曲线式思维，美国人较多直线式思维

1. 概念

曲线式思维：围绕着某个中心主体绕圈子，从不同的不切主题的方面来迂回靠近主题，不直截了当地切入主题的思维方式。直线式思维：直接切入主题，直截了当地解决问题的思维方式。

2. 表现

中国人的曲线思维方式和美国人直线式思维方式的差别表现在社会生活的许多方面。

①在写作习惯上，中国人无论写记叙文还是议论文都偏向于经过一定的铺垫之后再步入主题，表现出曲线式（涡轮线式）的思维方式；而美国人在写作习惯上强调清楚直白，一般全文文首有全文的主题段，每段的段首有全段的主题句，以后的内容都是此主题的延展，完全是直抒胸臆。

②在交流方式上，中国人讲究委婉含蓄，不言而自明，强调暗示的作用；而美国人则注重有话直说，直截了当地表明自己的意见。比如中国人在批评别人时多数情况不会像美国人那样直说，而会以"敲边鼓"的方式把批评的意思传递过去。

（三）中国人偏好整体思维与统一性，英美人偏好分析思维，注重对立

1. 概念

①整体思维：是指在思想上将对象的各部分联合为整体，将它的各种属性、方面、联系等结合起来考虑，然后得到一个完整的认识，形成一个完整的概念。通过整体思维，把分解的对象作为一个有机的整体，并在它与其他事物的必然联系中，来把握对象的规律

性。整体思维的人强调对立面的和谐和相互渗透，即对立中的统一。

②分析思维：是指在思想上将一个完整的对象分解为各组成部分，将它的各种属性、方面、联系等区分开来，逐一加以考察研究的逻辑方法，也就是将事物的概念割裂成碎块，使它们可以在因果链上相连接并能按照普遍的标准进行分类。通过分析思维，可以从错综复杂的现象中，从事物的诸多属性中，发现本质属性，抓住主要方面，明确对象产生和存在的依据。

分析型思维方式的人比较强调对立面的斗争与转化，即统一的对立。整体与分析思维方式是两种思维方式，是对立的又是统一的，在认识事物的本质，探索事物的规律过程中相辅相成。没有整体不可能对事物进行深入、准确的分析；相反没有分析也就不可能有整体。任何整体都必须以分析为基础，任何分析又都要以整体的各方面为对象。

2. 表现

①在时空表达方面，中国人思维上整体优先，从整体到部分的思维方法反映在中国人表达时间和空间的方式上，如中国人表达空间的顺序是国家——省——市——区——街道；而美国人正相反，其表达空间的顺序是街道区——市，州——国家。中国人表达时间的顺序是年——月——日，时——分，而美国人正相反，其顺序是——时——日——月——年。

②在建筑与环境艺术方面，中国传统的环境艺术美的标准是接近自然、与自然融为一体，或模拟自然，越接近自然越美，美的最高境界是"浑然天成""巧夺天工"。无论是庭院之内的假山石、树林、花草，还是亭台楼阁都以与自然相似，与以自然融合为好。而西方的建筑、园林艺术却恰恰相反，他们强调以人为中心，在任何场合对任何事物都极明显地重视调和、整齐、规律和限定，一切从规矩整齐，圆满为美。西方的建筑艺术周密地精确地带有分析性地刻画出事物，而中国的艺术并不对事物做细致的分析解剖，其特长是直接描写出对事物的整体印象。中国人任凭其表面看来好似毫无规律，一片混沌渺茫，却试图在这种乍看好似毫无规律的混沌的整体中，自然地描绘出一种微妙的统一规律——即精神。而西方的艺术采用的方式却是从外在来细致周密地分析描绘事物，极尽精细地刻画事物的质地、结构、色泽等。同样是描绘花的油画，会对花的形状绽放的姿态、花瓣的质地，以至于花心的结构进行细致的"解剖"般的描绘。这就是东西方思维模式不同的体现。

③在意识形态上方面，中国传统哲学不否认对立，但更强调"统一"。

中国文化强调统一表现在多个方面。在自然方面，崇尚"天人合一"，庄子说"天地与我并生，万物与我为一"；在政治领域体现为"春秋大一统"的观念；在伦理上表现为顾全大局，必要时不惜牺牲个人或局部利益。在价值观中，强调集体主义，维护整体利益的价值取向。

西方人特别是美国人，思维方法中有把一切事物分为两个相对立的方面的倾向：人——自然，战争——和平，成功——失败，分得很清。在自然观上，他们认为自然是人类的对立和征服的对象，因此他们去登山、去漂流、去拓荒，为征服自然；在政治领域表现为各州有自己的法律，有各自为政的倾向；在伦理上，强调个人主义，强调"我"之于他人的不同；在行为方式上，他们对一个行为、事件常常要求一个原因，或要求一个机构对该事件负起相应的责任。美国人不满足于对于事实的陈述，而要求确定"谁干的，谁导致这么干"才行。

美国人这种对立式的思维，好既好，坏既坏，在中国人眼中觉得他们对世界看法过于简单化了，太武断、太幼稚。中国人往往认为事情远非那样黑白分明，那样说得清。反过来中国人这种对立又统一的观念，在美国人看来是观念不鲜明，思维混沌不清，缺乏明确性，准确性。对于中国人所奉行的中庸之道，中国人自己认为是一种恰如其分，而在美国人看来是模棱两可。

④体现在人际交往方面，中国人倾向于整体型思维或关联型思维。这种思维对人的背景、关系和身份高度敏感。整体型思维模式的人所处的社会背景中，人与人之间一般缺乏平等。也没有明确的角色区分，给予其成员身份的群体投入较深。他们被期望与群体认同，但他们所认同的并不是与他们在群体中的角色相关的那些正规的活动，他们认同的是作为一个整体的群体，他们须时刻准备为它做任何形式的奉献。同分析思维者构成的群体相比，整体型思维者群体内部，包括领导权在内的职责，在其成员中分享的范围较为广泛。

美国人作为分析型思维者，对所处的社会背景对人与人之间的平等以及明确的角色区分格外强调。分析型思维文化群体的组成形式较为正式，在这种群体里，权利、责任及身份的分配井然有序，个人对离开群体以及"拒绝做任何其工作职责限定之外的事"具有较大的选择自由。在美国文化中，情感在思维中没有明显的作用。对许多中国人来说，分析型倾向的美国思维近乎冷漠，不近人情。

⑤在主观性问题方面，分析型和整体型思维方式之间最主要的区别是如何对待主观性的问题，美国人分析型思维将主观经验同导向客观现实的归纳过程区别开来。中国人整体型思维风格非常依赖经验，不能将经验与客观事实、数字或概念相分离。具有整体型思维倾向的学生常常被教师说成分不清什么是概念和什么是从观察或经验中获取的印象，这些学生在他们的写作和思维中往往把个人体验，经验的事实以及从权威那儿得来的观点摆在同等重要的位置。他们无法明确地区别主观和客观，而这一点正是分析型的学术界的基本要求。中国人的思维方式具有浓厚的关联型思维的倾向。正因为如此，从美国人的角度看，中国人的思维含糊不清。中国人分析问题时不像美国人那样把它划分成一个个的小部分，而是主要基于受判断力权衡的具体的概念。这种思维虽缺乏精确的分析力和抽象的类别系统，但它借以对具体情况、情感及行动承诺唤起联想而产生强烈的认同感。中国式的思维力求在事件或物体和它们所规定的符号之间达到统一。因此说话者本身所指涉的思想往往被看成它所指代的行动，一个事件可以通过指同时发生的另一个事件而得到解释，尽管按照西方人的逻辑衡量这两件事并无关联。这种从一件事到另一个事件的思维的自由运动叫作中国思维的置换特征。与此相反，西方思维则将事物与抽象的概念或原则相联系。

⑥在社会影响力方面，中国式整体型思维的社会中，社会影响力在礼俗社会中的作用

非常重要。社会影响力的决定性作用可以在获取知识的过程中略见一斑。学习要求一个可供模仿的榜样，学习者用自己的成果和表现向那个榜样看齐。这种学习方式需要在学习者和教师之间建立一种紧密而明确的关系，教师充当"师傅"的角色，学习者则要恭敬和服从教师，这就是典型的学徒式的学习方式。学习者不仅被传授了技术和知识，而且养成了对师傅的遵从态度，从而使社会的权威形式得到了长久的保存。模仿是世界上广泛采用的学习方法，在许多社会中，模仿是最主要的学习形式。在中国的武术这样的传统活动中，模仿的方式尤其令人注目。美国式分析型思维的社会中，社会影响力则没有那么重要。学生不会全盘接受权威的观点，也不会以任何人为榜样，学生被鼓励对权威的观点进行分析，通过分析来掌握知识。因此，教师的角色是引导者，而不是榜样，学生不必对教师是完全遵从。

（四）中国人比较倾向于具体的描述，而美国人注重思维的功能性和实用性

中国人的描述与知觉，感觉联系紧密；而美国人的实用式与感知数据的中心处理相联系。中国人这种思维方式特别擅长对即刻感知的活动赋予意义，因此中国人对一般非语言行为即交际的模拟形式要比美国人更为敏感，我们拥有一种探寻知觉，关注人们外表，注意他们做什么及如何做的能力；而美国人的感知技能则很一般，比起中国人，他们更多地依赖数字和语言信息，他们通常关心的是如何使事情得到解决。美国人往往采用一种归纳式和操作主义的思维模式特点，高度重视效率，而不大关心个人行动所处的外在环境。美国人相信这是一种理性和有效的思维方式。美国人所认同的理性思维的基础是可测性结果的客观现实，这就奠定了美国人的这种实用主义的事实观，美国人对于中国人常用的形象化描述并不认同为事实，因此美国人杜绝口头式、闲谈式的信息。在美国人的心目中：①事实具有感知内容，它们是经验的，可观察并可测量的。②事实是确实可靠的，不同的观察者都能对他们予以承认。③事实是客观的，所以是有效的，它们不受个人感情影响，它们与感知过程及观察者本人相脱离。在美国思维中，事实存在于外部世界，而不存于头脑中。④事实的可靠性和有效性都与时空坐标测量法的使用相联系，这导致美国人谈论"历史的"而不谈论"将来的"事实。美国人讲的事实是局部的，具体量化的事实。

美国人的这种实用主义思想结构导致美国人重视问题的解决和问题的完成，于是他们运用心理学，数学知识将人的思维和判断导向实际应用，这种对人的行为所持的技术性态度，有些被称为技术主义，深深植根于大多数美国人的意识之中。而中国人在行动更多地依赖（整体）直觉来做出选择，很少系统地考虑可供选择的其他方案。美国人在做出选择时的代用选择（alternatives）或然率（probability）和衡量标准（criterion）这三个基本概念在中国人采取行动中并不广泛应用。因此，中国人与美国人进行技术方面的合作时常常导致误解。

（五）美国思维中的否定推论

美国人分析一个实际情况的典型方法，是注重那些可能阻挡行动方向的障碍，并预先

考虑抵消他们的办法。这些尚未确定的、否定性的活动，作为实用的推理形式进入了他们的思维，这就是否定推论。比如飞机某些部件在飞够了预定的小时之后且尚未失灵之前就要进行自动更换；人们在感染脊髓灰质炎之前进行该病预防接种；孩子们开始上学之前就接受预备性的阅读训练。美国实用思维的主要内容之一就是如何规避障碍。美国否定推论具有从下特色：①决策中重视对后果的预测；②与行动密切相关；③相信艰苦努力定会成功的外观主义。因而同中国人一起工作的美国人会认为他们的同伴喜欢挑剔，畏惧困难，而中国人则认为美国的处世态度浪漫而天真。在美国人的行为方式中，以否定推论来促进行为，而中国人的行为方式往往通过直觉，以及对实际状况的详尽描述而从思想介入行动。也就是说，中国人往往着眼于现在，关注现在发生的事。

二、思维方式对跨文化交流的影响

在跨文化交流中，很多人都倾向于认为对方也用与自己同样的方式进行思维。正是这种错误的认识，常常使跨文化交流难以顺利进行。由一种思维方式组织起来的一套语言信息发出后，接收者以另一种思维方式去破译或重新组织，就可能会发生歧义式误解。一篇文章在甲种文化中的人看来是符合逻辑的，在乙种文化的思维方式看来就不那么符合逻辑；在甲种思维方式看来是思路清晰，很好理解的，在乙种文化的思维方式看来就可能显得思路混乱、比较费解；在甲种文化看来是有说服力的，在乙种文化的人看来，可能不那么有说服力。

（一）形象思维与抽象思维不同的交流风格

中国人习惯形象思维，通过生动的语言描绘出某种形象，利用具体形象素材来集中体现客观本质（作者意图）。形象思维最大的特点是注重直观，以感觉、知觉、表象为依据，进行类比，而类比强调相似性、相关性，忽视问题的个性。因而形象思维难以对问题进行系统的阐述，往往得出似是而非的结论，而抽象思维（逻辑思维）的特点是：对事物进行综合的分析，舍弃权、事、物次要的，非本质的属性，抽取主要的，本质的属性的过程。通过对事物的感性认识的分析，才能上升为理性认识，也就能够通过抽象看到事物本质。因此中国学生的这种作文会使美国读者很快失去兴趣，感到厌烦。在他们看来这种细致的描写，形象地堆砌言过其实，文胜于质，矫揉造作。欧美人的逻辑思维导致他们崇尚简洁明快的文风，他们认为文章只有简洁明快才能给人以深刻印象，一番话是否有力全在于内容及思想，而不在于渲染。美国人写文章通过准确地叙述表达思想内容，少用形容词，少用形象的描述及比喻，即使使用也用得简单确切、直白。

（二）曲线思维与直线思维不同的交流风格

另外，中国人习惯于曲线式思维，而英美人习惯于直线式思维，这种思维方式的差别也往往导致交流的障碍。比如在写文章方面，在记叙文中，英美人采用的是直线式展开占主导的思维过程。一般英语的记叙性的段落通常包括①首句点明主题。②将主题细分成一系列小的论点。③用例子和阐述来支持各个小的论点。④进而去发展中心论点，并把该论点与全文中其他论点联系起来。（5）运用该中心论点与其他论点的专有关系来证明一些事情，或为某事进行辩解。有的学者把美国文化的思维方法比喻成"桥"式思维方法，作者用一种明确和直接的方法组织他的思想和表达出这些思想，能犹如在主观点1和主观点2之间架起一座桥梁，读者在接受信息时就像平稳地走过一座桥，因为发送者发出的信息是明确的。

英文的这种写作习惯，即首句点明主题或尾句点明主题是英美读者所期待的规范交流的方式。

（三）整体思维与分析思维不同的交流风格

中国人偏向整体思维，把事物看成有机的整体，并把它放在普遍联系当中去把握其规律。欧美人偏向分析思维，把事物分解成各个分支加以考虑。中国人无论在写文章、讨论问题时，都体现了从整体到部分的综合思维方式，欧美人则相反，从部分到整体。

第二节 世界观、人生观与文化交流

一、世界观

（一）世界观的概念

世界观是一个人对于整个世界普遍本质的理解，对世界的根本观点。它涉及人们如何认识宇宙，如何看待人与自然的关系。这一问题与价值观紧密联系，对人们的思维方式，行为方式起着支配作用。

（二）中美世界观中一些大的差异

1. 宇宙观及人与自然的关系

如何理解宇宙的自然力？人在自然界面前处于什么地位？这也是世界观的重要问题。在人对自然的关系问题上，不同的文化有不同的态度顺从、征服、和谐。

美国人的宇宙观与中国人有很大不同，与中国人统一整体的观念相反，美国人传统上就认为世界万物是可分的，最终一步步分析到分子、原子、及至中子，质子等。同时美国人认为世间万物相互独立，包括人在内，人是独立于自然之外的，而且认为人是大自然的主人。美国人对大自然主要持征服态度，认为人类是大自然的主人，要驾驭和征服大自然，人类经过与自然的斗争去获得自己所要求的一切。这种思想要追溯到美国的历史中去，首批移民者把新大陆描绘成一个遍地财宝、气候宜人的乐园。然而新大陆的早期移民根本没有见着什么人间乐园，他们遭遇的是蛮荒景象。

新大陆拓殖者们对这种蛮荒之地充满敌意，要获得食物的保障必须与敌人进行荒原战斗，征服、战胜和消灭"敌人"成了开拓者们永恒的问题。从此人与自然相对立，相分离的观念一直持续至今。在美国，自然与物质世界应当受人控制并服务于人的观念占主导地位，通过对客观世界的征服，美国人得以在妥善控制的环境中不断地繁荣和发展。支配物质世界的自然规律，为人们所利用，给人们带来了物质的财富。

在中国，我们强调所有的生命形态及无生命物体的相互和谐与统一。中国的哲学家认为，世界的组成部分相互依存，构成一个对立又统一的整体，正如太极图一样，阴阳相融又各自独立，你中有我，我中有你。我们主张人是自然界的一部分，自然界有普遍规律，人也服从这一普遍规律。总之主要意义是肯定人类是天地自然的产物；阴阳相互作用、相互推移的规律是性命之理，自然界与人类遵循同一规律，而且人生的理想是天人的协调。

比如在我们的传统建筑中，房屋与庙宇的形状和线条以及环绕四周的花园，看上去好像自然环境和人工建造物浑然一体，人的视线具有连贯线，很容易从一个环境过渡到另一个环境；而不会像美国建筑物那样，一进一出，使人产生明显间断感。一般来说，美国的建筑是对周围环境的统辖与支配。中国的自然观是"天人合一"，人与自然世界的关系细微而深奥，环境（世界）塑造主体（人），反过来主体也塑造环境。西方的文化正在从环境向主体转移，而东方文化却被认为是主体向环境转移，主体本身被忽略并变成了环境，即物质世界的一部分。因此中国人多依靠直觉，并把个人、自然社会看作一个统一体，人们认识世界的目的要发现运转规律，即"通"，人们的生存方式是去顺应"道"。而"道"的理解获得是靠"悟"直觉。因此，中国人的处世态度常常是寻求统一，从全局把握事物，讲究和谐与融入，不走极端，恰如其分。

2. 人的本性

人的本性是什么？不同的文化对此有不同的回答，中国文化在人性善恶问题上，主流上的主张是性善论。《三字经》写道："人之初，性本善。性相近，习相远。"而西方文化多数人主张人性恶。因此根据这种观点，要获得真正的善性，经常的自我抑制和自我修养是必需的。世界观的差异是影响跨文化交流的最重要的因素之一。世界观是使人们思维方式及人生观的基础，世界观决定着人们的思维方式及人生观，并通过后者间接地影响着跨文化交流。也就是说，世界观以种种微妙的、不明显的方式，在跨文化交流中发挥着很大的影响。比如说，中国人"天人合一"的世界观是中国人倾向于整体思维，并且采用集体主义人生观。而每位交流者常常无意识地认为，对方也是跟自己一样地观察世界。于是在交流中发现对方与自己世界观不同时，常常本能地加以排斥，使跨文化交流难以顺利进行。

二、人生观

（一）概念

人生观是个人在其人生体验中，对于人类生存的价值和意义的根本态度和根本看法，它是世界观的一个侧面。

人生观主要指三方面的内容。①人生的目的。这是人生观的核心。②（黑龙江大学硕士学位论文）人生的态度：怎样做人，怎样度过一生。③人生的评价：如何看待人生的价值，人生的意义。

（二）中美人生观的主要差异

可以说芸芸众生各有各的人生观，无论哪一个国家，人们之间的人生观千差万别。但在任何一个文化群体中，都有一种主流的人生观，它潜藏在人们千差万别的个人人生观之下，在潜意识中主导着这一文化群体成员人生观念的趋势与基础。

中国是社会主义国家，那么主流人生观是集体主义。人们推崇的是集体主义人生观，即集体利益高于个人利益。中国人在决定自己的行为时，非常重视他人对自己的行为做出的期待和反应，一个人在行动时最基本的倾向是与外部期待或社会规范相一致，而不是与内部愿望或个人利益相一致。这样他就能维护自己的社会联系并作为社会的一员（集体的一员）协调行为。另一方面，过分强调集体观念，会束缚每个人智慧的发展，限制个人创造力，从而使整个集体缺乏生机和活力。

而美国人的人生观与中国人则截然不同，美国人所有人生观的核心是个人主义。即一种政治和社会哲学，高度重视个人自由，广泛强调自我支配、自我控制，不受外来物束缚的个人和自我，任何人都不应当被当作另一个人获得幸福的工具。它有明显的资产阶级色彩即"等价交换"。具体来说，美国人心中的个人主义即一切人都生而平等，他们被造物主赋予了某些不可剥夺的权利，其中包括生命的权利，自由的权利和追求幸福的权利。这样美国人在决定自己的行为时，更多地考虑了自己的标准，美国人有生以来就受着全力竞争，努力争先的教育。美国的行动以个人活动为中心，突现的是个人价值，纵使在集体活动中，也要显示个人的相对独立性。因此个人主义往往与自由主义联系在一起，在这样的社会里人们要求并可以获得较多的自由，尽可能不受集体的限制和约束。中美之间集体主义—个人主义方面的差异在现实生活中有诸多表现。例如，英语书面语中"我"字一律大写，而"我们""你们""他们"等则不大写，这说明人们的心理中，"我"是何等与众不同，是第一位重要的。而与之相反中国传统文化中，说"我"时常用"鄙人""不才"等谦词，表示自我的谦逊。

（三）不同的人生观与跨文化交流

以个人主义为核心的美国文化表现在社会生活的各个方面，与习惯于集体主义文化的中国人互相极容易产生交流障碍。而且，这种个人主义——集体主义的差异是中美之间人生观方面最重要的差异，是产生跨文化交流障碍的主要诱因，因此本文将主要讨论由此而产生的交流障碍。

1. 隐私

美国人信奉个人主义，自己的"一亩三分地"划得很清楚，也就是说，人们把许多事情都看成隐私，不宜旁人过问。这里美国人的隐私概念和中国人有很大不同，美国人的

privacy，即指我自己的事情，与你毫不相干；而中国人对隐私理解较为狭义而且也有偏见，往往认为隐私就指见不得人的、不能登大雅之堂的事。因此，对美国许多称之为隐私的事，中国人觉得不能理解："这有什么见不得人的？有什么不能谈论的？"其实只是双方对隐私的理解和界定不同而已。

在美国，对方的年龄、收入、婚姻、家庭情况、健康状况，到哪儿去等都属于隐私问题，是不能轻易问的。

2. 自由

个人主义第二项重要内容是个人自由，美国确实有它比较自由的一面，但凡法律不明确禁止的事，一般都可以做。美国人的个人主义倡导的是个人至上，个人的行为不受集体或他人的干涉。而中国向来是礼仪之邦，人们头脑当中的戒律比较多，即使合法无损道德的事也未必可以去做。人们会考虑到人会怎么看待这些行为，自己的这些行为是否是大家普遍接受的行为等等。

3. 自立

美国人崇尚个人主义的另一个表现就是崇尚自立。对美国人来说个体不仅是决策的核心，而且对决策及后果负责，因此人们看重自身的独立性，并且推崇这种独立性。而在中国，个人的决策权受到诸多因素的限制，因此个人缺乏责任感，人们重视人际之间的和谐融洽。

4. 自我表现

美国的个人主义与中国的集体主义之间的差别还表现在美国人喜欢表现自己，爱"出风头"，爱把自己展示出来，从群体中"脱颖而出"。而与之相反，中国人则显示得谦虚，做事往往不喜欢锋芒毕露，即使自己暗中努力出类拔萃，也要给人以随和平实的印象。

5. 竞争

竞争是美国人在群体内部激发其积极性的主要方法，它对信奉个人主义和追求成功的美国人行之有效。但这种竞争方式在中国也并不是很受欢迎，有时起不到什么好的效果，甚至产生不良后果。虽然在当今的时代，中国人也不得已逐渐接受了竞争的观念，但骨子里仍然并不喜欢竞争。因为中国几千年来的传统一直强调个人与个人之间，个人与家庭，群体之间的亲密关系，不鼓励人们之间不和谐的攀比争夺。

6. 平等

平等观念由来已久，在美国政治权利曾经只属于白人成年人，而且要有一定的财产。而今所有成年公民无论哪个种族都有政治权利。随着政治权利的平等化，美国人相信人人有平等的教育权、工作权、受法律保护的权利等许多权利，并且由法律确定下来。随之而来，人们认为生活的方方面面、人们的地位的都是平等的，每个人生来具有不可低估的价值。人际关系呈现横向形态，交流双方处于平等的地位。当两个不同地位的人发生个人接触时，建立一种平等的气氛便成为各自潜在的愿望。美国随处可见地位低微却不卑不亢的侍从，和平易近人一派平民化作风的名流显贵。与美国的平等观念相反，中国的等级观念还相当深厚，虽然法律上也规定人人平等，但几千年来封建等级制度的影响，人们无论在思想上还是处理生活中各种事物上，专制主义、家长制还相当普遍，并渗透到社会生活的各个方面。

中国是文明古国，重视人与群体之间的社会关系，重视等级制度，由此产生了复杂的称谓系统，总体来讲，中国的称谓对于老幼尊卑有明显的界定。与之相比美国人的称谓系统要简单得多，而且更趋于体现平等的原则。

在此不想评述各种称谓之比较，只想谈中美之间差异较大的一点。

第一，汉语中某些亲属称谓可以用于非亲属成员之间，而英语中绝少有这种用法。

第二，美国人的平等观念另一重要体现是：人们不迷信权威，喜欢独立思考。而中国人则对领导、上级、教授、长辈的话则相当重视，即使有不同意见也一般不会当面反驳。

7. 物质财富与努力工作

中美文化价值观上另一个有很大分歧的一点就是对于物质财富的认识。美国人注重物质条件，崇尚物质享受，并且将此视为个人权利。美国人也常以物质的拥有程度来判断一个人。人们渴望拥有丰富的物质财富、丰富的食物、适应不同场合的各款的服饰、名车、豪宅等等。同时美国人的观念中财富与工作直接联系，财富是努力工作带来的，可以说，财富是个人能力的证明。大多数美国人认为，只要一个人努力工作，就会过上好日子；反过来说也就是，一个人如果贫穷那他只能怪他自己没有能力没有好好工作，怪不了别人，也不会得到人们的同情。当然这也是美国个人主义的一种体现：自己对自己负责。以思维方式来看，体现了美国人直线性操作性思维方式，美国人认为这个世界是清晰的，有果必有因，一个人如果贫穷，他不能怪健康、运气、他人等其他因素，这些因素应该在他自己的计划之内，他应该对此有应对的方法。总之美国人认为世界是有序的，可掌握到自己计划之内。

而在中国人的意识中有强烈的重义轻利的倾向，并以追逐财富的人生目标为不耻。中国人所追求的是"自强不息""厚德载物"，也就是说，人们更多地追求精神上的完美境界，追求人与人之间和谐的关系。因此在人际交往中表现为：①美国人往往"亲兄弟明算账"，人们之间涉及财物的事情分得很清楚；而中国人则讲义气、讲大方，涉及钱物的问题往往显得慷慨大方才会受到人们的认可，人与人之间有时经济关系并不很清楚地界定。②美国人办事的出发点比较实际，更多地考虑是否有切身的，实际的（可以衡量的）好处。而中国人则考虑一些虚的东西（如人际关系，面子）等多一些。

第十章　英语教学与中国传统文化的融合创新发展

第一节　中国传统文化的深层探索

在中国社会历史发展过程中，那些不断渗透在整个民族意识与行为中具有活力的东西世代流传至今，对如今的中国社会仍有深刻影响。中华民族历史悠久，而其文化指的便是经过了千百年的沉淀，在此基础上成长起来的观念形态。

经过近1500年，从夏商的原始自然崇拜到周时社会伦理和人生价值体系的建立，中华文化心理的建构过程结束了。在汉代近400年完善发展之后，成熟稳定的"汉"文化心理得以形成，它以中原农耕文化为核心，以君臣父子为纲常，以忠孝仁义礼智信为价值观，以自然和谐为追求。这是一个群文化心理结构，它对人生的社会意义做了解释，而失去了对人的精神的最好引领。在我国古代，中国文化呈现多元化趋势始于春秋战国时期。当时的代表学派各自提出了不同的看法与观点，他们都代表了不同阶级的利益，由此形成了百家争鸣的良好局面。

我国完整、成熟的文化心理是从汉代开始的。在这个阶段，中国社会的发展主要是农耕文化，同时以君臣、父子为纲常，价值观为忠孝仁义礼智信，心理结构主要体现在对自然和谐的群体文化的追求。但是，中国社会文化中的这种群文化心理结构并没限制个人的政治野心与对权力的欲望，因此当欲望与文化建构发生冲突时，原有的秩序被打破，最终发生了东汉的动乱。

两汉之后，社会上呈现出"重功利、轻嬉戏"的文化思想倾向，不过后来在魏晋时期所出现了玄学。玄学宣扬"人生在世、及时行乐"的文化思想，这一学派"独尚自然，反对名教"，在实际生活中往往寄情于山水、骑马射箭、弹琴奏乐，追求享乐，这对后来的唐代社会产生了很大影响。

在唐代，士大夫阶层十分崇尚诗赋技艺；军队中比较受欢迎的体育活动是拔河、扛铁、角抵等；在官员阶层，人们喜欢拔河运动等；公元702年，武则天开设"武科举"，自此开设将领的选拔被纳入科举体系中。

理学在两宋时期尤为盛行，成为占统治地位的思想文化。周敦颐是理学的创始人，他解说了宇宙万物生成变化的规律，阐释了封建的人伦道德，表述了"格物致知"的认识规律，提出了"修身、齐家、治国、平天下"的仕途范式。

明清时期，封建统治阶级在思想文化方面实行高压政策，统治者大兴文字狱，推行文化专制主义。以至到了康熙之后，整个思想界出现了思想麻木的局面。此外，明清小说也把现实主义文学推向了高峰。

社会心理学认为，社会文化心理对人格有着重要的塑造功能，能够使社会成员的人格向着相似的方向发展。因此，在同一种社会文化中生活的人们会具有一些共同的性格特征。具体来说，19世纪初中国人的社会文化心理特征主要表现在以下几个方面。

第一，本族中心主义模式，认为中国地大物博，无论是在政治、文化等方面都十分优秀。

第二，由于长期历史文化的积淀，因此中国人带有安分守己、论资排辈、乐天知命的文化心理，带有因循守旧性，阻碍着中国文化的发展。

这时中国封建文化已经处于没落阶段，因此大众的社会文化心理也在不断变化。

20世纪初，前往日本留学的学生的"译书热"为中国大众带来了丰富的精神食粮，新文化运动的兴起冲击着中国传统文化，改变着社会精神面貌。具体表现在以下几个方面。

第一，引入民主、平等、自由的理念。近代中国人为了振兴中华民族，努力向西方学习，对西方的民主、平等、自由等观念进行学习，从而加速了我国民主等等精神的发展，促进了新的社会文化心理的形成。

第二，引入科学精神与科学手段。科学精神与科学手段在翻译的作用下被引进，从而打开了我国传播科学、变革思想的大门，人们开始认识到实学的重要性，学习西方的势头不断涌现。

第三，新文化心理与传统意识形态的融合。新文化的建构需要经历长期的过程，不仅需要与传统文化相融合，同时还需要在融合的基础上使大众接受新的文化形式。当新文化最终成为集体文化的一部分时，新的文化心理才算是建构完成。

第四，共产主义意识形态的建立。俄罗斯经历十月革命以后，马克思主义和列宁主义为中国人所熟知。传播共产主义意识形态在中国文化思想界异常火热。马克思在中国的传播是民众的选择，对民众社会文化心理的建构有着重要的作用。

总体而言，文化范围广泛，内涵深刻，同语言的关系异常密切，中国传统文化博大精深，对文化及中国传统文化有深入的了解，将能在跨文化交往中有效地传递信息。

第二节 中国传统文化与英语教学融合的必要性

在大学英语教学中融入中国传统文化知识是非常必要的，这是时代发展的要求，也是传播中国文化的需要，更是学生综合素质培养的需要。

一、适应全球化多元文化发展的时代要求

文化全球化的重要特征是文化明显呈现出相互融合和多元性的趋势。世界逐渐联成一体，成为"地球村"。当今世界经济全球化的发展，高新技术特别是信息技术及其产业的迅猛发展，使人类的交往已经扩大到全球范围，形成了世界性的普遍交往。这就促使中西

方文化走向相互融合，从而减少和避免彼此间的对立和冲突。它们之间的冲突、交流和融合正呈现出一种新的态势——多元发展趋势。在全球化背景下，经济与技术的交往、商品和资本的流动、信息的快速传播、人员的跨国流动、大众传播媒介和网络的无所不在，使得各民族的文化突破特定的地域环境和社会语境变成一种"流动的符号"，融入一个全球性互动的文化网络之中，不同形态、不同民族文化之间的并存、比较与相互渗透第一次即时性共场景地展现出来，也使那些原来长期以自我为中心的文化或文明直接感受到"他者文化"的存在，进而产生对"他者"的尊重和理性认知，有利于减少文化或文明之间的冲突和对抗。可以说，多元文化或文明间的差异性正在成为全球化时代文化的基本格局。

未来的竞争是国民的竞争，是文化的竞争。因此，我们要充分认识到培养学生中国文化认同感的紧迫性和重要性。这种现实不能不引起我们教育工作者的高度注意，我们不能丢弃教育这块培养学生中国文化认同感的主阵地。

二、培养大学生民族感情的需要

中国文化与大学英语教学相融合是大学生民族感情培养的需要。我国的传统文化博大精深，历史悠久。几千年来，它维系着中华民族的精神追求和文化命脉，也是世界文化体系中重要的组成部分。中华民族的传统文化是中华民族长期发展的产物，它的形成和发展有其历史的必然性和内在的规律性。在当今文化全球化过程中，在西方文化占据主导地位的形势下，继承和弘扬本民族的优秀文化传统，是有效抵御外来文化侵袭的需要和重要手段，在民族进步和历史发展的过程中起着多方面的重要作用。回顾中华民族的历史我们更能清楚地看到，中华民族的传统文化特别是其中的优秀部分一直是我们的民族之魂，是维系中华民族生生不息的精神纽带，在中华民族的历史发展和社会进步中一直起着积极的促进作用。

我们有自己的文化传统，有自己的文化精华，它们滋润着连续了五千年的中华文明，是任何一种文明所无法替代和超越的。因此，我们必须强调"文化自觉"，提升民族意识，培育民族精神，对中国传统文化中的优秀部分应结合现实需要加以提升和吸收。民族精神是一个民族赖以生存和发展的精神支柱，一个民族，没有振奋的精神和高尚的品格，不可能自立于世界民族之林。

不管是学校教育还是社会教育，都要对大学生加强对中国传统文化的教育和引导，让青年在继承优秀文化传统中去弘扬和培育民族精神。而英语教学中的中国文化认同教育不仅可以传授文化知识，而且还能通过历史事实激发学生的民族自豪感，激发爱国热情，培养爱国主义精神，树立民族的自尊心和责任感。

三、培养大学生人文素质和思想道德修养的需要

中国文化教育是培养大学生人文素质和思想道德修养的需要。思想素质是衡量一个人素质高低的重要标准。一个人如果没有较高的思想素质，再有才华也是不全面的，甚至是危险的。因此，我们必须让学生借助中国文化课程，学习中国文化知识，阅读中国相关文

化书籍，系统地、全面地学习了解本民族文化，有意识地吸收精华，加深文化内涵，让学生对祖国的传统文化有所了解并培养学生对祖国灿烂文化的热爱之情。从而激发他们对人类社会发展的责任感和使命感。只有这样才能提高大学生的整体人文素养和思想道德修养。

四、有利于大学生理解和弘扬中国文化

一个民族的文化是其屹立于世界之林的独特品质。中国是有着五千年历史的文明古国。祖先给我们留下了博大精深、光辉灿烂的文化遗产。像中国古代哲学思想、古代教育和科技成就；汉代的辞赋、唐代的诗歌、宋元的词曲、明清的小说和戏剧；还有祖先们在医药、农业、天文、地理等方面的巨大成就，都闪烁着智慧的光芒。我们的文化遗产不仅哺育了一代代华夏儿女的精神，而且，它的伟大作用也正在为世界上其他文化所认同和接受。在文化全球化遍布全世界，在与西方社会交流频繁的今天，我们需要更多的能熟练掌握英语并能利用英语向西方弘扬中国文化的人才。发展和弘扬本民族文化已经成了我国的当务之急。然而，很多时候我们却发现我们培养的大学生无法用英语表达平时自己熟悉的本国风俗文化（或表达得不到位）。在跨文化交际中英语语言只是一种交流的工具，其实质是双方思想和文化的交流。若只是一味地吸收外来文化，而无法将本民族的优秀传统文化传播出去，这种交流的本身就是不平等的。长期下去对国家和民族的发展极为不利，中华民族要想崛起于世界民族之林，就应该让世界了解和尊重中国的文化。

作为青年人的大学生，既是西方国家"文化渗透"的对象又是我国文化对外传播的承担者，理应在英语学习中加强对母语文化的积淀，担负起传承中国文化，与世界人民共享人类宝贵精神财富的任务。尤其是英语专业学生在学好英语语言文化的同时，必须系统地强化中国文化达到能用英语娴熟而准确地表达中国文化的程度，向世界传播弘扬优秀的中国文化，以利于人类的良性发展与和谐世界的创造。

五、促进中西方文化共同发展的需要

全球化在文化上表现为一种丰富多彩的各具特色的多元文化特色，人类文化的多元性体现了不同民族地域文化的丰富性特征。人类历史表明，正是各种不同体系的文化构成了世界大文化的宝库，正是人类不同文化表现出来的个性化特征构成了人类文化的灵魂，它们使得世界文化宝库的构成多姿多彩。文化本身并没有优劣之别，每一种文化都适应着一定的社会历史条件，发挥着自己的作用。中西方文化根植于不同的民族土壤，都处于动态的进化过程中，既有优点，又有不完善之处。因而中西方文化在交流过程中应该享有平等的地位和权利。现阶段的文化教育应兼顾目的语文化和本族语文化。在大学英语教学中进行中国文化认同教育实际上是用英语进行文化的双向交流。这也是社会赋予新时代大学生们的神圣使命。在英语教育中开设西方文化课程的同时增设中国文化课应是两手抓之举。在英语学习或跨文化交际中，学生是以双重的文化心理进行。建立比较系统的目的语文化知识体系能深层次地了解西方民族思想的起源、风俗习惯、语言及其反映的思维方式和这

种思维方式对语言应用的制约；而建立母语文化扎实的基础，则能从另一角度了解自己和了解别人，扩大文化知识的储备量，促进知识的平衡，完善知识的结构。中国文化意识的培养贯穿于英语教育的全过程，在教学中不断渗透中国文化元素，可以培养学生强烈的民族自豪感和平等文化交流的态度，从而进行健康有益的跨文化交流。同时引导学生意识到文化的世界性，学会生存、学会学习和合作、学会理解和关心他人。从某种意义上说，系统的中西方文化知识使学生感悟到中西方文化的异同，使他们在学习和实践中，有意识地比较区分，培养文化的敏感度和辨别能力，减少文化错误和文化冲突，顺利地完成双向的文化交流。

六、有利于学生提高语言综合运用能力和交际能力

大学英语教学中融入适当的中国文化教育是有利于学生提高语言综合能力和交际能力的。大学英语的教学目的是培养学生具有较强的阅读能力和一定的听、说、写、译能力，使他们能用英语交流信息。大学英语教学应帮助学生打下扎实的语言基础，掌握良好的语言学习方法，提高文化素养以适应社会发展和经济建设的需要。英语专业高年级学生要熟悉中国的文化传统，具有一定的艺术修养，熟悉英语国家的地理、历史、发展现状、文化传统、风俗习惯。用英语交流信息不应片面地理解为用英语这一工具去学习了解外国先进的科学文化知识，而应理解为双方信息的相互沟通，包括用英语进行母语文化的有效输出。提高文化素养主要是靠英语教育中的文化教育来予以实现的。大学英语教育应有助于学生开阔视野，扩大知识面，加深对世界的了解，借鉴和吸收外国文化精华，提高文化素养。与此同时，英语教育也应有助于进一步了解本族语的文化精华并掌握它们相应的英语表达。

充分掌握母语与母语文化是英语学习和英语交际能力不可分割的重要组成部分。未来社会的英语人才不仅仅具有较高水平的英语知识、英语技能和英语交际能力，还必须同时具有很高的个人素质如高度的社会责任感与强烈的民族自尊心等，这是我们英语教学中不可忽视的义务。在此当中，英语教学中的中国文化教育将对此贡献出它应有的力量。

第二节　中国传统文化与英语教学融合的原则

大学英语教学进行中国传统文化教学时应该遵循以下几项原则。

一、平等原则

任何一种文化都是在一定的生存环境中产生的，经历了长时间的锤炼和发展，成为一个国家独特的象征。因此，没有任何一种文化能够代替其他民族文化，无论是教育者还是学习者，都应该有正确而平等的文化观。所以，在教材的内容以及日常的英语教学中，都不能只导入目的语文化从而忽视母语文化的加入，而应该把中国文化融入其中，让学生在了解和吸收目的语文化的同时，能用目的语介绍和传播自己的民族文化。同时，不能排斥

敌视目的语文化，两种文化的碰撞，只有相互理解、相互包容和相互接纳。能够接纳目的语文化是宽容豁达的结果，但是放弃母语文化也不是明智的选择，而是浮浅无知的表现。

二、适度原则

所谓的适度，是指在选择教学内容和方法上的适合。重视母语文化在大学英语教学中的渗透并不是取代英语语言和文化在教学中的主要地位，而是借助对母语文化适度的融入来更好地理解目的语及其文化，同时方便地进行跨文化意识的培养。所以，在母语文化内容的选择上，要把握好度，尽量选择具有代表性的文化项目，便于学习者理解和吸收，属于主流文化的内容就应该详细讲解，反复操练，举一反三。从教学的侧重点上来看，基本的英语语言知识依然占主导地位，教师不能本末倒置而一味地大肆引入文化内容，要正确地处理教师的讲与学生的学之间的关系。毕竟文化的内容广而繁杂，在大学教学中的讲解也是有限的，也不能完全忽视对英语语言基本技能的学习，如词汇、语法以及听说读写，而把英语课当作历史或者语文课。

三、阶段性原则

无论什么样的教学都不能违背学习的规律和学生在不同年龄段生理和心理发展的需求和特点，文化的导入也是如此。因此，教师要认识并能够区分学生的年龄特点和认知能力，从而阶段性地对文化知识的内容和范围来进行教学和扩展。母语文化导入的目的是让学生扩展视野，在接触目的语文化的同时提高对中外文化异同的敏感性和鉴别能力，所以文化教学的内容要由浅入深，由简单到复杂，由现象到本质。

四、对比原则

对目的语文化和母语文化的接触和了解是为了有利于对目的语的理解和使用，同时加深对本国文化的理解，培养跨文化意识，形成良好的跨文化交际能力。而目前很多学生没有意识到中西方语言背后文化的差异性，导致了在运用目的语上的不准确性和不规范性。因此，在高中英语教学中导入母语文化相关内容时，与目的语文化的对比不可缺少，这也是在英语教学中导入母语文化的主要途径。这样做的好处有三点。第一，将母语文化与目的语文化和语言相联系能够刺激学习者的积极性，帮助学习者进行理解。第二，只有在目的语文化学习的过程中对比自己的母语文化，才能对其中的差异性有一个全面的了解。第三，增加对母语文化的意识和反思能够培养学习者开放、灵活的思维模式。而在目前的教学中，中西方文化的对比性可以表现为词汇的文化内涵、习语的文化背景、句子的语法结构以及语篇的组织模式等，因此母语文化导入的时机也可以体现在这些方面。只有通过比较，学生才能加深对不同文化的理解，更好地培养他们的跨文化交际能力，无论是对英语国家文化的吸收，还是用目的语来表达和传播本国文化，都能够做到游刃有余。

第三节　中国传统文化与英语教学融合的方法

一、利用文化包传递中西方文化差异的信息

文化包是跨文化学习的重要方式。该方法在课堂上需要花费5~10分钟，并且全面地讲述母语文化跟目的语文化之间的特点和区别，而且还充分地采用媒体手段来展示这种差异，进而让学生提出质疑，针对出现的问题进行分析和研究。它具有以下两个特点：一是主题非常灵活，二是具有感官刺激，所以易激发兴趣。很多英语教材中都有涉及，并且将其作为新课程导入的前奏。在特定的时间内完成有效的文化包存在较大的难度，所以每次都由两个同学配合完成，并且将最终的结果汇报给教师，一般将准备的时间确定为一周。在选择主题方面，根据比较内容的特点，循序渐进。文化比较分为五类：习俗文化、思维文化、历史文化、心态文化、体态文化。与此同时，需要立足于实践，并且将每一个文化包作为突破点，通过一些词汇来展示出习俗、思想之间存在的差异。在文化分析理论的基础上，全面客观地分析中国语境文化呈现的内隐性和集体主义的倾向。学生在教师的帮助下，可结合中国历史文化的特点，设计出"中国诗歌""四大发明印章篆刻""宾客宴请之礼""礼尚往来"等主题文化包。

二、利用课堂随文解说，进行文化导入

教师可以结合"本土文化"来教学，问候语"你们早上通常吃什么?"就能引发很多知识。稀饭、油条、豆浆、包子等名词没有在教科书中出现过，在实际课堂教学中，学生所接触的素材大多是英美国家的文化、历史与现状，中国文化在英语课堂上介入量相当少。当教师在介绍西方的饮食文化时，也可以导入相对应的中国文化。因为教材等一些因素，以致学习了很多年英语的学生无法使用合适的词汇来描述日常的事物，如糖葫芦、太极、改革开放等词语。甚至还有不少的学者针对中国文化失语现象提出了重新设置教材内容的意见，而且提高了教材中中国文化所占据的比重。现在的大学英语教材中有很多体现了文化教学的观点，每册书中都包含了中西方文化，这充分地体现了只要在英语课程学习中花费一定的心思，就可以找到中国文化导入的切入点，在这样日积月累的情况下，从而提高学生文化的敏感性。Warming up 环节是展示中国文化的主要方式，而且是导入中西方文化差异性，在这个过程中，教师无须牵扯更多的知识点问题，应该让学习者主动掌握话题的信息，这就是对比学习的实质。Reading 环节是教学的重要组成部分，也是学生获取信息的重要渠道，比起目的语文化关于人物信息的内容量，有关中国文化人物材料在Reading 部分的比例显得比较适中，并且在 Listening 环节、Speaking and Writing 环节中，也有部分是关于中国文化的内容和素材。总而言之，关于中国文化代表人物的题材在人教版中是比较常见的，而且都以不同的形式展示出来。这就跟西方文化中的代表人物形成了对比。

三、根据所学课文模拟写作

语言的深层共享能力实质上就是语言迁移的机制，所以教师和学生应该全面系统地认识到母语在英语学习中的地位和影响，从而提高学生的英语写作和表达能力。母语对二语写作的影响一般是从写作的理解、语言的要求上体现出来的，而语言结构、词汇量等贯穿在写作的方方面面。母语在一定程度上丰富了二语的内容，并为其提供了丰富的素材。

四、设置校本课程，系统介绍中国文化

课程标准的理念之一就是大学的英语课程要满足不同学生的所有需求，力求多样化。国家课程无法满足不同地区不同学生的需求，而英语校本课程的开发可以弥补国家课程的不足。课程内容和学习要求都必须有相通性与层次感、必要性和选择性。在大学开设选修课是新课改一个亮点。提倡国家、地方和学校三种类型课程相结合，增加选修课的比重，鼓励自主学习，提倡人文教育。新课程改革强调课程内容要与实际生活和现实社会相联系。力求将课程知识与学生的生活联系起来，与社会和科技的发展联系起来。课程内容不仅要包含学生必备的基础知识和基本技能，还要充分反映学生的学习兴趣和自身经验；不仅要有传统的经验性知识，还要有与时俱进的新的知识元素；不仅要有传承的知识成分，还要有必须创新的知识空间。

就目前而言，设置大学英语校本课程时应考虑有利于促进学生英语专业学习的原则、有利于培养学生综合素养和能力的原则、有利于激发和保持学生学习英语兴趣的原则、有利于学校学科课程建设的原则、有利于服务地方的社会、经济和文化的原则。校本课程一般有固定模式、讲座模式、技能学习模式、活动型模式和自学型模式。

五、增加课外阅读，吸取文化养分

学习任何语言的前提是需要广泛地阅读各类书籍和资料，我们的母语水平就是在阅读中逐步提高的。在交际环境缺乏的情况下，阅读为英语语言学习提供了有力的工具。阅读是一个主动、积极的思考过程，并不是被动地接收信息，在此阶段需要学习者将生活的体验与主观能动性有机融合在一起，学习者在阅读之前需要根据人的记忆结构、语言符号特点等，从而将自己所学的知识、经验等用以弥补文章的信息空白，通过创造性的思维，进而通过文字符号的含义，来促进信息的传播。阅读能够拓宽学生的视野，增加其词汇量，并且锻炼其良好的语感，在此基础上，更好地激发学生学习的兴趣，跨文化背景知识牵扯的范围比较广泛，所以教师无法在课堂上阐述文化背景知识，因此鼓励学生课外阅读是一个非常有效的弥补办法。其次，要多渠道拓展素材，借助范围广、生动鲜活、与时俱进的书籍、网络、电视、报纸、杂志等。

近年来很多外国人写作时会涉及中国的历史和文化，他们更重视多方收集证据，多方佐证，因此让我们对中国文化有耳目一新的感觉，可供学习者阅读参考。网络上提供了丰富、全面的英语教育资源，学生可以找到趣味性强、知识性强和时事性强的阅读材料。教

师在教学的过程中可以有意无意地强化学生从包括网站等各种资源中获取知识和信息的能力。教师也可以先提供一个主题，然后对学生从各个信息源收集到的材料进行汇总和归纳，学生的自我探索予以鼓励。久而久之，自主的学习就开始成为一种习惯，网络空间中蕴藏着丰富的英语资源，而这为学生学习打下了坚实的基础。提倡学生多读英语报纸、杂志。除此以外，可以适度地阅读传统的教材，也会学习不少的知识。

综上所述，在大学英语课堂强化中国文化教学，要保证长期性、系统性，要形成强化中国文化教学常态，让中国文化教学成为大学英语教学的一部分。根据现有教材编排系统的中国文化教学材料。尽可能给学生创造跨文化交际的真实场景，充分利用现代化教学设备，营造生动活泼的课堂气氛，发挥学生的热情和主动性，提高英语水平，培养跨文化交际能力。

参考文献

[1] 阎佩衡. 英语教学场论 [M]. 北京：商务印书馆，2020.

[2] 曲琳琳. 跨文化视野下英语教学研究 [M]. 天津：天津科学技术出版社，2020.

[3] 阮国艳. 跨文化交际英语教学与研究 [M]. 北京：中国纺织出版社，2020.

[4] 舒婧娟，王丽，武建萍. 跨文化交际时代英语教学的发展倾向 [M]. 吉林出版集团股份有限公司，2020.

[5] 许丽云，刘枫，尚利明. 大学英语教学的跨文化交际视角研究与创新发展 [M]. 北京：中国商务出版社，2020.

[6] 王飞，贺文琴，胡倩倩. 新教学理念下的英语教学研究 [M]. 西安：西北工业大学出版社，2020.

[7] 赵娇娇. 文学视阈下的英语教学研究 [M]. 北京：中国经济出版社，2020.

[8] 冯建平. 新时代大学英语教学研究 [M]. 长春：吉林大学出版社，2020.

[9] 张鑫，张波，胡小燕. 跨文化交际视阈下大学英语教学理论构建与创新路径 [M]. 长春：吉林大学出版社，2020.

[10] 张金焕. 高校英语教学设计优化与模式改革研究 [M]. 长春：吉林人民出版社，2020.

[11] 韩楠. 大学英语教学体系构建与创新性研究 [M]. 长春：吉林大学出版社，2020.

[12] 单士坤，王敏. 二语习得理论视阈下的高校英语教学策略研究 [M]. 长春：吉林大学出版社，2020.

[13] 蔺蕴洲，史雨红. 大学英语文化教学理论阐释及创新视角研究 [M]. 长春：吉林大学出版社，2020.

[14] 房玉靖，姚颖. 跨文化交际实训 [M]. 北京：对外经济贸易大学出版社，2020.

[15] 刘戈. 当代跨文化交际发展研究 [M]. 长春：吉林大学出版社，2020.

[16] 祁岩. 商务英语与跨文化翻译研究 [M]. 长春：吉林人民出版社，2020.

[17] 史艳云. 大学英语中的跨文化交际 [M]. 长春：吉林人民出版社，2020.

[18] 李培隆，潘廷将，唐霄. 高校教师跨文化能力培养研究 [M]. 长春：吉林大学出版社，2020.

[19] 刘燕. 文化与大学英语教学 [M]. 北京：科学技术文献出版社，2019.

[20] 霍然. 跨文化英语教学研究 [M]. 吉林出版集团股份有限公司，2019.

[21] 王岚，王洋. 英语教学与英语思维 [M]. 长春：吉林人民出版社，2019.

［22］何冰，汪涛．翻转课堂与英语教学［M］．长春：吉林人民出版社，2019．

［23］谷萍．跨文化视野下英语教学研究［M］．北京：现代出版社，2019．

［24］魏雪超．文化融合思维与英语教学研究［M］．北京：中国商务出版社，2019．

［25］张健坤．跨文化交际英语教学与研究［M］．北京：冶金工业出版社，2019．

［26］郭晶晶．跨文化交际与英语教学的融合研究［M］．北京：北京工业大学出版社，2019．

［27］王丹丹，员珍珍．中外文化视角下英语教学探索［M］．吉林出版集团股份有限公司，2019．

［28］郭炜峰，董奕机．英语教学与文化传播［M］．延吉：延边大学出版社，2018．

［29］饶晓丽．英语教学与文化交流［M］．长春：吉林大学出版社，2018．

［30］杨海芳，赵金晶．多元文化与当代英语教学［M］．天津：天津科学技术出版社，2018．

［31］黄建滨．英语教学理论系列英语教学研究［M］．杭州：浙江大学出版社，2018．

［32］李静纯．英语教学的艺术探究［M］．南宁：广西教育出版社，2018．

［33］王二丽．英语教学论［M］．北京：新华出版社，2018．

［34］刘梅，彭慧，仝丹．多元文化理念与英语教学研究［M］．延吉：延边大学出版社，2018．

［35］户晓娟．语言文化视域下的英语教学研究［M］．北京：北京工业大学出版社，2018．

［36］杜璇．文学素养与大学英语教学［M］．长春：吉林美术出版社，2018．